延边大学法学评论

Yanbian University Review of Law

（第一辑）

《延边大学法学评论》编委会 编

中国社会科学出版社

图书在版编目（CIP）数据

延边大学法学评论. 第一辑/《延边大学法学评论》编委会编. —北京：中国社会科学出版社，2023.7
ISBN 978-7-5227-2003-6

Ⅰ.①延… Ⅱ.①延… Ⅲ.①法学—文集 Ⅳ.①D90-53

中国国家版本馆 CIP 数据核字（2023）第 110350 号

出 版 人	赵剑英	
责任编辑	许　琳	
责任校对	李　硕	
责任印制	郝美娜	

出　　版	中国社会科学出版社	
社　　址	北京鼓楼西大街甲 158 号	
邮　　编	100720	
网　　址	http://www.csspw.cn	
发 行 部	010-84083685	
门 市 部	010-84029450	
经　　销	新华书店及其他书店	
印　　刷	北京君升印刷有限公司	
装　　订	廊坊市广阳区广增装订厂	
版　　次	2023 年 7 月第 1 版	
印　　次	2023 年 7 月第 1 次印刷	
开　　本	710×1000　1/16	
印　　张	22.5	
插　　页	2	
字　　数	322 千字	
定　　价	138.00 元	

凡购买中国社会科学出版社图书，如有质量问题请与本社营销中心联系调换
电话：010-84083683
版权所有　侵权必究

《延边大学法学评论》编委会

(以姓氏笔画为序)

尹太顺　尹茂国　李海燕　吴东镐　金昌俊

徐炳煊　康贞花　韩昌善　蔡永浩

序

延边大学始建于1949年，是中国最早在少数民族地区建立的高校之一，"211工程"建设大学、国家"双一流"建设高校。延边大学法学学科创办于1986年，1986年获批宪法与行政法学硕士点；2000年获批民商法学硕士点；2009年4月获批法律专业硕士点；2010年获批法学一级硕士学位点，2018年获批吉林省级高水平优势特色建设学科，2020年法学专业成为国家级一流专业建设点。

延边大学位于东北亚金三角腹地，是我国与朝鲜半岛、日本、俄罗斯等进行交流的重要窗口。多年来，延边大学法学学科充分发挥自身的区域优势与文化特色，依托吉林省人文社科重点研究领域——朝鲜韩国法研究基地、民族法研究基地、图们江论坛、朝鲜—韩国法论坛等学术平台，致力于东北亚各国法律制度与民族区域自治法的研究和法律人才的培养，积累了丰厚的学术积淀与研究成果，形成了鲜明的东北亚区域特色和民族特色，成为东北亚各国法律研究和民族法制研究、特色人才培养的重要基地，在国内外具有较高的社会声誉。

为了更好地服务国家战略，搭建东北亚区域交流平台，致力国家智库建设，加强和推进与校内外的学术交流与合作，我们将进一步梳理和展示我们民族法学研究和东北亚各国法律比较研究的最新研究动态和成果，决定每年定期编辑出版《延边大学法学评论》丛书，打造一个民族法学与东北亚法律制度研究成果的交流平台。

本书由民族法研究所所长吴东镐教授负责总体策划，由韩昌善博士负责编辑。本书收录的研究成果包括我院老师近年来在民族法学和东北亚各国法律制度比较研究领域所撰写的论文以及部分兄弟院校和研究机构学者的学术成果。所收录的论文不仅展现了文者较高的学术素养，同时也兼有国际学术视野和较强的问题意识；既有民族地区特有问题的思考，也有对当下东北亚热点问题的法学视角之探讨。特此声明本论文集中每位作者的学术观点仅代表作者个人的主张，不代表本丛书的观点或立场，文责作者自负。由于编者能力有限，难免疏漏，不当之处，望批评指正。

在本书即将付梓之际，我谨代表法学院，为本书的出版付出辛勤劳动的民族法学研究团队及为本书的出版欣然惠稿的社会各界学者致以衷心的感谢。

延边大学法学院
院长：尹太顺
2021 年 3 月

目　录

民族法学研究

民族地区刑法变通的合理性和可行性探析 ………… 韩　轶（3）
论民族自治地方自治立法权和地方立法权的
　　科学界分 …………………………………… 潘红祥（9）
民族区域自治制度形成与发展的基本逻辑 ………… 熊文钊（33）
论民族区域自治法治发展的"因地制宜"和
　　"与时俱进" …………………………………… 郑　毅（45）
关于发挥法律及政策叠加效应的法律思考 ………… 金河禄（64）
边疆民族地区高校培养涉外法律人才的现状及
　　改革 …………………………………………… 金昌俊（78）
中国朝鲜族传统工艺法治保护 ……………………… 徐炳煊（92）
我国民族地区法庭庭审中使用少数民族语言的
　　现状与对策
　　　　——以延边为例 …………………………… 吴东镐（108）
《民族区域自治法》课程思政改革与实践研究 …… 康贞花（141）
民族自治地方经济发展与自治立法关联研究
　　——以五个少数民族自治州为样本 ………… 金香兰（147）

东北亚各国法律制度比较研究

论韩国民法典编纂的历史性基础以及法典的性质 … 尹太顺（161）
紧急状态制度的宪政之维 …………………………… 李宝奇（170）
韩国概括遗赠与特定遗赠的分类研究 ……………… 姜海顺（181）
清末新政背景下张之洞对留学日本的影响 ………… 何云鹏（200）
儒家思想对韩国刑事司法模式的影响 ……………… 尹茂国（207）
东北亚各国交往中的法庭翻译的重要性、问题及
　　解决方案 …………………………………………… 吴东镐（227）
中国历史上第一部成文国籍法
　　——纪念《大清国籍条例》颁布100周年 …… 严海玉（241）
韩国违宪审查制度及启示 …………………………… 金红梅（255）
中朝法律翻译规范化探析 …………………………… 金路伦（263）
论继承的共同正犯 …………………………………… 金光虎（276）
韩国资本市场法上金融投资商品概念的考察 ……… 李鲜花（284）
韩国司法制度中检察官体制概要 …………………… 庄　宇（298）
我国冰雪资源法治保障问题研究—以吉林省为例 … 韩昌善（303）
司法改革背景下法官转任制度的可行性研究 ……… 金光锡（325）
罪犯判实刑后收监执行难问题及对策研究 ………… 陈　帅（338）

民族法学研究

民族地区刑法变通的合理性和可行性探析[*]

韩 轶[**]

摘要：民族地区刑法变通的合理性主要体现在契合犯罪本质特征的评价等三个方面，合理性则具体体现在变通根据的充分性和多元性。民族地区刑法变通是完善我国刑事法制的需要。

关键词：民族地区；刑法变通；合理性和可行性

根据我国《刑法》第九十条之规定，民族自治地方不能全部适用本法规定的，可以由自治区或者省的人民代表大会根据当地民族的政治、经济、文化的特点和本法规定的基本原则，制定变通或者补充的规定，报请全国人民代表大会常务委员会批准试行。我国刑法的这一规定旨在刑法中贯彻民族政策，使我国刑法的中国特色真正体现出民族性。本文拟对民族地区刑法变通的合理性和可行性予以探析。

一 民族地区刑法变通的合理性

民族地区刑法变通的合理性主要体现在以下三个方面。

---

[*] 本文发表于《学理论》2012年第23期，收录本刊时略有修订。
[**] 韩轶，男，中央民族大学法学院教授，博士生导师，法学博士。

(一) 契合犯罪本质特征的评价

行为具有一定的社会危害性，是犯罪的本质特征。所谓社会危害性，即指行为对刑法所保护社会关系造成或可能造成损害的特征。作为犯罪本质特征的社会危害性有无与大小的判断，应坚持历史的观点和全面的观点，同时要透过事物的现象抓住事物的本质，只有这样才能把握特定行为的实质。行为的社会危害性是相对稳定性与变易性的统一。"相对稳定性"是指某些行为的社会危害性的有无与大小在一定时间、地点、条件下较为稳定。行为的社会危害性的相对稳定性，决定了刑事立法应当具有相对稳定性。"变易性"是指同一行为在不同时间、地点、条件下，其社会危害性的有无与大小会发展变化。因为任何行为都是在一定的时间、地点、条件下实施的，立法机关与司法机关总是根据社会历史条件认定行为的社会危害性，加上我国地域辽阔且各地发展不平衡，民族众多且风俗、习惯、传统存在很大差异，国家又正在进行各种体制改革，因此，同一行为在不同时间、地点、条件下，其社会危害性的有无与大小总在发展变化。[①]

承认犯罪的社会危害性是相对稳定性与变易性的统一，认可客观上存在很大差异的民族众多的风俗、习惯和传统对于社会危害性评价的影响，不仅对适用刑法具有意义，而且对于理解民族地区刑法变通的合理性和必要性具有重要意义。

(二) 实现刑罚目的的需要

我国刑罚目的是一个完整的整体，是层次性的统一。我国刑罚目的可以分为三个层次，三个层次的刑罚目的分别是：公正惩罚犯罪、有效预防犯罪和最大限度地保护法益。三个层次的刑罚目的相互依存、相互作用，共同调整刑罚的制定、刑罚的裁量和刑罚的执

---

① 张明楷：《刑法学》，法律出版社 2003 年版；赵秉志：《新千年刑法典热点问题研究与适用》，中国检察出版社 2001 年版。

行。刑罚目的的实现需要遵循一定的原则,这些原则包括刑罚公开、刑罚正义、刑罚平等、刑罚必然、刑罚及时和刑罚适度。民族地区的刑事司法实践中,对一些民族风俗习惯影响行为危害性评价的案件,往往是在定罪量刑中体现民族政策,将案件中的若干因素作为刑罚裁量中的酌定情节,这显然不符合刑罚公开的要求。刑罚的正义性不仅是刑罚获得尊严和具有普遍约束力的根据,而且是使其本身获得社会观念普遍接纳和认可的必要条件。刑法规范的建构和适用,根本目的在于维护各种合法权益,从而促进社会进步和保障人类发展,这也正是国家刑罚权发动和正义性所在。正义的刑罚可以提高公民对于刑罚制度的社会信赖感,促使公众参与防止犯罪的积极性,从而间接地强化了刑罚遏制犯罪的效果。正义的刑罚应该是必要的刑罚,我国刑罚的制定、适用和执行体现了各族人民的意志,它平等地保护各民族人民的合法权益,公正地处罚犯罪行为,最大限度地体现了正义。但为了使刑罚目的得到更有效的实现,科学地制定民族地区刑法变通的规定始终是不可忽视的问题。

(三) 有利于切实维护少数民族的合法权益

我国现行刑法是在汉族地区的基本传统特点上,参照和引进大陆法系国家立法理论及经验制定而成,而针对少数民族的习俗、传统文化及社会发展程度则不可能完全包罗。正是基于此,现行刑法规范在特定情况下不能完全适应特定民族地区。现实情况中,在我国许多少数民族地区,至今仍保留着本民族的风俗习惯和宗教信仰,其中包括不良的箴规风习,这些风俗习惯仍是少数民族群众必须遵守的行为规则。在立法实践中,应当充分考虑到这些方面,充分尊重少数民族的传统习俗,而不能不加区分强用法律手段予以废弃①。维护少数民族的合法权益就必须尊重各少数民族的风俗习惯。在当下社会转型期,不仅应从理论上和观念的层面对少数民族风俗习惯给予尊重,更重要的是要在实践中对民族风俗习惯给予物质文

---

① 储槐植:《美国刑法》,北京大学出版社1996年版,第160页。

化方面的照顾和法律上的保障。因此，在刑事立法时，应对那些与少数民族生产力发展水平相适应的风俗习惯和刑法文化予以必要的吸纳和考量。只有如此立法才易于被少数民族接受和认同，才能使刑法在少数民族地区有效适用并切实维护少数民族的合法权益。

二 民族地区刑法变通的可行性

民族地区刑法变通的可行性具体表现在变通根据的充分性和多元性。

（一）法律根据

民族地区刑法变通或特别刑法的制定，法律根据主要来自《宪法》《民族区域自治法》《立法法》和《刑法》第九十条的相关规定。根据这些规定，民族自治地区刑法变通的创制必须符合以下法律条件：一是立法主体是民族自治地方的自治区或者省的人民代表大会，并且必须报请全国人民代表大会常务委员会批准才能施行；二是必须符合《立法法》规定的法律创制程序；三是必须根据民族自治地方当地民族的政治、经济、文化的特点和刑法典规定的罪刑法定、刑法适用平等和罪责刑相适应三项基本原则；四是民族自治地方的刑法变通规定之效力仅及于该民族自治地方。

（二）经济和文化根据

从经济根据言之，因为地理位置相对偏僻、自然条件比较恶劣，所以导致很多少数民族地区经济发展相对落后，而又因信息较为闭塞，科教方面也很薄弱，造成了这些地区文化发展进程也相对缓慢。这无疑直接影响了国家刑法在这些地区的适用。民族自治地方刑法变通规定，应对那些与少数民族生产力发展水平相适应的风俗习惯和刑法文化给予必要的认可和适当的体现。如此才会提高刑法规范在少数民族地区适用的效果。从文化根据来说，少数民族的刑法文化不可避免地存在刑法文化二元性问题，即少数民族的原刑法文化中既有外移植刑法文化,又有原生刑法文化。前者是现代刑法文化元素,后者囿于少数民族地区生产力水平低下的因素。①

(三) 理论与实践根据

目前我国尚无适用于民族自治地方的刑法变通或补充规定。法条之"应然"规定成为"实然"的立法实践,是我国刑法规范体现各民族人民意志和真正彰显其民族性的需要。基于少数民族公民的独特风俗习惯,以立法的方式对民族自治地方内少数民族实施的某些危害行为作出特殊规定,才能在少数民族地区实现刑事司法工作有法可依、有法必依,促进少数民族地区刑事法制的完善。此外,在民族地区刑事司法实践中,刑事案件的处罚较好地贯彻了民族政策,司法机关对行为危害性的评价具有关联性的民族习俗在定罪量刑中一般均会予以考量。这也为民族地区刑法变通提供了宝贵的司法实践经验和实践根据。

三 民族地区刑法变通是完善刑事法制的需要

一些经济发达的国家在刑法规范的制定时,特别重视法律适用效果和人们对法规的认可度,而一并考量习惯、宗教信仰、文化传承、族群观念以及地区经济状况等。如美国的相关立法理念和模式对我们制定民族地区刑法变通或特别刑法颇具借鉴价值。美国有52个司法管辖区,即50个州加上哥伦比亚特区(首都华盛顿市)和联邦,因而美国有52个法律系统。每一个法律系统都有自己的制定法和普通法组成的刑事法律制度。每一个司法区除了有自己的立法机关制定的刑法外,还有若干次一级政治单位制定的含有刑罚规范的法律文件,如行政条例、城市法令、地方法规等。联邦宪法对各州以及美国国会在制定和执行刑事法律方面的权力还是做了某些原则的和特别的限制。经过美国最高法院解释的宪法性限制已经

---

① 储槐植:《美国刑法》,北京大学出版社1996年版,第160页。

成为控制州和联邦的刑事立法和司法方面的支配力量。① 由此可见，美国的相关规定和我国民族自治地区刑法变通的法律依据具有共通的价值诉求。不同的是，美国已具有成熟的立法与司法实践。

　　随着我国罪刑法定基本原则的确立，立法者应当对刑法规范的特点以及刑法的性质、功能有更深更新的认识，我国刑法的"中国特色"必然包含罪刑规范的民族性。立法机关应当将存于人民间的"法律"作为有价值的因素加以考虑。立法是完全有能力谨慎地引导并培养人民的法律观的。各民族的风俗习惯都是长期历史发展的产物，都有自己特定的历史社会根源和自然渊源，民族风俗习惯的存在、发展与变迁是由民族的经济发展水平和物质文明程度所决定的，任何民族的风俗习惯，作为历史的产物，其社会影响或作用都具有两面性。一方面，一些民族地区的习惯法作为法律的重要补充，发挥着裁判、调整、规范、教育等重要功能。比如某些少数民族地区至今仍存在的赔命价、赔血价制度，少数民族公民相互斗殴导致死伤的，通过双方"长老"的协调并约定损害赔偿的数额和方式，能起到较好的平息争议及增进民族成员团结的效果。另一方面，在各个民族的风俗习惯中，有的内容代表了过去时代的不良传统和习惯，比如血亲复仇、神灵裁判、"溺婴"和歧视、侮辱女性等。还有一些少数民族地区在适用赔命价、赔血价等民族习俗后完全排斥司法介入。在对民族习惯法的评价上应坚持辩证的观点，只有民族习惯法的适用有利于民族成员的和谐共处，不与国家的法律相悖，对之应当尊重和认同。由此观之，我国民族地区刑法变通不仅具有合理性和可行性，亦是完善刑事法制的需要。

---

① 韩轶：《民族习惯法中损害赔偿规则探解》，载《人民检察》2009年第10期。

论民族自治地方自治立法权和地方立法权的科学界分[*]

潘红祥[**]

摘要：界分民族自治地方自治立法权和地方立法权的关键是要科学厘定"本民族内部事务"中"本民族"一词的内涵以及"本民族内部事务"的基本内容。从《宪法》和《民族区域自治法》立法目的和文本原意来看，民族区域自治权的归属主体是民族自治地方的聚居少数民族。因此，"本民族内部事务"的"本民族"是指民族自治地方的聚居少数民族，"本民族内部事务"就是聚居少数民族的内部事务，自治立法权的客体就是与聚居少数民族相关的政治、经济和文化权益的事项。

关键词：民族自治权；民族区域自治权；本民族内部事务；自治立法权；地方立法权

前　言

2015年3月15日新修改的《立法法》第七十二条第二款规定："设区的市的人民代表大会及其常务委员会根据本市的具体情况和实际需要，在不同宪法、法律、行政法规和本省、自治区的地方性法规相抵触的前提下，可以对城乡建设与管理、环境保护、历

---

[*] 本论文发表于《法学评论》2019年第3期（总第215期），收入本刊时略有修订。
[**] 潘红祥，男，中南民族大学法学院教授。

史文化保护等方面的事项制定地方性法规"，同时该条第五款还规定，"自治州的人民代表大会及其常务委员会可以依照本条第二款规定行使设区的市制定地方性法规的职权"。如是，在民族自治地方的建置中，自治州与自治区一样，都享有自治立法权和地方立法权。当然，相对于自治区来说，自治州享有的地方立法权只是部分立法权——它只能对城乡建设与管理、环境保护、历史文化保护等方面的事项行使立法权。

《立法法》授权自治州制定地方性法规的规定可从积极意义和消极意义两个层面进行解读。对自治州立法机关来说，此次授权为未来的立法工作预设了更大的形式和程序选择空间，立法效率得以提升。此为积极意义；从消极意义层面而言，本次授权导致了已然的规范冲突和可能的实践式微。在规范层面，由于《立法法》第七十二条授权的主要对象是设区的市，在附带赋予自治州人大及其常委会行使设区的市制定地方性法规的职权时没有充分评估自治州已有的立法权限和立法实践，一定程度上使原本剪不断、理还乱的民族自治地方自治立法权和地方立法权之间的纠葛更加扑朔迷离。如在民族自治地方，"历史文化"具有厚重的民族色彩，它应该属于自治立法的事项范围，但根据此次授权，有关少数民族历史文化保护的事项就可采用地方性法规的形式立法。此外，依据《宪法》和《民族区域自治法》的相关规定，自治州的人大既是自治机关又是地方权力机关，它既拥有制定自治条例和单行条例的权力，也拥有制定地方性法规的权力。还有按照新修改的《立法法》的相关规定，自治州人大制定单行条例和地方性法规的程序是相同的。如果自治州人大制定一部法案（除自治条例外），那么如何判断该法案是单行条例还是地方性法规呢？在实践层面，此次授权可能弱化自治州自治立法的运用频次，导致民族自治地方立法自治权行使不充分的问题愈显突出。因为如果从最宽泛的意义来理解"城乡建设与管理、环境保护、历史文化保护"等语词的话，自治州的绝大部分事务都可归入上述三类事项并纳入地方性法规的立法范围之中。① 此外，与单行条例相比，制定地方性法规的成本较小，自治州更有一种以地方立法替代自治立法的冲动，从而使自治立法活动式微。

化解上述冲突和担忧的关键是要从学理上科学地厘定民族自治地方自治立法权和地方立法权的事项范围。② 这是随现行《宪法》和《民族区域自治法》颁布之后便一直存续着的一个难解但又有着重要实践意义的命题，只不过新修订的《立法法》再一次刺痛了民族法学界，不得不旧话重提。③ 要厘定民族自治地方自治立法权和地方立法权的边界，亦即各自指向的事项范围，首要的任务是要确定自治立法的事项范围。④ 因为在民族自治地方，地方立法和自治立法的事项范围在逻辑上属于一种包含与被包含

---

① 根据笔者对30个自治州已颁布、现行有效的269部单行条例的统计，如果将"城乡建设与管理"中的"城乡管理"一词的理解扩大到城乡经济发展、城乡规划建设管理和社会保障等领域，那么涉及城乡建设与管理、环境保护、历史文化保护等方面事项的单行条例占单行条例总数的83%。如果上述事项都纳入地方性法规的事项范围，自治州可以制定单行条例的事项范围会大大限缩。

② 虽然自治县没有地方立法权，但是厘清自治区、自治州自治立法权和地方立法权的边界对自治县规范行使自治立法权也具有重要的实践指导意义。因此，本文将讨论的主题扩充为民族自治地方自治立法权和地方立法权的划分与配置问题。

③ 在2015年《立法法》未修订之前，由于自治区同省、直辖市一样享有地方立法权，五大自治区都是以地方立法替代自治立法，迄今为止没有颁布一部自治条例和单行条例。而自治州、自治县则对"本民族内部事务"和"本地方事务"不作任何区分，颁布出台了不少规范地方事务内容的单行条例。

④ 从已有讨论民族自治地方自治立法权和地方立法权的文献来看，学者们均认为两者是有区别的。有学者从制定机关、制定程序和立法的事实依据等方面来区分两者（参见沈寿文《民族区域自治立法权与一般地方立法权的关系——以"优惠照顾理论"范式为视角》，载《广西民族研究》2016年第3期）；也有学者从主体、程序、范围和位阶等形式要素方面对两者进行区分（参见李雷《自治州自治立法权与地方立法权的竞合及消解》，载《广西民族研究》2016年第3期等）；还有学者认为两者在立法主体、立法形式、立法权限与范围、法律效力、制定程序等方面存在差别（参见张殿军《民族自治地方一般性地方立法与自治立法比较研究》，载《前沿》2011年第5期）。上述文献的共同特点就是没有从立法权的客体，即事务标准层面来探讨两者的区别。学理上确定不同职权行使的事项范围并依此在法律文本中对事权做列举式的技术规定，被认为是科学配置政府间纵向职权关系和横向职权关系的客观标准。以确定性事务的标准来厘定不同职权的行使边界可以使职权主体获得独立、自主的空间，从而避免政府间纵向职权关系和横向职权关系的纠葛。本文可看作是一种沿着这一方向所做的尝试性努力，以期达到引玉之功效。

的关系,如果确定了自治立法的事项范围,剩余的就属于地方立法的事项范围了。

赋予聚居少数民族自治权的基本功能就是为了保障其自我管理本民族内部事务的权利的实现,否则,民族区域自治权就没有存在的必要。将此立法意旨结合《民族区域自治法》第十九条"民族自治地方的人大依据当地民族的政治、经济和文化的特点制定自治条例和单行条例"的规定来理解,我们认为,自治立法权的客体是民族自治地方的"本民族内部事务"。但是,到底什么是"本民族内部事务"?"本民族内部事务"中的"本民族"又做何解?由于我国各民族分布总体上呈现出一种"大杂居、小聚居"的格局,在多个民族聚居的地方实行区域自治,其自治立法权的客体是该地方实行区域自治的民族的"本民族内部事务"?还是该地方所有少数民族"本民族内部事务"?抑或是该地方所有民族的"本民族内部事务"?上述问题构成本文讨论的主旨。

德国法学家拉伦茨认为,"解释均始于字义"。[1] 当人们对法律文本某一用词的含义可能存在着不同的理解时,就会发生"何种解释最能配合立法者的规定意向或其规范想法"的问题。[2] 本文即以原旨主义[3]的解释方法,对"民族自治权""民族区域自治权"以及立法文本中的"当地民族""本民族内部事务"等相关范畴的性质、内容和实践禀赋做一番梳理和分析。在此基础上,明确民族自治地方自治立法所指涉的事项范围,缓解实践中自治区、自治州行使自治立法权和地方立法权时不分彼此的紊乱状态。

---

[1] [德]拉伦茨:《法学方法论》,陈爱娥译,商务印书馆2003年版,第201页。
[2] [德]拉伦茨:《法学方法论》,陈爱娥译,商务印书馆2003年版,第207页。
[3] 具体来说,原旨主义方法有三种解释的基本路径:一是根据法律文本来探求立法者的意图,此为"文本主义"(textual-ism);二是根据立法目的来探求立法者的意图,此为"目的主义"(intentionalism);三是根据各法律部门间的结构和关系以及立法上下文来推断立法者的意图,此为"结构主义"(structuralism)。See Paul Brest, The Misconceived Questforthe Original Un- derstanding, 60 *B. U. L. REV.* (1980), p. 205.

一 民族区域自治权的归属主体是民族自治地方所有聚居少数民族

在现行《宪法》和《民族区域自治法》文本中,"自治权"在规范上表现出两种样态:一种是各聚居民族管理本民族内部事务的自治权(利),即少数民族的自治权或民族自治权,其法源为《民族区域自治法》序言第二段;① 另一种是民族自治地方自治机关管理本民族内部事务和本地方事务的自治权(力),即民族区域自治权,其法源为《民族区域自治法》序言第二段以及《宪法》第一百一十五条和《民族区域自治法》第四条。从两者的关系看,前者是后者的本源和基础,正如宪法原理中"权利是权力的本源和基础,权力以保障权利为存在目的"一样;后者是前者的制度化形式或是实践形式。为了准确地反映上述两种不同自治权的属性以及行文的方便,本文将前一种"自治权"称为"政治原则意义上的自治权",后一种"自治权"称为"规范实践意义上的自治权"。②

政治原则意义上的自治权源于党和国家奉行的马克思主义的民族平等原则。早在抗日战争时期,我党就提出了"各民族一律平等、少数民族有管理本民族事务的权利"的主张,并且设想应该"允许蒙、回、藏、苗、瑶、夷、番各民族与汉族有平等权利,在共同对日原则之下,有自己管理自己事务之权,同时与汉族建立统一的国家"。③ 在随后 1946 年 6 月《实行正确的民族政策》一文

---

① 《民族区域自治法》(1984 年 5 月通过,2001 年 2 月修改)序言第二段规定:"民族区域自治是在国家统一领导下,各少数民族聚居的地方实行区域自治,设立自治机关,行使自治权。实行民族区域自治,体现了国家充分尊重和保障各少数民族管理本民族内部事务权利的精神,体现了国家坚持实行各民族平等、团结和共同繁荣的原则。"

② 直至今天,研究民族区域自治制度的学者仍没有从学理上认真区分"民族自治权"和"民族区域自治权"两个概念的不同内涵,以至于在相当多的文献中将两个概念互换使用。

③ 中共中央统战部:《民族问题文献汇编》,中共中央党校出版社 1991 年版,第 595—597 页。

中，中国共产党人再次指出："必须允许国内各少数民族与汉族……有平等权利，在公开抗日的原则下，承认他们有管理本民族各种事务之权，建立蒙回民族自治区。"中华人民共和国成立时颁布的起临时宪法作用的《共同纲领》也明确规定："中华人民共和国境内各民族一律平等，实行团结互助，……禁止民族间的歧视、压迫和分裂各民族团结的行为。"[①] 1954年9月，刘少奇在第一届全国人大第一次会议上做的《关于中华人民共和国宪法草案的报告》也指出："必须让国内各民族都能积极地参与整个国家的政治生活，同时又必须让各民族按照民族区域自治的原则自己当家作主，有管理自己内部事务的权利。"1984年《民族区域自治法》序言第二自然段规定："实行民族区域自治，体现了国家充分尊重和保障各少数民族管理本民族内部事务权利的精神，体现了国家坚持实行各民族平等、团结和共同繁荣的原则。"从上述文件和论述可见，实现中国这一多民族大家庭平等团结和共同繁荣的基本策略就是以平等之态相待各少数民族；少数民族实现政治平等的基本举措就是除在国家层面给予特别政治代表权[②]之外，各少数民族都拥有自我管理本民族内部事务的权利。换言之，赋予少数民族自我管理本民族内部事务的权利，是基于国内各民族一律平等的政治原则，为保障少数民族当家作主、自我管理权利的实现而实施的一项基本举措，是少数民族在国家共治层面政治参与有效性不足的一种补充。从这个意义上说，各少数民族的自治权，即自我管理本民族内部事务的权利是一种政治原则意义上的自治权。

民族自治权必须通过制度化的宪法保障机制来保证其落实到具体实践之中，否则民族平等原则无法在现实中得到有效实现。于是，中国共产党和中国政府采取了民族区域自治这一形式来保障国

---

① 参见《中国人民政治协商会议共同纲领》第50条。
② 如《宪法》第五十九条各少数民族在全国人大中都应当有适当名额的代表的规定，人口100万以上的少数民族有1名代表担任全国人大常委会常委和五大自治区实行区域自治的少数民族有1名代表担任全国人大常委会的副委员长或全国政协的副主席的政治惯例，都体现了少数民族在国家层面政治参与的政治代表权。

内各聚居少数民族的平等地位和自我管理本民族内部事务权利的实现。事实上，在多民族国家实行民族区域自治来保障少数民族平等权利和自我管理本民族内部事务的权利也是马克思主义处理民族问题时遵循的又一普遍原则。列宁曾说："民族区域自治是具有复杂民族成分和极不相同的地理等等条件的民主国家的一般普遍原则"，[1]"非常明显，如果不保证每一个经济上和生活上具有比较大的特点以及具有特殊的民族成分等等的区域享受这种自治，那就不可能设想有现代的真正民主的国家。"[2] 中华人民共和国成立后，中央人民政府在1952年制定的《民族区域自治实施纲要》中，确立了在各少数民族聚居的地方实施区域自治的原则，并通过设立各类型的自治区来保障聚居少数民族自我管理本民族内部事务的权利。乌兰夫在《关于〈中华人民共和国民族区域自治实施纲要〉的报告》中指出："一切聚居的少数民族，都有权利实行民族的区域自治，建立自治区和自治机关，按照本民族大多数人民及与人民有联系的领袖人物的志愿，管理本民族的内部事务。这就是少数民族当家作主的权利。"[3] 1984年颁布的《民族区域自治法》将"民族区域自治"确定为我国的一项基本政治制度。[4] 可见，民族区域自治是保障我国聚居少数民族自我管理本民族内部事务的权利的基本制度形式。由此，政治原则意义上的自治权就制度化为一种规范实践意义上的自治权，即民族自治权（利）转化为了一种民族区域自治权（力），少数民族当家作主、自我管理民族内部事务的权利获得了具体的实践载体和实现形式。

政治原则意义上的自治权转化为规范实践意义上的自治权必须满

---

[1] 《列宁全集》第2卷，人民出版社1963年版，第553页。
[2] 《列宁全集》第2卷，人民出版社1963年版，第30—31页。
[3] 全国人大常委会秘书处秘书组、国家民委政法司：《中国民族区域自治法律法规通典》，中央民族大学出版社2002年版，第94—95页。
[4] 参见《中华人民共和国民族区域自治法》序言第三段："实行民族区域自治，对发挥各族人民当家作主的积极性，发展平等、团结、互助的社会主义民族关系，巩固国家的统一，促进民族自治地方和全国社会主义建设事业的发展，都起了巨大的作用。今后，继续坚持和完善民族区域自治制度"。

足一个必要条件——该地方存在聚居的少数民族。换言之，只要该地方存在聚居的少数民族，该民族就可依据宪法赋予的民族自治权在其居住的区域通过区域自治的形式来实现其管理本民族内部事务的权利。应该说，1952年中央人民政府颁布的《民族区域自治实施纲要》就体现了这种理念和设想。《民族区域自治实施纲要》第四条规定："各少数民族聚居的地区，依据当地民族关系、经济发展条件，并参酌历史情况，得分别建立下列各种自治区：（一）以一个少数民族聚居区为基础而建立的自治区（单一型自治地方）。（二）以一个大的少数民族聚居区为基础，并包括个别人口很少的其他少数民族聚居区所建立的自治区（包容型自治地方）。包括在此种自治区内的各个人口很少的其他少数民族聚居区，均应实行区域自治。（三）以两个或多个少数民族聚居区为基础联合建立的自治区（联合型自治地方）。此种自治区内各少数民族聚居区是否需要单独建立民族自治区，应视具体情况及有关民族的志愿而决定。"并且第七条还特别规定："各民族自治区的行政地位，即相当于乡（村）、区、县、专区或专区以上的行政地位，依其人口多少及区域大小等条件区分之。"由是观之，在中华人民共和国成立之初，党和政府力图使每一个聚居少数民族，甚至包括人口较少、居住区域较小的聚居少数民族都能通过多结构、多层级的区域自治形式来实现管理本民族内部事务的权利。但是随着1954年宪法的颁布，行政区划的统一及其相应层级国家机关架构的完成，尤其是民族自治地方自治权内容的进一步细化，作为民族自治区之一的乡（村）、区如再享有民族区域自治权也并不适宜。故此，1954年宪法将民族自治地方建置为三级——自治区、自治州和自治县，不再将乡（村）、区作为民族自治地方来对待，但是仍然通过设立民族乡来保障居住区域较小、人口较少且分散的聚居少数民族部分地行使管理本民族内部事务的权利。此后的1982年现行宪法延续了上述有关民族自治地方建置的规定。

　　从理论上讲，聚居少数民族的存在及其享有的民族自治权，构成了民族区域自治权的本源。因此，民族区域自治权的归属主体应该是民族自治地方的聚居少数民族。但是不少学者认为民族区域自治权的归属主体是民族自治地方实行区域自治的聚居少数民族。①这一结论看似正确，实则犯有逻辑上没有穷尽支判断的错误。我国的民族自治地方有单一型自治地方、包容型自治地方和联合型自治地方三种类型，单一型自治地方和联合型自治地方的聚居少数民族就是实行区域自治的少数民族，这一点不会存有争疑。但是，在包容型的自治地方，该地方除了有一个人口最多、居住区域最大的聚居少数民族外，还生活着不少人口、居住区域规模次小的聚居少数民族。如果我们简单地将民族区域自治权的享有主体归属于该地方人口最多、居住区域最大的聚居少数民族，那么就意味着该地方的"民族内部事务"只是实行区域自治的聚居少数民族的内部事务了，从而排除了其他聚居少数民族的内部事务成为该地方"民族内部事务"的可能性，这于民族区域自治的实践来说是极为有害的，更遑论民族自治地方内各民族的平等、团结和共同繁荣了。如新疆维吾尔自治区有伊犁哈萨克自治州、博尔塔拉蒙古自治州、巴音郭楞蒙古自治州、克孜勒苏柯尔克孜自治州、昌吉回族自治州等5个自治州和察布查尔锡伯自治县、和布克赛尔蒙古自治县、木垒哈萨克自治县、巴里坤哈萨克自治县、焉耆回族自治县、塔什库尔干塔吉克自治县等6个自治县，我们是否可以说，新疆维吾尔自治区的"本民族内部事务"只是维吾尔族一个民族的内部事务，其他居住在新疆的哈萨克族、蒙古族、柯尔克孜族、回族等聚居少数民族的内部事务不是新疆维吾尔自治区的"民族内部事务"。基于上述因素考虑，本文认为，民族区域自治权的归属主体是民族自治地方所有的聚居少数民族，而不能简单地归属于实行区域自治的聚居少数民族。作为民族自治地方层面的共治，②其内涵不仅体现在民族自

---

① 参见乌兰夫《民族区域自治的光辉历程》，《人民日报》1981年7月14日；额尔敦初古拉《应充分发挥自治主体民族的主人翁作用》，《中国民族报》2012年7月27日；乌力更《民族自治与民族共治——权利与少数民族》，《理论研究》2003年第4期。

② 民族共治是多民族国家民族政治实践的基本事实，它不仅体现为国家层面各民族对国家事务共同管理，也体现为民族自治地方层面多民族对本地方事务的共同管理。参见朱伦《论民族共治的理论基础和基本原理》，《民族研究》2002年第2期。

治地方各民族对本地方事务的共同管理方面，而且体现在聚居少数民族对本地方"本民族内部事务"的共同管理方面。

如果民族区域自治权的归属主体是民族自治地方所有的聚居少数民族，那么民族区域自治权的行使主体是谁呢？笔者认为，在民族区域自治的制度设计中，民族区域自治权的归属主体和行使主体是分离的——民族区域自治权的归属主体是民族自治地方的聚居少数民族，民族区域自治权的行使主体是民族自治地方的自治机关。①

如前所述，没有聚居少数民族的民族自治权，也就没有该民族的区域自治权。因此，从应然层面而言，民族区域自治是聚居少数民族的区域自治。如果聚居少数民族所居住的区域没有任何其他民族与其杂居，那么该民族的本民族内部事务就是该区域的地方事务，聚居少数民族既是民族区域自治权的归属主体，也是民族区域自治权的行使主体。但是世界上绝大多数实行民族区域自治的社会单元都是多民族杂居，我国也不例外。如即使是在民族成分相对单一的西藏自治区，除占人口总数92%的藏族外，还有汉族、蒙古族、回族、纳西族、怒族、独龙族、门巴族和珞巴族等40多个民族。这时候，基于聚居少数民族身份而获得的区域自治权也被赋予给了生活在该地方的其他民族（包括汉族），民族区域自治就演绎为一种以聚居少数民族为主体、为主导，其他民族参与其中的区域

---

① 早先也有学者注意到民族区域自治权归属主体和行使主体有所不同，只是没有有意识地将两者分离开来进行具体讨论。如冯刚认为："民族区域自治虽是实行区域自治的少数民族的自治，但自治权不应由实行区域自治的少数民族单独行使，而应由实行区域自治地方的各族人民共同行使"（参见冯刚《试论民族区域自治权的归属和行使》，《广西民族研究》1997年第3期）；乌力更认为："自治权这种集体权利，只有转变为自治机关的权力之后，才能得以实现。但这并不意味着自治权就是自治机关本身的权利，自治机关只有行使自治权的权力，而没有享受自治权的权力"（参见乌力更《民族自治与民族共治——权利与少数民族》，《理论研究》2003年第4期）；李军也认为"民族自治地方的自治机关只能是民族区域自治真正主体根本利益的代表机关和自治权行使的执行者，而不可能成为真正民族区域自治权的主体"（参见李军《民族区域自治权的法理思辨——以自治权的法源为切入点》，《黑龙江民族丛刊》2012年第3期）。将民族区域自治权的归属主体和行使主体分离，有利于消弭或化解学术界关于民族区域自治权的主体是实行区域自治的民族还是自治机关的理论分歧，具有重要的学理和实践意义。

自治。法律制度的这种设计，契合了宪法上规定的"各民族一律平等"的政治原则，保障了民族自治地方的散居少数民族和汉族公民管理地方事务的基本权利。它既满足该地方聚居少数民族管理本民族事务的需要，也满足该地方所有民族管理本地方事务的诉求。"如将宪法规定的少数民族聚居的地方实行区域自治"转换为"居于主体地位的少数民族实行的区域自治"，事实上就将居住在该地区的其他民族排除在了区域自治的主体之外，既不符合民族平等的要求，又剥夺了不具有自治民族身份的公民的政治权利，与公民平等的宪法要求不符。① 事实上，从《宪法》第四条第三款、第一百一十二条至一百二十二条和《民族区域自治法》第四条、第十五条至十八条规定的内容来看，民族区域自治权是由民族自治地方人民代表大会和人民政府所组成的自治机关来行使的，自治机关组成人员中不仅包括实行区域自治的聚居少数民族的代表，而且包括其他散居少数民族和汉族的代表，只是在自治机关的人员组成中，实行区域自治的民族的代表占据着主导地位。② 这种采取由实行区域自治的民族占主导地位、区域内其他民族参与管理的共治形式和民主协商机制是一个蕴含着充分政治智慧和政治技巧的制度安排，它兼顾了包括实行区域自治的民族在内的所有聚居少数民族管理本民族内部事务和地方内所有民族共同管理本地方事务权利的均衡实现。显然，这种制度安排十分有利于构建平等、团结、互助、和谐的民族关系。民族区域自治制度的开拓者之一的李维汉同志在讨论广西壮族自治区建立问题时曾说，"从广西各民族的比例关系来说，自治区的自治机关带有联合政府的性质。自治区自治机关，要根据广西民族关系的具体情况，使汉族、壮族和其他少数民族的干部都占

---

① 田钒平：《民族区域自治的实质内涵辨析》，《贵州社会科学》2014年第9期。
② 如《民族区域自治法》第十六条和第十七条分别规定："民族自治地方的人民代表大会中，除实行区域自治的民族的代表外，其他居住在本行政区域内的民族也应当有适当名额的代表。……民族自治地方的人民代表大会常务委员会中应当有实行区域自治的民族的公民担任主任或者副主任"，"自治区主席、自治州州长、自治县县长由实行区域自治的民族的公民担任。自治区、自治州、自治县的人民政府的其他组成人员，应当合理配备实行区域自治的民族和其他少数民族的人员"。

有相当的必要的地位",如果"在处理上述各项人事安排的问题上能够适当地照顾到这一点,是符合于民族平等原则的,是符合于人民民主原则的,因此是必要的、是合理的,有利于民族团结的"。①从上述论述可知,民族自治地方的自治机关并不只是实行区域自治的民族管理本民族内部事务的机关,它也是该地方其他聚居少数民族管理本民族内部事务和各民族共同管理本地方事务的机关。

二 "本民族内部事务"是指民族自治地方聚居少数民族的内部事务

承接上文,既然民族区域自治权的归属主体是民族自治地方所有聚居少数民族,那么法律文本中"本民族内部事务"就应该解释为"民族自治地方所有聚居少数民族的内部事务"。

此前,我国学者曾经围绕"本民族内部事务"这一概念所内含的文本意义和实践意义展开过讨论。如赵健君先生在《如何理解"本民族内部事务"?》一文中指出:"从我国各民族大杂居、小聚居犬牙交错的分布特点来看,每一个自治地方内,总是几个民族共居其间,实行自治的民族在其中只占一定的比例,所以在我国不存在单一民族地区","生活在同一行政区域的各民族,他们本民族的政治、经济、文化等方面往往纳入它所在行政区域的社会生活之中,形成各民族之间密切联系、相互依存的共同社会生活"。所以,"'本民族内部事务'是指民族自治地方内,关系各民族共同利益和共同繁荣发展的一切事务,而不是指实行自治的主体民族的有关事务"。"各民族管理本民族内部事务的权利也就是指在民族自治地方内,各民族作为国家的主人,平等地共同处理民族自治地方内部一切事务的权利。"② 对赵健君先生的观点,赵学发先生在《也谈如何理解"本民族内部事务"》一

---

① 李维汉:《统一战线与民族问题》,中共党史出版社2016年版,第619—620页。
② 赵健君:《如何理解"本民族内部事务"?》,《中国民族》1986年第10期。

文中提出了商榷意见。他认为,"本民族内部事务"中"本"一字"在任何一个实行民族区域自治的地方,都是有固定的具体对象的,是对应着实行民族区域自治的民族而言的"。"'本民族内部事务'同'实行自治的自治地方内部的一切事务'系两个不同范围的不同概念,'本民族内部事务'含于自治地方内部的一切事务之中,两者不能等同,……民族自治地方管理自治地方内部的一切事务和管理本民族内部事务是统一于自治机关行使的地方国家机关的职权和自治权之中的。"① 而吴宗金先生在《"本民族内部事务"之我见——兼与赵学发商榷》一文中则反对赵学发的观点,他认为,把"本民族内部事务"等同于"实行自治的自治地方内部的一切事务"固然不妥,但是把"本民族"理解为在任何一个实行民族区域自治的地方,都是指实行民族区域自治的民族而言的解释,也是十分欠妥的。"居住在一个自治地方内的不只是一个民族,而是若干个民族,凡居住在这个区域内的各民族人民都是这个地方的主人。民族自治地方内的各族人民都享有管理本自治地方的一切事务的权利。……各少数民族管理本民族内部事务"是借助于并通过自治机关来行使和实现其自治权利的。因此,"'本民族内部事务'的含义,是在民族自治地方范围内的、由各民族人民代表组成的自治机关,通过行使自治权来体现本地方各少数民族管理本民族内部事务权利的一种表现形式。"② 吴宗金先生虽然没有直接回答"本民族内部事务"是"哪个"或"哪几个"民族的内部事务,也没有对民族区域自治权的归属主体与行使体作学理上的区分,但是他提出了一个有着重要实践意义的命题,即民族自治地方由自治机关来行使管理各少数民族内部事务的权利和管理本地方事务的权力,从而支持了笔者提出的"民族区域自治权的行使主体是民族自治地方的自治机关"的观点。

---

① 赵学发:《也谈如何理解"本民族内部事务"》,《中国民族》1987 年第 2 期。
② 吴宗金:《"本民族内部事务"之我见——兼与赵学发商榷》,《中国民族》1987年第 2 期。

从上述三位学者的讨论可知，学界关于"本民族内部事务"的观点主要有二：一是将"本民族内部事务"指是为"本地方所有民族的内部事务"；二是将"本民族内部事务"等同于"实行区域自治的民族的内部事务"。下面笔者就此两种观点展开分析。

第一，"本民族内部事务"并不是"本地方所有民族的内部事务"。民族区域自治是民族自治和区域自治的有机结合，是民族自治地方所有聚居少数民族自主管理本民族内部事务与各民族共同管理本地方事务的有机结合。因此，民族区域自治权的客体既包括"本民族内部事务"也包括"本地方事务"。由于"本民族内部事务"内含于"本地方事务"之中，因此有学者直接将民族区域自治权的客体界定为"本地方所有民族的内部事务"就不足为奇了。首先，将民族区域自治权的客体界定为"本地方所有民族的内部事务"不符合宪法原则。毋庸置疑，没有民族自治权，也就没有民族区域自治权。在界定"本民族内部事务"一词的内涵时，如果将民族区域自治权的归属主体理解为民族自治地方包括汉族在内的所有民族，那么就意味着汉族这一主体民族也享有民族自治权，意味着"本民族内部事务"等同于该地方所有民族（包括汉族）的事务，即地方事务了，法律文本也就没有区分"本民族内部事务与本地方事务"和"民族自治地方自治立法权和地方立法权"的必要了。其次，将"本民族内部事务"理解为"本地方所有民族的内部事务"也不符合法律文本规定。《民族区域自治法》在规定民族自治地方自治机关的自治权，即民族区域自治权时，第十九条、第二十二条使用了"当地民族"一词，[①] 其他条款，如第二十四—第二十九条、第三十条、第三十三条、第三十五条、第三十六条、第三十

[①] 《民族区域自治法》第十九条规定："民族自治地方的人民代表大会有权依照当地民族的政治、经济和文化的特点，制定自治条例和单行条例"，第二十二条规定："民族自治地方的自治机关根据社会主义建设的需要，采取各种措施从当地民族中大量培养各级干部、各种科学技术、经营管理等专业人才和技术工人，充分发挥他们的作用，并且注意在少数民族妇女中培养各级干部和各种专业技术人才。"

九条、第四十条、第四十四条则使用的是"本地方"一词。① 再如，在《刑法》《民法通则》《婚姻法》《继承法》《妇女权益保护法》《民事诉讼法》和《老年人权益保障法》等法律中，关于民族自治地方自治机关行使变通或补充规定制定权的授权规范也使用的是"当地民族"这一词。② 由此可见，《民族区域自治法》和相关法律对民族区域自治权所指向的对象——"本民族内部事务"和"本地方事务"是有所区分的。因此，我们无论是在理论研究，还是在实践当中，不能用"地方事务"去吸收、竞合"民族事务"。综上所述，如果根据赵健君先生的理解，将民族自治地方所有民族的一切事务都看作是实行区域自治的民族的"本民族内部事务"的话，那么民族自治地方的地方事务和各聚居少数民族的内部事务就合二为一了。显然，赵健君先生的这一观点无法获得实定法规范的支持。当然，赵健君先生的观点在民族自治地方的立法实践中却大有市场，因为2015年《立法法》修改之前的立法实践中，自治州、自治县都是将所有地方事务纳入了自治立法事项范围。这就是学界屡屡诟病民族自治地方自治立法无法体现民族性的症结之所在。

第二，"本民族内部事务"也不是"实行区域自治的民族的内部事务"。如果将民族区域自治权的归属主体和行使主体界定为实行区域自治的民族，将"本民族内部事务"理解为实行区域自治的民族的内部事务，民族区域自治权指向的事项范围未免太窄。这既不符合各民族一律平等，保障各聚居少数民族自主管理本民族内部事务的宪法原则，也不符合《宪法》和《民族区域自治法》将民

---

① 如《民族区域自治法》第二十五条规定："民族自治地方的自治机关在国家计划的指导下，根据本地方的特点和需要，制定经济建设的方针、政策和计划，自主地安排和管理地方性的经济建设事业"，第四十条规定："民族自治地方的自治机关，自主地决定本地方的医疗卫生事业的发展规划，发展现代医药和民族传统医药。"

② 如《刑法》（1979）第九十条规定："民族自治地方不能全部适用本法规定的，可以由自治区或省的人民代表大会根据当地民族的政治、经济、文化的特点和本法规定的基本原则，制定变通或者补充的规定"；《婚姻法》（1980）第五十条规定："民族自治地方的人民代表大会有权结合当地民族婚姻家庭的具体情况，制定变通规定"；《继承法》（1985）第三十五条规定："民族自治地方的人民代表大会可以根据本法的原则，结合当地民族财产继承的具体情况，制定变通的或者补充的规定"。

族区域自治权的行使主体确定为民族自治地方自治机关的文本规范。① 首先，将"本民族内部事务"理解为实行区域自治民族的内部事务不符合宪法原则。在包容型的民族自治地方，除实行区域自治的民族外，还存在其他在次级地方实行区域自治的聚居少数民族。试想，当民族自治地方自治机关行使自治权，只考虑实行区域自治民族的本民族事务而对其他聚居少数民族的事务弃之如履时，甚至出现为实现实行区域自治民族的利益而排斥、侵害其他聚居少数民族利益时，各民族平等、团结和共同繁荣的宪法精神可能成为一句空话。其次，将"本民族内部事务"理解为实行区域自治民族的内部事务不符合文本规范和立法原意。《民族区域自治法》第三章"自治机关的自治权"的绝大部分条款（除第二十三条和第三十一条外）直接写明了民族自治地方自治机关行使"制定自治条例和单行条例、培养各级干部、组织公安部队、自主地安排和管理地方性的经济建设事业、确定本地方内草场和森林的所有权和使用权、管理和保护本地方的自然资源"等职权。事实上，全国人大在制定《民族区域自治法》的过程中，对民族区域自治权是由实行区域自治的民族来行使还是由各民族组成的自治机关来行使存在争议。王汉斌同志回忆说："全国人大六届二次会议召开前，1984年5月8日晚上十点钟，彭真通知召集会议，研究民族区域自治法的问题。……这个会议争论得很厉害，主要是要不要规定自治民族行使自治权利（应该为'自治权力'，原文如此——笔者注）、自治机关主要成分是自治民族这两条，意见分歧不能达成一致"。"5月12日9点，在勤政殿，中央政治局召开第19次扩大会议，我列席了会议。会上，我代表法工委党组做了关于民族区域自治法（草案）几个问题的汇报后，……乔木同志说，民族区域自治法里面不能规定由自治民族行使自治权利。会议同意，不能写自治民族行使

---

① 田钒平教授也持相同观点。他认为，如将《宪法》规定的"少数民族聚居的地方实行区域自治"转换为"居于主体地位的少数民族实行的区域自治"，事实上就将居住在该地区的其他民族排除在了区域自治的主体之外，不符合民族平等的要求。参见田钒平《民族区域自治的实质内涵辨析》，《贵州社会科学》2014年第9期。

自治权利，而是自治机关行使自治权利。"① 从现有法律文本和立法者的立法原意来看，在民族自治地方，民族区域自治权的行使主体是自治机关，而不是实行区域自治的民族。自治机关不仅要保障实行区域自治的聚居少数民族管理本民族内部事务的权利，也要保障区域内其他聚居少数民族自我管理本民族内部事务的权利，同时也要保障其他散居少数民族和汉族公民享有宪法上的参与地方事务管理的民主权利。因此，民族区域自治权语境下的"本民族内部事务"不应该只是实行区域自治民族的内部事务，也包括区域内其他聚居少数民族的内部事务，否则在民族自治地方就无以体现各民族一律平等的宪法原则以及实现各民族平等、团结和共同繁荣的立法目的。

此外，从上述关于民族区域自治权归属主体与行使主体的争议和法律规范中"当地民族"一词的语用意义来看，民族区域自治权所内含的"本民族内部事务"肯定不仅仅是民族自治地方实行区域自治的民族独有的"本民族内部事务"，"本民族"肯定不仅仅是单指"实行区域自治的民族"。但是，排除这一种解释后，"当地民族"一词仍可从两个层面来理解：一是包括实行区域自治的民族在内的所有少数民族；二是包括实行区域自治的民族在内的所有聚居少数民族。如果是这样，我们为什么将"本民族内部事务"理解为民族自治地方所有聚居少数民族的内部事务而不是所有少数民族的内部事务呢？这主要基于两点理由：第一，没有政治原则意义上的民族自治权，就没有规范实践意义上的民族区域自治权。根据《民族区域自治法》的相关规定，只有聚居少数民族才能享有民族自治权，即管理本民族内部事务的权利，而其他非聚居少数民族因为不享有民族自治权，也就不能成为民族区域自治权的归属主体，当然这不排除非聚居少数民族依据"主权在民"的政治原则参与组成自治机关从而与该地方的其他民族一起行使管理本地方事务的区

---

① 王汉斌：《王汉斌访谈录——亲历新时期社会主义民主法制建设》，中国民主法制出版社2012年版，第174—175页。

域自治权。第二，只有聚居的少数民族才能在一定的地域范围内，在长期的生产实践和生活实践中，形成自己异于其他民族的独特的生产生活方式、行为规范和文化模式，表现出显见的民族性。而那些非聚居的少数民族由于个体数量少且没有独立的生活空间，其生产生活方式和行为规范可能被其他聚居民族所浸润、吸收，无法形成自己特有的民族事务。因此，从宪法原则和立法目的来看，民族区域自治权的归属主体应为民族自治地方所有聚居少数民族，民族自治地方自治权所内含的"本民族内部事务"应为民族自治地方内所有聚居少数民族的事务。这是一个既符合宪法原则又暗含实践理性的唯一的正确解释。

三　自治立法权的客体是民族自治地方所有聚居少数民族的内部事务

从《民族区域自治法》的文本规范来看，民族区域自治权的客体既包括"本民族的内部事务"也包括"所有民族共同的地方事务"，民族区域自治权是民族自治地方聚居少数民族自主地管理本民族内部事务与各民族人民共同管理本地方事务的双重权力的结合。但是民族区域自治权中的自治立法权的客体只能是"本民族的内部事务"，即该区域所有聚居少数民族的内部事务。《民族区域自治法》第十九条和《立法法》第七十五条明确规定，民族自治地方的人大制定自治条例和单行条例的现实依据就是当地民族的政治、经济和文化特点。所以说，民族自治地方自治立法权"这一权力所体现的本质，就是从民族自治地方的实际出发，因地制宜地实践少数民族'自主地管理本民族内部事务'这一实行自治的核心理念。"[①]

民族自治地方自治立法权的客体是该地方聚居少数民族的政

---

① 郝时远：《在实践中不断完善民族区域自治制度》，《中国民族报》2011年5月13日。

治、经济和文化事务,但是这并不意味着该地方聚居少数民族的所有政治、经济和文化事务都属于自治立法的事项范围。在中国各民族"大杂居、小聚居"的现实背景下,在民族自治地方,几乎没有哪一个民族是独居在这一特定的地域之中。在长期的生产实践和生活实践中,该聚居少数民族与其他民族(包括其他聚居少数民族、散居少数民族和汉族)编织了一张复杂紧实的社会关系网络。一方面,他们有着共同的政治、经济和文化生活,分享着相同的历史命运和集体记忆,是体现"互通、自然、人文、聚合"主题的命运共同体;① 另一方面,该聚居少数民族也是在与其他民族的关系存在中来塑造自身的文化特质和显现自我与他者的文化差异。② 从社会学关系实在论维度来说,民族虽然是"自然的""天生的",是血缘群体的有机进化,是镶嵌于历史进程中的原生性实体,它能够通过生产方式以及与特定生产方式相联系的风俗习惯、语言、宗教等传递出来的文化特质与其他民族加以区分,但是这些文化特质和文化差异是在流动的自我与他者的关系网络中塑造生成并不断变化的,自我和他者之间是你中有我、我中有你的关系。换言之,民族自我是一种动态的关系化的时空实体,虽然在确定时空场域中,我们可以甄别和辨识出各个民族的文化特质,但是这并不意味着每个民族的每一种文化特质都是该民族自身所独有的,民族之间的交往、交流和交融使得民族之间的文化特质既具有异质性也不乏同质性。③ 因此,在民族自治地方,聚居少数民族的政治、经济和文化事务和其他民族的政治、经济和文化事务在很多方面存在交叉性和共通性。只有那些属于聚居少数民族独有的政治、经济和文化事务才能成为自治立法的事项范围,而那些聚居少数民族与其他散居少

---

① 阮宗泽:《人类命运共同体:中国的"世界梦"》,《国际问题研究》2016年第1期。
② 这里的文化差异是指广义的文化差异,是指除去生物学意义的差异之外的生产生活方式差异、制度与行为规范的差异以及语言、宗教、风俗习惯、思维方式、价值理念的差异。
③ 参见王军《民族与民族主义研究:从实体论迈向关系实在论初探》,《民族研究》2008年第5期。

数民族和汉族的共同事务则超出聚居少数民族"内部事务"之外，外溢为民族自治地方共同的地方事务，成为地方立法权涵括的事项范围。笔者将对聚居少数民族独有的政治、经济和文化事务内容进行类型化分析，以期清晰地展示民族自治地方自治立法权的具体事项范围。

首先，民族自治地方聚居少数民族的政治生活事务，其法益为聚居少数民族的政治参与权。这类权益与少数民族群体身份直接相关，表征少数民族群体在互动的公共领域中的地位和功用。其中，少数民族公民一般是作为聚居少数民族群体的代表而参与政治生活的，因此其政治参与带有群体权利的属性。具体而言，聚居少数民族的政治生活事务包括：（1）涉及民族自治地方自治机关少数民族的构成比例的事务。如《延边朝鲜族自治州自治条例》第十二条第四款规定："自治州人民代表大会常务委员会组成人员中，朝鲜族成员可以超过半数，其他民族也应该有适当名额"，第十六条第二款规定："自治州州长由朝鲜族公民担任。在副州长、秘书长、局长、委员会主任等政府组成人员中，朝鲜族成员可超过半数"。（2）民族自治地方国家机关少数民族人员的配备事务。如《延边朝鲜族自治州自治条例》第二十五条第四款规定："自治州中级人民法院、人民检察院中应当有朝鲜族公民担任院长、检察长或者副院长、副检察长"等。（3）少数民族人大代表的选免或其他政治参与权利保障事务。如《甘肃省甘南藏族自治州自治条例》第二十一条第二款规定："自治州中级人民法院审理藏族当事人案件时，合议庭成员必须有藏族公民"。（4）少数民族干部培养选拔与任用以及少数民族参与本地方公共事务决策的协商机制等事务。上述事务与该区域聚居少数民族群体利益密切相关，民族特性明显，因此宜作为自治立法的事项。

其次，民族自治地方聚居少数民族特有的经济生活事务，其法益为少数民族群体享有的从事传统生产方式的权利以及文化遗产、传统知识开发惠益权和生态环境权。具体而言，聚居少数民族的独特的经济生活事务主要有：（1）维系少数民族生计的生产方式方面的事务。在多民族聚居的地方，各少数民族在长期的交往、交流和交融的过程中，生产方式已表现出高度的同质性，已经不具有显著的民族性。因此，该部分事务不能纳入自治立法的事项范围。但是，如果部分聚居少数民族依然保持着本民族所独有的生产方式，那么该类型的生产方式就具有民族性的特点，应属于自治立法的事项范围。如鄂温克族是一个以驯鹿为主业的民族，驯鹿一直是鄂温克族人维持生计和发展经济的特色，也是本民族最重要的收入来源。驯鹿作为鄂温克族主要的生产方式和民族经济发展的重要组成部分，当然具有民族性，应归属于自治立法的事项范围。（2）聚居少数民族的文化遗产与传统知识的开发利用事务。随着民族文化产业和旅游产业的兴起，不少聚居少数民族的文化遗产与传统知识成为文化和旅游消费产品。少数民族群体作为文化遗产和传统知识的财产权主体，应该享有从其文化遗产和传统知识的商业开发中获得收益的权利。（3）民族地区自然资源的开发利用与生态环境保护事务。在多民族聚居的地方，自然资源和生态环境是各民族共同的生活场域和赖以生产、生活的资料来源，自然资源的开发利用和生态环境的保护构成该区域内所有民族的共同事务，该事务具有地方性而不具有民族性。因此，有关民族自治地方自然资源的开发利用和生态环境保护应纳入地方立法的事项范围。不过，由于不同民族有关于利用自然资源和保护生态环境的知识并形成了一些特定的惯行，当国家法授权民族自治地方可以根据当地民族的特点和实际情况进行变通或补充立法时，这类事务可以归于自治立法的事项范围。

最后，民族自治地方聚居少数民族特有的文化生活事务，其法益为聚居少数民族个体或群体的受教育权、语言权、宗教信仰自由、风俗习惯的权利和文化遗产与传统知识的知识产权等。具体而言，民族自治地方聚居少数民族的文化生活事务主要包括：（1）少数民族教育事务。如《延边朝鲜族自治州朝鲜族教育条例》第二条规定："自治州自治机关保障朝鲜族教育的优先发展"，同时该条例还就朝鲜族教育的办学形式、课程设置、物质保障等方面进行了具体规定。（2）少数民族语言文字的使用。如《玉树藏族自治州藏语文工作条例》第九条规定："自治州制定、发布的单行法规和地方国家机关下发的文件和布告、公告等主要公文，使用藏汉两种文字"；第十五条规定："自治州内的藏族公民可以用藏文书写各类文书"。（3）少数民族宗教事务的管理，包括传教人的管理、寺院的管理等。（4）少数民族风俗习惯的保持与发展、清真食品的管理和民族节假日的确定。如《临夏回族自治州清真食品管理规定》第二条规定："本办法所称清真食品，是指按信仰伊斯兰教少数民族（以下称少数民族）的饮食习俗生产、加工、经营的各类食品"。《张家川回族自治县自治条例》第五十八条规定："自治县境内信仰伊斯兰教的少数民族职工，学生在尔德节放假三天，古尔邦节放假两天"。（5）少数民族文化遗产和传统知识的保护与传承。少数民族文化遗产和传统知识主要包括传统习俗保存完整、民族风情浓郁或建筑格式具有显著民族特色的村寨，具有民族特色的民间文学、楹联、典籍、契约、碑碣、艺术品，民族服饰、乐器、美术工艺品、传统建筑及其制作技术工艺或民歌、音乐、演唱技法以及民族传统体育、舞蹈和游戏等视觉表演形式以及少数民族关于遗传资源、种子、医药、动植物群特性的知识等。对于这些文化遗产和传统知识，少数民族有权保持、管理、保护和发展自己对它们的知识产权。在这些方面，《黔东南苗族侗族自治州民族文化村寨保护条例》《阿坝藏族羌族自治州非物质文化遗产保护条例》《凉山彝族自治州非物质文化遗产保护条例》《湘西土家族苗族自治州土家医药苗医药保护条例》和《玉树藏族自治州藏医药管理条例》等单行条例都有规定。此外，各类以传承少数民族文化为宗旨的公益性社团的成立也属于少数民族的文化事务，应纳入自治立法的事项范围。

这里就出现了一个问题。我们认为，民族自治地方的历史文化，包括语言文字、风俗习惯、物质文化遗产和非物质文化遗产等大多具有民族性的特点而应纳入民族自治地方自治立法的事项范围，但是《立法法》第七十二条第二款却规定，自治州的人民代表大会及其常务委员会可以对城乡建设与管理、环境保护、历史文化保护等方面的事项制定地方性法规。如此一来，少数民族的历史文化事务既是自治立法的事项范围又是地方立法的事项范围，两者之间存在着抵牾和冲突。如何解决这一矛盾呢？

第一种思路是根据法律规范冲突解决规则确立的"新法优于旧法"的竞合原则来化解两者之间的矛盾。规定民族自治地方自治立法权的《民族区域自治法》和规定自治州地方立法权的《立法法》两者都属于全国人大制定的基本法律，具有相同的效力等级。根据同等级法律规范冲突解决规则中的"新法优于旧法"的原则，无论是民族自治地方具有地方特点的"历史文化"事务还是具有厚重民族特色的"历史文化"事务，均可由自治州人大及其常委会制定地方性法规，但该做法实际上并没有在规范上区分地方的历史文化事务和少数民族的历史文化事务。

第二种思路是由自治州人大常委会通过民主协商程序来确定立法形式类型。自治州可制定《XX自治州人大及其常委会立法条例》，明确规定如遇到某类事务既可制定地方性法规，又可制定单行条例的情形时，由人大常委会全体会议决定立法的形式。如果立法的内容仅关涉少数民族的历史文化事项，此时采取单行条例的形式立法为宜；如果立法的内容既关涉该区域内所有民族共同的历史文化事务，即地方性的历史文化事务，又关涉聚居少数民族的历史文化事务，采用地方性法规的形式立法亦可。

第三种思路就是在实践中，上级国家机关、自治区、自治州人大及其常委会需要正确领会民族区域自治制度的核心价值，从而合理地界分自治立法权和地方立法权并使两者相得益彰。一是需要自治州人大及其常委会充分认识界分自治立法权与地方立法权对于践行民族区域自治制度的意义，不能因为自治立法程序烦琐和立法周期较长而以地方立法权来替代自治立法权；二是上级国家机关在履行批准或备案审查职责时，应对自治州人大及其常委会的立法草案进行充分的论证，以便确定哪些属于自治立法的事项和哪些属于地方立法的事项。当然，全国人大常委会还可以启动法律解释机制，对自治立法和地方立法各自关涉的事务进行解释和说明，便于自治州人大及其常委会在立法时准确地界定自治立法权和地方立法权的权限范围。

结　语

我国的民族区域自治制度是一个涵摄了多重因素考虑的复杂制度设计，它是"统一"与"自治"、民族因素与区域因素的结合体，体现了维护国家主权统一和保障少数民族权益，促进各民族平等、团结和发展的客观价值秩序。我们必须将民族区域自治嵌入统一多民族国家和中华民族共同体构建这一历史进程之中，以国家统一，民族团结和各民族共同繁荣发展为时代主旨，结合立法原则和立法目的对"民族区域自治""当地民族"和"本民族内部事务"等法律用语的含义做出科学合理的诠释，使民族区域自治制度充分展现其共治的价值魅力并发挥其构筑中华民族共同体的功能。一如美国法哲学教授博登海默所言："尽管为了在社会中确保法治的实施，一个由概念和规则构成的制度是必要的，但是我们必须永远牢记，创制这些规则和概念的目的乃是为了应对和满足社会的需要，而且我们还必须谨慎行事，以免毫无必要地、毫无意义地强迫生活受一个过于刻板的法律制度的拘束。我们不能将法律变成一个数学制度或一种故弄玄虚的逻辑体系。"① 但是，我们也不能走向一个极端，罔顾立法原则和立法目的，从"实用主义"或"存在即合理"的立场出发去任意裁剪这些法律用语。实践中，自治区、自治州地方立法权与自治立法权不分彼此，甚至以地方立法权取代自治立法权的做法是不可取的。须知道，民族区域自治制度有其内在的价值蕴涵，《民族区域自治法》有其固有的立法目的，维护法律文本的尊严，就是维护法治的权威。

---

① [美]博登海默：《法理学：法律哲学和法律方法》，邓正来译，中国政法大学出版社 1999 年版，第 242 页。

民族区域自治制度形成与发展的基本逻辑[*]

熊文钊　王楚克[**]

摘要：民族区域自治制度根植于中国的政治传统，贯穿着科学社会主义的主线，自改革开放以来与时俱进获得了新的发展，在新时代更加突出"以人民为中心"的发展理念。推进新时代中国特色社会主义伟大事业，依然需要继续坚持好、发展好、完善好、落实好民族区域自治制度。民族问题最终将在世界大同的图景中才有可能得到彻底解决。

关键词：民族区域自治；政治传统；科学社会主义；改革开放；以人民为中心

为什么要坚持民族区域自治制度？坚持什么样的民族区域自治制度？民族区域自治制度的未来走向和发展趋势如何？这是我们理解和实践民族区域自治制度时所要解决的重要问题意识。只有从理念上首先廓清了民族区域自治制度的基本价值内涵，明确了民族区域自治制度的根本使命所在，才能彰显出这一基本政治制度在推进新时代中国特色社会主义伟大事业征程中的制度优势和重要意义。本文从科学社会主义原理和历史唯物主义观点出发，分别从历史逻

---

[*] 本文发表于《中央社会主义学院学报》2019年第4期，收于本刊时略有修订。
[**] 熊文钊，中央民族大学法学院教授；王楚克，青海民族大学法学院讲师。

辑、理论逻辑、实践逻辑和时代逻辑等维度，对我国民族区域自治制度的形成和发展轨迹进行阐发。

一 历史逻辑：民族区域自治制度根植于中国的政治传统

一直以来，国内外学者以国家结构形式为主要视角展开对民族区域自治制度的探讨和研究。这一视角可以说切中要害，把握住了统一多民族的国家如何建构国家结构这一重要的问题意识。通览我国《宪法》全文（不包括宪法序言），涉及民族的规范条款总共达到宪法总条款的17.5%以上，这与我国宪法将特别行政区制度作为"嵌入式"的宪制安排之间形成了鲜明的对比。正因为新中国中央与地方"多元一体"的关系格局和结构特征①，我国宪法文本本身对国家结构形式并没有作出明文规定。宪法学或者国家学关于单一制抑或联邦制的经典式国家结构的划分，对于客观概括我国这样一个统一的多民族国家而言的确捉襟见肘。② 我国的国家结构形式虽然具有不同的实践模式，但其根本目的都在于实现祖国的统一、各民族的团结和整个中华民族的繁荣强盛，只是在实现方式上有所差别而已。③

民族区域自治制度在我国宪法结构中占据如此重要地位，乃是因为民族区域自治制度的宪法源流因袭于中国历史上的政治传统。两千多年来，不论封建王朝如何更迭，也不管哪个民族是统治民族，中国基本上都是作为一个统一的多民族国家而存在于世界。在长期的"大一统"过程中，政治、经济、文化把中国各个民族紧密地联系在一起，从而形成了各民族相互依存、相互促进、共同发展的基

---

① 参见熊文钊《大国地方：中央与地方关系法治化研究》，中国政法大学出版社2012年版，第114页。
② 参见马岭《我国单一制国家结构形式的特点》，《河南财经政法大学学报》2017年第6期。
③ 参见童之伟《国家结构形式论》（第二版），北京大学出版社2015年版，第412页。

本关系。① 因此，与西方历史来比较，由中国整个历史发展过程呈现出来的"深层结构"就表现为一个"超稳定体系"的形态。② 这个历史传统也很好地说明了中华人民共和国成立初期之所以没有完全趋从国际上比较流行的联邦制与民族自决的道路，就是因为在很大程度上尊重了中国社会发展的历史逻辑。具体到国家结构形式上，"大一统而又因俗而治"的理念以及背后凸显的历史文化意识，促使我国开国领袖们创造性地在新中国历史上实行了将国家统一与民族自治相结合的民族区域自治制度。由此，通过民族区域自治的宪制设计，中华人民共和国一方面赓续了"大一统而又因俗而治"的政治传统，另一方面也使得这一制度安排发挥了多元整合的国家建构功能。③

二 理论逻辑：民族区域自治制度贯穿着科学社会主义的主线

民族区域自治制度除了遵循中国社会发展的历史逻辑以外，还遵循了科学社会主义的理论逻辑。④ 这是因为，我国民族区域自治制度同西方式民族区域自治制度的根本区别在于其鲜明的社会主义特征。早在红军长征时期，中国共产党就怀揣着共产主义的理想和信念，同边区少数民族建立起了深厚的关系。⑤ 从民族区域自治制

---

① 参见熊文钊《大国地方：中国民族区域自治制度的新发展》，法律出版社2008年版，第53页。
② 参见孙隆基《中国文化的深层结构》，广西师范大学出版社2011年版，第23—25页。
③ 参见熊文钊、王楚克《试论民族区域自治的制度特色与理论创新》，《中央社会主义学院学报》2019年第3期。
④ 习近平总书记指出："中国特色社会主义，是科学社会主义理论逻辑和中国社会发展历史逻辑的辩证统一，是根植于中国大地、反映中国人民意愿、适应中国和时代发展进步要求的科学社会主义，是全面建成小康社会、加快推进社会主义现代化、实现中华民族伟大复兴的必由之路。"参见习近平《关于坚持和发展中国特色社会主义的几个问题》，《求是》2019年第7期。
⑤ 参见中共中央党史研究室科研管理部、国家民族事务委员会民族问题研究中心编《中国共产党民族工作历史经验研究》（上），中共党史出版社2009年版，第72—88页。

度设立的初衷来看，中国共产党作为科学社会主义最坚定的践行者以及民族区域自治制度的设计者，始终将共产主义的立党宗旨作为其在少数民族地区推行民族区域自治的根本方向。民族区域自治制度的诞生，起初就是共产主义最高理想和社会主义初级阶段的基本纲领相统一的产物。

这一目标亦在我国《中华人民共和国民族区域自治法》（以下简称《民族区域自治法》）的价值理念当中得到明确的体现。1984年《民族区域自治法》的正式颁布实施，标志着中国共产党长期以来实行的民族政策，在国家层面从此得到了强有力的法律保障。新颁布的《民族区域自治法》是和宪法一样缀有"序言"的一部法律。在《民族区域自治法》在序言部分，宣告了这部宪法性法律[①]的根本主张：

> 中华人民共和国是全国各族人民共同缔造的统一的多民族国家。民族区域自治是中国共产党运用马克思列宁主义解决我国民族问题的基本政策，是国家的一项基本政治制度。
> 民族区域自治是在国家统一领导下，各少数民族聚居的地方实行区域自治，设立自治机关，行使自治权。实行民族区域自治，体现了国家充分尊重和保障各少数民族管理本民族内部事务权利的精神，体现了国家坚持实行各民族平等、团结和共同繁荣的原则。
> 实行民族区域自治，对发挥各族人民当家作主的积极性，发展平等、团结、互助的社会主义民族关系，巩固国家的统一，促进民族自治地方和全国各个地方社会主义建设事业的发展，都起了巨大的作用。今后，继续坚持和完善民族区域自治

[①] 《民族区域自治法》是"宪法"法，是"国家"法，是"权力"法和"权利"法。通俗地讲，《民族区域自治法》首先是由全国人大通过的法律，其次它还是宪法的重要组成部分。因此，任何法律的出台，都不应当与《民族区域自治法》相抵触。《民族区域自治法》的法律位阶高于其他"非宪法性法律"的法律。参见马岭《宪法性法律的性质界定》，《法律科学》（西北政法学院学报）2005年第1期。

制度，使这一制度在国家的社会主义现代化建设进程中发挥更大的作用。

实践证明，坚持实行民族区域自治，必须切实保障民族自治地方根据本地实际情况贯彻执行国家的法律和政策；必须大量培养少数民族的各级干部、各种专业人才和技术工人；民族自治地方必须发扬自力更生、艰苦奋斗精神，努力发展本地方的社会主义建设事业，为国家建设作出贡献；国家根据国民经济和社会发展计划，努力帮助民族自治地方加速经济和文化的发展。在维护民族团结的斗争中，要反对大民族主义，主要是大汉族主义，也要反对地方民族主义。

民族自治地方的各族人民和全国人民一道，在中国共产党的领导下，在马克思列宁主义、毛泽东思想、邓小平理论的指引下，坚持人民民主专政，坚持改革开放，沿着建设有中国特色社会主义的道路，集中力量进行社会主义现代化建设，发展社会主义市场经济，加强社会主义民主与法治建设，加强社会主义精神文明建设，加速民族自治地方经济、文化的发展，建设团结、繁荣的民族自治地方，为各民族的共同繁荣，把祖国建设成为富强、民主、文明的社会主义国家而努力奋斗。

《中华人民共和国民族区域自治法》是实施宪法规定的民族区域自治制度的基本法律。①

一部法律的序言主要旨在宣告其立法目的和根本任务。从这部具有纲领性质的《民族区域自治法》的序言内容来看，民族区域自治制度作为中国共产党科学社会主义事业的重要组成部分，对于加快少数民族地区社会主义改造有着非凡意义和特殊使命。《民族区域自治法》关于国家统一、民族平等、民族团结，共同发展、共同繁荣，加速社会主义现代化建设等价值理念的伸张，使得其与非社

---

① 目前而言，《民族区域自治法》有必要根据2018年宪法修正案的内容对其进行较大幅度的修改。

会主义类型的民族区域自治制度相区别开来。① "革命理想高于天。"民族区域自治从确立民主改革到社会主义现代化事业建设，再到当前两个一百年奋斗目标和中华民族伟大复兴的阶段性任务中，始终都贯穿了一条鲜明的主线，即科学社会主义的崇高理想。因此，作为科学社会主义愿景的产物，我国民族区域自治制度由此而来，也必将延续和贯穿科学社会主义运动的主线。这是由民族区域自治制度的本质特性及其特殊任务所决定的。"共产主义决不是'土豆烧牛肉'那么简单，不可能唾手可得、一蹴而就。"② 社会主义的最终胜利"必然是一个很长的历史过程"，而坚持和完善民族区域自治制度我们还有许多事情要做好。回溯中华人民共和国诞生70周年的光辉岁月不难发现，我国民族区域自治制度取得了伟大成就，这些成就无不得益于马克思主义理论在解决民族问题上的价值指引。正是科学社会主义的崇高理想凝聚了中华各族儿女紧紧地团结在中国共产党的坚强领导下，并且通过不断夺取社会主义伟大胜利，共同致力于共产主义的大同理想。也是在这个意义上，民族区域自治制度不断实现着其在价值理念上的更新和超越。

三 实践逻辑：自改革开放以来民族区域自治制度与时俱进获得了新的发展

任何制度的运作都不是一帆风顺的。进入 21 世纪以来，伴随全球化内在矛盾的持续上演，我国民族地区的现代化建设不免受到

---

① 参见张世信《我国民族区域自治制度的新发展》，《政治与法律》1982 年第 3 期；陈云生《论民族区域自治》，《政法论坛》1983 年第 2 期；邵诚《〈民族区域自治法〉是实施民族区域自治的基本法律》，《法律科学》1984 年第 4 期。陈蒙指出："纲领性强是中国社会主义宪法性法律文件的一大特点，尤其对于这些法律文件的序言而言，除了对支撑法律的思想基础、历史实践的记述外，主要都是纲领性的内容，是对一系列路线、方针、政策的说明，最集中地体现了执政党的基本主张和人民的根本意志，是这些法律文件的灵魂所在。"参见陈蒙《〈中华人民共和国民族区域自治法〉序言的叙事与意蕴》，《中南民族大学学报》（人文社会科学版）2019 年第 3 期。

② 习近平：《做焦裕禄式的县委书记》，中央文献出版社 2015 年版，第 5 页。

了一定的影响。其中,西藏"3·14"事件和新疆"7·5"事件对民族区域自治制度的本土实践造成了一定的挑战。总结来看,这些骚乱既有"外国反华势力策动"等外部原因,也有内在原因。有些原因是与民族问题本身无关的,比如经济发展的区域失衡以及发展成果的分配不均。而其他一些原因则与我国的民族法治与政策相关不无关系,其中最主要的就是行政、执法层面上对宪法确立的民族区域自治制度的消解。[①] 这一时期由"3·14"事件、"7·5"事件等引发的社会事件产生了很大的社会成本,在一定程度上也影响了民族地区同内地之间的交流。更为严重的后果是,中华人民共和国成立以来所确立的"平等团结互助和谐"的社会主义新型民族关系受到一定程度的破坏,在全社会范围内滋生了族际不信任、民族歧视,对构筑中华民族共同体的精神家园产生负面影响。

历史发展进入新时代以来,以习近平同志为核心的党中央统揽全局,审时度势,在推进民族事务治理能力现代化方面采取了一系列行之有效的举措。那些破坏民族地区社会经济发展与民族关系的各类犯罪分子不仅受到了国家法律的严惩,民族自治地方的生产生活状态也逐渐恢复。可以说,我国民族区域自治制度在实践过程中虽然受到了这样或那样的影响和挑战,但总体而言,自改革开放以来这项重要政治制度与时俱进地获得了新的发展。

一方面,民族自治地方伴随国家政策的优惠和照顾,进一步缩小了与改革开放之前的社会经济总体发展水平之间的距离;另一方面,新的社会矛盾正在取代原来的社会主要矛盾,并且突出地表现为民族地区人民日益增长的美好生活需要和不平衡不充分的发展之间的矛盾。首先,经过改革开放近40年的发展,我国民族自治地方的社会生产力水平明显提高,"落后的社会生产"的提法已经不能真实地反映大部分民族地区取得的成绩。其次,民族自治地方的人民生活水平显著改善,当地人民不仅对物质文化生活提出了更高要求,而且在民主、法治、公平、正义、安全、环境等方面的要求

---

① 参见郑戈《"中华民族"的宪法建构》,《文化纵横》2011年第6期。

日益增长。再次，随着民族自治地方人民生活水平的不断提高，当地人民群众的生活需要也呈现出多样化、多层次、多方面的特点，比如，期盼有更好的教育、更多稳定的工作、更满意的收入、更可靠的社会保障、更高水平的医疗卫生服务、更舒适的居住条件、更优美的环境、更丰富的精神文化生活，等等。与此同时，当地人民群众的民主意识、公平意识、法治意识、参与意识、监督意识、维权意识也在不断增强。最后，民族自治地方的各民族人民对伟大祖国、对中华民族、对中华文化、对中国共产党和对中国特色社会主义的认同也得到空前的强化。

中国特色社会主义进入新时代以后，我国的社会主要矛盾已经转化为人民日益增长的美好生活需要和不平衡不充分的发展之间的矛盾。伴随民族地区社会主要矛盾的转化，我国民族区域自治制度的主要任务也实现了必要的调整。然而，我国民族地区仍处于并将长期处于欠发达地区的基本社会面貌没有变，我国长期处于社会主义初级阶段的特征在民族地区依然明显。从党中央历来关于民族工作的论述来看，把牢民族工作的中心任务，关键还在于认清民族地区的发展问题，也就是要帮助民族自治地方发展经济、改善民生。[①] 为此，围绕我国民族工作的中心任务，需要把握好民族自治地方在发展上的层次性问题。

首先，国家统一，民族团结，社会稳定是民族自治地方各民族人民追求美好生活的基本前提。没有国家统一，民族团结和社会稳定，民族区域自治也就失去了其发挥宪制功能的基础；其次，民族地区的中心工作在现实的针对面上也不尽相同。民族自治地方由于历史欠账多，经济发展基础薄弱，导致其如期全面建成小康社会的任务十分艰巨。因此，如何在消除绝对贫困的基础之上，不断满足少数民族人民对于多样化生活层次的需要，要求民族自治地方自治机关深刻把握当地人民的需求特点，因地制宜地落实好各类具体的

---

① 参见国家民族事务委员会编《中央民族工作会议精神学习辅导读本》，民族出版社2015年版，第86页。

自治权，特别是要处理好"统一性"与"特殊性"的关系。纵观过去一段时间内的变化，我国的民族工作在中心任务上已经探索出了一些新的路子。譬如，针对民族自治地方的阶段性发展特点，党和国家在提升民族地区社会发展和人权福祉层面提出了多项具体性的战略部署。"全面实现小康，少数民族一个都不能少，一个都不能掉队""要坚持在发展中保障和改善民生，在幼有所育、学有所教、劳有所得、病有所医、老有所养、住有所居、弱有所扶上不断取得新进展，保证全体人民在共建共享发展中有更多获得感"等目标，既高度契合于《民族区域自治法》的立法目的和根本任务，同时也为今后推进民族区域自治制度的实践确立了重要面向。

四 时代逻辑：新时代更加突出"以人民为中心"的发展理念

党的十九大报告把坚持以人民为中心作为新时代坚持和发展中国特色社会主义道路的重要原则。习近平总书记指出："人民是历史的创造者，是决定党和国家前途命运的根本力量。必须坚持人民主体地位，坚持立党为公、执政为民，践行全心全意为人民服务的根本宗旨，把党的群众路线贯彻到治国理政全部活动之中，把人民对美好生活的向往作为奋斗目标，依靠人民创造历史伟业。"[①] 作为社会主义国家，我国民族自治地方自治机关如何落实好民族区域自治制度，需要将民族区域发展的需要同国家总体目标协调起来。当前而言，立足党和国家的战略性规划和部署，要求我国民族区域自治制度坚持以人民为中心的发展理念，必须在统筹推进"五位一体"总体布局和协调推进"四个全面"战略布局中，找准民族自治地方发展劣势，补齐民族自治地方发展短板，聚焦民族地区社会主要矛盾变化，以"两个一百年"奋斗目标作为重点任务，奋力实

---

① 习近平：《决胜全面建成小康社会 夺取新时代中国特色社会主义伟大胜利》，《人民日报》2017年10月28日。

现民族自治地方跨越式发展和中华民族伟大复兴。

第一，民族区域自治要确保集中统一领导。民族自治地方自治机关作为国家的地方政权机关，要保证有效实施党中央方针政策，维护国家法制统一、政令统一以及市场统一。《民族区域自治法》第七条规定"民族自治地方的自治机关要把国家的整体利益放在首位，积极完成上级国家机关交给的各项任务。"以国家法制统一来说，《民族区域自治法》主要作为一部"执行性导向的法律"[1]，其各类自治权的落实要更好地追求社会主义法制体系的内在统一性；以市场统一来说，民族自治地方的经济建设应进一步向市场经济开放，促进民族地区经济产业深度"融入"到现代化经济体系当中。

第二，民族区域自治重在激发人民当家作主意识。国家的一切权力属于人民。坚持人民当家作主作为新时代坚持和发展中国特色社会主义基本方略之一，彰显了我国社会主义民主是维护人民根本利益的最广泛、最真实、最管用的民主。"人民"具有多民族性。[2]民族自治地方内的各民族人民是民族自治地方进行社会主义现代化建设的主力军，只有动员和依靠他们，才能焕发当地人民建设美好生活的热情。一要完善基层民主制度，依法保障当地人民知情权、参与权、表达权、监督权；二是推进协商民主发展，推动协商民主广泛、多层、制度化发展，做到区域内重大决定同各民族人民代表充分协商。

第三，国家加大对民族自治地方的投入与支持力度。"促进民族地区发展，从根本上要依靠民族地区自身努力，同时，突破发展条件和瓶颈制约，尽快缩小与发达地区的差距，实现跨越式发展，还需要中央强有力的政策支持和各方面的帮扶。"[3]加快民族自治

---

[1] 参见沈寿文《理解"行政执法导向的法律"：一种对我国〈民族区域自治法〉立法思路的思考》，《政治与法律》2018年第3期。

[2] 参见陈蒙《〈中华人民共和国民族区域自治法〉序言的叙事与意蕴》，《中南民族大学学报》（人文社会科学版）2019年第3期。

[3] 国家民族事务委员会编：《中央民族工作会议精神学习辅导读本》，民族出版社2015年版，第148页。

地方经济社会发展既是中央的基本方针，也是国家的重要义务。我国《民族区域自治法》第六章专门以"上级国家机关的职责"为内容课以国家十九项法定职责，这些法定职责有别于国家对一般地方国家机关的职责。一要尊重民族自治地方自治机关有效实行自治权；二要支持和帮助发展少数民族经济和文化；三要帮助支持和培养少数民族干部和人才。①

第四，民族自治地方要加强权力监督、优化权力配置。民族自治地方政权既行使一般国家政权机关的权力，同时也行使广泛的自治权。这种双重结构的权力运行机制容易滋生权力腐败与权力滥用、权力不作为等现象，同时也容易造成机构臃肿、人浮于事的局面。一要完善权力运行的制约和监督机制，通过科学配置权力，厘清不同权力结构之间的关系，防止权力越位、错位、失位，形成权责相统一的制度安排。二要以新一轮党和国家机构改革为契机，破除民族自治地方国家机构职能体系中存在的障碍和弊端，通过简政放权，优化地方机构设置和职能配置，构建简约高效和直接面向人民群众的基层管理体制。②

结　语

纵观民族区域自治制度的形成与发展过程，它在历史逻辑上根植于中国的政治传统，是中华政治文明内生性演化的结果；③ 在理论逻辑上贯穿着科学社会主义的主线，同时也必将沿着科学社会主

---

① 参见潘红祥、曾冰洁《上级国家机关履行民族法职责的问题分析与对策研究》，《湖北民族学院学报》（哲学社会科学版）2015年第2期。

② 民族自治地方基层政权机构设置和人力资源调配要面向人民群众、符合基层事务特点。根据工作实际需要，整合基层的审批、服务、执法等方面力量，统筹机构编制资源，整合相关职能设立综合性机构，实行扁平化和网格化管理。与此同时，还要推动治理重心下移，尽可能把资源、服务、管理放到基层，使基层有人有权有物，保证基层事情基层办、基层权力给基层、基层事情有人办。参见国家民族事务委员会编《中央民族工作会议精神学习辅导读本》，民族出版社2015年版，第307—308页。

③ 参见巴特尔《坚持好完善好落实好民族区域自治制度》，《求是》2017年第18期。

义的方向发展；在实践逻辑上自改革开放以来与时俱进地获得了新的发展，其发展的重心由此也实现新的调整；在时代逻辑上更加突出"以人民为中心"的发展理念，使增进各民族人民对美好生活的向往成为推进民族区域自治实践的重要价值目标。立足新时代中国特色社会主义的总任务和总目标，民族区域自治制度应当坚定道路自信、理论自信、制度自信和文化自信，做到不忘初心、继续前行，坚持好、完善好、落实好民族区域自治制度。① 与此同时可以预期的是，在科学社会主义运动相当长的时期内，民族区域自治制度仍将继续焕发出其顽强的生命力和巨大优势。诚然，民族问题同社会主义革命事业相比，它只有从属的意义。② 民族问题也只是社会革命总问题的一部分。③ 按照新中国民族政策的主要设计者之一李维汉的思考，民族问题在"未来逻辑"上最终将在世界大同的图景中得到彻底解决，"首先经过彻底的民族民主革命，然后进行彻底的社会主义革命，完成社会主义建设，过渡到共产主义社会，进而逐步地互相融合为一体，走向世界大同。"④

---

① 参见巴特尔《坚持好完善好落实好民族区域自治制度》，《求是》2017年第18期。
② 参见王沪宁主编《政治的逻辑：马克思主义政治学原理》，上海人民出版社2016年版，第425页。
③ 参见王沪宁主编《政治的逻辑：马克思主义政治学原理》，上海人民出版社2016年版，第421页。
④ 李维汉：《统一战线问题与民族问题》，中共党史出版社2016年版，第755页。

论民族区域自治法治发展的"因地制宜"和"与时俱进"[*]

郑 毅[**]

摘要：新时期应以"因地制宜、与时俱进"作为民族区域自治法治的发展策略。"制宜之地"主要包括中外民族地方自治制度比较、民族自治地方与其他地方比较、民族自治地方间的纵向比较、民族自治地方间的横向比较以及经济体制改革过程中特定民族自治地方与其他民族自治地方的比较等；"俱进之时"主要涉及中国特色社会主义进入新时代、2018年宪法修改提供的根本法新基础、2015年《中华人民共和国立法法》（以下简称《立法法》）修改提供的立法新空间、以"一带一路"倡议为代表的国家举措提出的新要求以及民族区域自治法治自身优化完善的新趋势等。针对2017年全国人大法工委"贯彻落实民族区域自治法"座谈会提出的问题清单，可在立足实践、充分借鉴域外经验的基础上，通过综合配置两大策略予以系统回应。

关键词：民族区域自治法治发展；因地制宜；与时俱进；全国人大法工委座谈会问题清单

---

[*] 本论文发表在《云南社会科学》2019年第6期，收入本刊时略有修订。
[**] 郑毅，男，中央民族大学法学院副教授。

一 政与法的"探戈":从民族区域自治制度到民族区域自治法治[①]

中国特色的民族区域自治制度自 1949 年《中国人民政治协商会议共同纲领》在规范层面被正式确立,业已走过 70 年岁月。在经历中华人民共和国成立初期的迅速发展和十年"文化大革命"的历史反复之后,其全面恢复和深入发展的历程几乎与 40 年的改革开放周期同步——1979 年 4 月中央边防工作会议提出:"一定要认真执行民族区域自治政策。民族区域自治,是解决中国民族问题的基本政策,是在少数民族地区实行无产阶级专政的组织形式。在实现社会主义现代化建设的过程中,民族自治地方必须加强,不能削弱,更不能取消。"在 1982 年《中华人民共和国宪法》(以下简称"《宪法》")修正实现根本法全面背书的基础上,1984 年《中华人民共和国民族区域自治法》(以下简称《民族区域自治法》)直接促使民族区域自治法治驶入快车道,法治思想的深度融入使得"民族区域自治法制"的价值在传统的"民族区域自治制度"宏观框架中逐渐凸显,理论研究精细化发展的同时也意味着从一般民族理论与民族政策向法学的全面拓展。随着 2011 年"第二代民族政策"的"风乍起",长期波澜不惊的民族区域自治研究被"吹皱一池春水",一时间民族区域自治的去留之争和存废之议"你方唱罢我登场"。虽然这场大辩论的"主战场"仍在民族理论和民族政策,但却为新时期民族区域自治法治的发展和完善奏响了"先声"。

2013 年 11 月的党的十八届三中全会提出"坚持和完善民族区域自治制度",这句看似惯常的表述实为中央对"第二代民族政策"之争的最终表态;2014 年 9 月的第四次中央民族工作会议上,习近平总书记强调:"我再次明确说一遍,取消民族区域自治制度

---

① 郑毅:《论宪法实施机制的"双核化"——以民族区域自治法制为例》,《中国法律评论》2017 年第 3 期。

论民族区域自治法治发展的"因地制宜"和"与时俱进"

这种说法可以休矣。民族区域自治是党的民族政策的源头，我们的民族政策都是由此而来、依此而存。这个源头变了，根基就动摇了，在民族理论、民族政策、民族关系等问题上就会产生多米诺效应。"[1] 同年10月的党的十八届四中全会对"依法妥善处置涉及民族因素的社会问题"，民族区域自治明确了同"全面推进依法治国"深度耦合的契机和节点。同年12月的中共中央、国务院《关于加强和改进新形势下民族工作的意见》进一步明确："要依法妥善处理涉及民族因素的问题，坚持在法律范围内、法治轨道上处理涉及民族因素的问题，不能把涉及少数民族群众的民事和刑事问题归结为民族问题，不能把发生在民族地区的一般矛盾纠纷简单归结为民族问题。"2017年底党的十九大报告对"坚持和完善民族区域自治制度"提法的重申虽然看似简单，但实际上却是对该制度作为新时期民族工作核心制度地位再确认的韶曲高潮，民族区域自治制度也实现了从质疑到明确、从政策到法治的转型基础的建构。

那么，新时代的民族区域自治法治具体又应如何沿着党的十九大提出的"中国特色社会主义法治"的康庄大道信步前行？2018年12月10日，全国政协主席汪洋《在广西壮族自治区成立60周年庆祝大会上的讲话》中指出："民族区域自治作为一项基本政治制度决不能动摇，具体的政策举措和实现形式要因地制宜，与时俱进，更好做到统一和自治相结合，民族因素和区域因素相结合。"[2] 前一类结合一直是中国民族区域自治制度的核心要素，早在"五四宪法"的制定过程中就有鲜明体现：既强调"我们是中央集权，不是地方分权，一切法律都要中央来制定，地方不能制定法律"[3]；又明确"别的地方不能制定自治条例、自治地方就能，是尊重他们

---

[1] 丹珠昂奔：《沿着中国特色解决民族问题的道路前进——中央民族工作会议精神学习体会》，《中国民族报》2014年11月7日第5版。
[2] 汪洋：《在广西壮族自治区成立60周年庆祝大会上的讲话》，新华网，http://www.xinhuanet.com/2018-12/11/c_1123834115.htm。
[3] 毛泽东：《在1954年6月11日宪法起草委员会第七次全体会议上的发言》，韩大元《1954年宪法制定过程》，法律出版社2014年版，第307页。

的自治权,别的地方不好改变他们的自治权"。① 相形之下,后一类结合无疑具有更鲜明的时代价值,但由于提法较新,学术界的关注尚显薄弱,② 这也是本文的写作初衷。

二 制宜之"地":比较视野的五重维度

"制宜之地"重在突出基于中国特色背景的差异化实践路径,而比较视野就成为突出"地"的多维价值的重要抓手,兹从5个方面展开。

第一,少数族群地方自治制度的中外比较。虽然民族区域自治制度是中国特色。但域外却不乏兼顾"少数族群+地域"双重因素的自治制度实例。且不论美国、加拿大等联邦制国家针对印第安人这一少数族群所实施的保留地制度,即便在与中国一样的单一制国家亦不鲜见,如英国的苏格兰、西班牙的加泰罗尼亚和巴斯克、意大利的南蒂罗尔等。③ 但中国民族区域自治制度的特殊性依然鲜明,主要包括但不限于如下4点:首先作为中国特色社会主义最本质特征的中国共产党的领导,中央反复强调,各级党委和政府要把民族工作摆上重要议事日程,各级党委特别是民族区域自治地方党委要担负起领导民族区域自治制度实施的责任。④ 从民族区域自治制度基本政治地位的确立到新时期坚持与完善立场的彰显,从4次中央

---

① 李维汉:《在1954年5月29日宪法起草委员会第四次全体会议上的发言》,韩大元《1954年宪法制定过程》,法律出版社2014年版,第283页。
② 中国知网的检索结果显示,截至2019年4月底,对于民族问题领域"因地制宜"的研究成果共55篇,其中汪洋"12·10讲话"之后的成果仅1篇刊于《中国民族报》的评论,但旅游扶贫开发的主题与本文论域无关;"与时俱进"的研究成果较多,共138篇,但"12·10讲话"之后的成果亦仅有1篇,省直管自治县的主题与本文论域亦关联不大。
③ 雷明昊:《发展型自治——中国民族区域自治的特色与优势》,《广西民族研究》2018年第2期;屠凯:《西方单一制多民族国家的未来——进入21世纪的英国和西班牙》,《清华法学》2015年第4期;屠凯:《单一制国家特别行政区研究:以苏格兰、加泰罗尼亚和香港为例》,《环球法律评论》2014年第5期。
④ 国家民族事务委员会编:《中央民族工作会议精神学习辅导读本》,民族出版社2015年版,第309页。

论民族区域自治法治发展的"因地制宜"和"与时俱进"

民族工作会议对民族区域自治制度发展的具体指引到兴边富民、对口支援等一系列促进民族地区经济发展和民生改善重要举措的实施。① 党的领导均在其中扮演核心角色。正如习仲勋同志曾指出的："实行民族区域自治的基本保障，就在于我们有了中国共产党的领导和人民解放军的保护"② 2018年修宪"党的领导"被列入《宪法》第一条第二款，更是在根本法层面夯实了这一中国特色的制度要素。其次，在一个幅员辽阔的单一制多民族国家框架下，中国拥有悠久的"大一统"文化及制度实践史。即便社会经济基础和制度有着本质差异，但传统时期历史悠久的羁縻政策在客观上已初步具备了"少数民族""民族地区"和"自我治理"的基本要素。复次，中国的民族区域自治虽然某种程度上与苏联有着一定的联系，但又有本质区别。1957年周恩来在《民族区域自治有利于民族团结和共同进步》中对此即有详尽阐释。③ 最后，平等团结互助和谐的新型社会主义民族关系的确立。新时期"筑牢中华民族共同体意识"的目标实现，需要以"各民族要相互了解、相互尊更、相互包容、相互欣赏、相互学习、相互帮助，像石榴籽那样紧紧抱在一起"为具体路径的民族团结法治建设，这也是实现中华民族伟大复兴、推动构建人类命运共同体的客观需求。由此，民族区域自治法治得以同"中国特色"实现深度耦合，也为其实施和运行勾勒了初步的制度背景。

第二，民族自治地方与其他地方比较。首先，就地方制度而言，中国的民族区域自治首先以省、市、县一般地方制度为基础，根据《宪法》第一百一十五条的规定，民族自治地方在行使地方国家机关职权的同时行使自治权，这就决定了中央政策的制定和实施

---

① 乔智敏、杨旭、林艳：《中央民族工作会议与民族区域自治理论、政策、制度发展》，《中南民族大学学报》（人文社会科学版）2018年第1期；郑毅：《法制背景下的对口援疆——以府际关系为视角》，《甘肃政法学院学报》2010年第5期。
② 《习仲勋文集》（上卷），中共党史出版社2013年版，第222页。
③ 金炳镐主编：《民族纲领政策文件选编》，中央民族大学出版社2006年版，第560页。

在兼顾一致性的同时也应关注民族自治地方的特殊性，防止"一刀切"。其次，就地方自治而言，中国尚有特别行政区的高度自治制度，虽然从规范依据到社会制度均与民族区域自治有所不同，但这并不妨碍从理论层面比较两类地方自治制度并在一定程度上互相参鉴、共同发展。最后，就立法制度而言，作为民族区域自治制度重要特征之一的自治条例和单行条例制定权，一方面在自治区和自治州层面牵涉到同地方性法规和地方政府规章制定权的选择适用关系，另一方面在根据《立法法》变通上位法的功能设定方面也牵涉到同经济特区法规的关系比较和借鉴。

第三，民族自治地方间的纵向比较。就静态关系而言，主要体现为三级民族自治地方各自面临的发展环境差异，如：自治区作为最高级别的民族自治地方，在中央与民族自治地方关系这一重要的央地关系类型中扮演关键角色，其制度建设在整个民族区域自治实施层面的代表性及所面临的央地维度的复杂局面均远非自治州和自治县可比；[①] 自治州作为中间层级，各方面情况比较适中，往往更宜作为民族区域自治法治建设的剖析样本，如民族自治地方双重立法权关系虽在规范层面最早出现于自治区，但真正的制度实践却是从自治州开始；而作为中国唯一具有立法权的县级地方——自治县，其民族区域自治法治建设直接面向基层，事务的复杂程度同县的级别、资源和权能方面的局限性互相作用，某种程度上更是整个制度实施的"睛雨表"。此外，三级自治地方的自治权范围并非完全相同，《民族区域自治法》第四十二条第二款即为典型例证，亦应区别对待。就动态关系而言，中国的民族区域自治存在"大套小"的格局，即具有隶属关系的上下级民族自治地方由不同的少数民族实行区域自治，[②] 因而成为单一制和民族区域自治直接交汇的重要节点，在具体关系处理过程中贯彻"统一和自治相结合"的精

[①] 郑毅：《论作为"半部中央与地方关系法"的中国〈民族区域自治法〉——兼论中央与民族自治地方关系的法制建构》，《政治与法律》2018年第3期。

[②] 郑毅：《论上下级民族自治地方政府间关系的法律调整》，《法商研究》2015年第4期。

神较之一般意义上的制度实践更为复杂。

第四，民族自治地方间的横向比较。如，虽然中国绝大多数的民族自治地方位于西部地区，亦有部分位于中东部。虽然同样实施民族区域自治制度，但不同区域间经济基础、资源禀赋、开放程度等各方面因素的差异决定了不同民族自治地方在具体推进民族区域自治法治建设时面临的时代目标、主要矛盾和具体环境各不相同，践行"根据本地方实际情况贯彻执行国家的法律、政策"的具体进路也就呈现多元化格局。又如，全国135个边境县（旗、市、市辖区）和新疆生产建设兵团的56个边境团场中，有民族自治地方107个。一方面，这些民族自治地方面临的边境安全问题远非内陆民族自治地方可比；另一方面，以《民族区域自治法》第三十一条第二款为代表的法律规范又专门赋予与外国接壤的民族自治地方开展边境贸易的权力，同样为内陆民族自治地方所无。还如，在当前历史时期，新疆（含下辖的自治州、自治县）和西藏在民族区域自治法治建设过程中所面临的民族团结、社会稳定、国家统一等方面的压力显然高于其他自治地方，因而在工作重点甚至政法路径的选择策略上也就需要给予特殊考量。

第五，经济体制改革过程中特定民族自治地方与其他民族自治地方的比较。如，海南省是中国唯一的省级经济特区，2018年10月又获批"中国（海南）自由贸易试验区"，其所辖6个自治县在对外开放、经济体制环境方面无疑具有其他民族自治地方所不具备的特殊优势。又如，新疆喀什作为中国西大门和唯一的内陆经济特区，亦在对外开放、国际（边境）贸易乃至"一带一路"建设实施过程中发挥重要而独特的作用。但不论海南抑或喀什，均面临经济特区与民族自治地方关系处理这一复杂议题、虽然不具有普遍性，但作为新时期国家战略和经济发展的典型样本，同样应得到民族区域自治法治的科学回应。

三　俱进之"时"：时代发展的五重背景

"俱进之时"重在强调当前和未来一段时期民族区域自治法治建设的时代背景。同样从 5 个方面展开。

第一，民族区域自治法治自身优化完善的新趋势。作为民族区域自治法治的核心，现行宪法中的民族自治地方的自治权体系承自"五四宪法"，又通过《民族区域自治法》第三章具体细化为 27 条内容，但随着民族区域自治法治实施的不断深化，体系调整的必要性亦逐渐凸显。如，第三章中十余个条款所规定的"自治权"事实上被同级一般地方同样享有，无法体现《宪法》第一百一十五条关于自治权专属于民族自治地方的制度初衷，应予澄清；又如，就"优惠照顾理论"范式而言，① 随着国家对西部民族地区的支持力度不断提升，个别支持政策在程度上甚至已超越法定自治权，导致相应自治权条款反而成为实惠程度的短板；② 还如，个别自治权虽然一直被作为重要的宪法制度列于规范文本，但由于各方面因素的复杂影响长期未能真正实施，反而在形式上拉低了整个民族区域自治法治实施的综合指数。前数困境均应以制度发展的眼光评估、消解。

第二，2015 年《立法法》修改提供的立法新空间。作为《立法法》修改重点的地方立法权改革，形式上仅涉及自治州地方性法规和地方政府规章制定权的赋予，但其影响可能更为深远。如，虽然民族自治地方一般地方立法权和自治立法权在规范层面的共生关系始于 1979 年的地方组织法，但由于五大自治区的自治条例和单行条例一直阙如。因此，对二元立法关系协调的需求和实践均始于

---

① 沈寿文：《民族区域自治立法权与一般地方立法权的关系——以"优惠照顾理论"范式为视角》，《广西民族研究》2016 年第 3 期。
② 《民族区域自治法》第三十四条：民族自治地方减免税自治权的范围仅限于"属于地方财政收入"，但西部大开发政策的税收优惠政策还涉及中央税（如关税）和共享税（如企业所得税）等。

自治州的层面。① 相关制度的完善和优化无疑为未来自治区类似问题的解决提供重要参考和制度预案。又如，自治州一般地方立法权的获得，名义上是设区的市全面实施地方立法的"副产品"，但对于长期以来由于单行条例事实上作为自治州满足日常立法需求的唯一"制度出口"而导致的单行条例制定权滥用局面的扭转同样意义重大。② 还如，在地方立法权改革的准备阶段曾出现赋予县级地方立法权的呼声，③ 虽然最终的制度改革未予认可，但自治县作为最基层的民族自治地方却面临立法需求多样与同自治州近似的单行条例制定权滥用的法治矛盾，同样需要发展的民族区域自治法治的回应。

第三，以"一带一路"倡议为代表的国家政策提出的新要求。"一带一路"作为当下最为重要的国家举措之一，2015年即确立了诸如发挥新疆的独特区位优势、发挥宁夏和青海民族人文优势、发挥广西与东盟国家陆海相邻的独特优势、依托呼包鄂榆城市群等与民族自治地方发展息息相关的具体目标。同时，作为开放合作基础的中国特色社会主义市场经济本质是法治经济，因此加强执法互助、保障投资者合法权益、加强沿线国家立法机构友好往来等也成为"一带一路"倡议实施的重要组成部分。④ 民族自治地方在"一带一路"实施过程中扮演的角色越重要，民族区域自治法治的深入发展对前述战略的支撑作用也就愈发凸显。

第四，中国特色社会主义进入关键的新时代。首先，党的十九大报告用"十四条坚持"全面阐释了新时代中国特色社会主义思想

---

① 王玒：《单行条例民族自治功能的回归——基于自治州单行条例与地方性法规的比较》，关于实践中自治州单行条例和地方性法规立法权的混用，《青海民族研究》2018年第3期。

② 郑毅：《期待修改后的〈立法法〉引领民族法治新进程》，《中国民族报》2015年3月13日第1版。

③ 郑毅：《对新〈立法法〉地方立法权改革的冷思考》，《行政论坛》2015年第4期。

④ 2015年3月国家发展改革委、外交部、商务部联合发布：《推动共建丝绸之路经济带和21世纪海上丝绸之路的愿景与行动》，人民网，http://ydyl.people.com.cn/nl/2017/0425/c41 1837-2923551 l.html，2019年5月27日。

的深邃内涵，其中"坚持和完善民族区域自治制度"即为第五大内涵，它是"坚持人民当家作主"的重要构成元素。随着"习近平新时代中国特色社会主义思想"被正式载入《宪法》序言第七段，"新时代"的法治内涵随之深化、内化和根本法化。其次，从"中国特色社会主义法律体系"，"中国特色社会主义法治体系"的过渡。2011年中国宣布社会主义法律体系已经形成，在七大法律部门中，《民族区域自治法》成为唯一一部被整段列举的宪法相关法，当时主要解决民族区域自治框架式的"有法可依"问题。时至2017年，党的十九大将相关提法已转变为"中国特色社会主义法治体系"，从"律"到"治"的一字之差，同样意味着中国民族区域自治制度法律实践重点从法的制定转向法的实施，进而加速促成民族事务治理从"有法可依"向"有法必依"的华丽转身。最后，作为一项宪法制度，新时代顶层设计对宪法实施的强调无疑为民族区域自治法治的宪法实现提供了坚持的基础和广阔的空间。在基本实现"民族事务法治化"的基础上，"民族法制宪法化"和"宪法规范实施化"的梯度实现成为新时期需要关注的重点问题。①

第五，2018年宪法修改提供的根本法新基础。首先，"中华民族"正式入宪，为诸如"中华民族共同体""对中华民族的认同"等重要论断提供了直接、坚实的宪法依据，也明确了"像石榴籽一样抱在一起"意涵中所蕴藏的"整体石榴观"。② 其次，将"和谐"列为社会主义民族关系新内涵，同传统民族区域自治法治的调整对象实现规范界分。虽然早在2005年第三次中央民族工作会议时，"和谐"就已经在"和谐社会"的宏观背景下被列为社会主义民族关系的第四大内涵，但其正式入宪除获得根本法背书的形式意义外，在本质上更为社会主义民族关系的平等、团结、互助三大特征提供了更高层次的整合性目标，从根本上避免戈登（Milton M. Gordon）所谓的"人们所期待的友善态度和族群关系"以及"在一个

---

① 郑毅：《论宪法实施机制的"双核化"——以民族区域自治法制为例》，关于三阶段的讨论，《中国法律评论》2017年第3期。
② 李占荣：《论"中华民族"入宪》，《社会科学战线》2008年第1期。

社会内部建立可行的合作"的规制目标落空。① 2019年5月1日实施的《青海省民族团结进步条例》即是前述逻辑在地方小法层面的典型体现。再次，作为党的十九大"推进合宪性审查工作"的直接制度回应，修宪将原全国人大法律委员会扩充为宪法和法律委员会，为《宪法》民族区域自治条款实施提供以立法审查为主的宪法保障机制。② 最后，国家监察体制改革。虽然《宪法》新增的第三章第七节并无针对民族自治地方的专门规定，但根据《中华人民共和国监察法》第十六条第二款"上级监察机关可以办理下一级监察机关管辖范围内的监察事项，必要时也可以办理所辖各级监察机关管辖范围内的监察事项"及《民族区域自治法》第七十二条"上级国家机关应当对各民族的干部和群众加强民族政策的教育，经常检查民族政策和有关法律的遵守和执行"的规定，监察体制改革对民族区域自治法治的价值不言而喻，且亟待深入探讨。③

四 全国人大常委会问题清单："因地制宜"和"与时俱进"的策略适用

2017年11月10日，笔者应邀赴全国人大法工委组织的"贯彻落实民族区域自治法"座谈会，早前发送的座谈提纲中共列举了三个方面的主要问题，逻辑上可视作新时期民族区域自治法治实践中亟待解决的重点或难点，即：民族区域自治法整体贯彻落实情况（问题出自法律本身抑或实施环节）、民族区域自治法是否存在不适合实际需要的情况（修改完善的时机是否成熟）以及规范局限（自治权界限不清、抽象法律条款实操性不强、没有法律责任等）。

---

① ［美］米尔顿·M.戈登：《美国生活中的同化》，马戎译，译林出版社2015年版，第22页。
② 郑毅：《"谨慎放权"意图与设区的市地方性法规制定权实施——基于〈宪法〉第100条第2款的考察》，《当代法学》2019年第3期。
③ 李占荣：《论国家监察体制改革中的宪法性问题——兼论国家监察体制与民族区域自治制度关系》，《民族论坛》2017年第4期。

笔者认为，"因地制宜"和"与时俱进"策略恰恰可以作为回应前述问题的基本思路。

第一，新时期民族区域自治政策与民族区域自治法治的关系协调。民族区域自治制度首先是中国的基本政治制度，主要寄寓于政策的层面，而民族区域自治法治在传统上多理解为民族区域自治政策的法律保障和实施，进入到新的历史阶段，法治手段逐渐扭转纯粹的被动局面，开始同民族区域自治政策展开更深入、更有效的多元互动。一方面，虽然政策对法治的引领、配合与发展角色并未有本质改变，但在全面依法治国、促进宪法实施等重要思想的指引下，民族区域自治法治开始作为建设中国特色社会主义法治体系的重要环节重新登场，并逐渐缩小同相关政策的时间差；另一方面，传统宏大叙事的政策风格也逐渐转向具体、务实的实践需求导向，在继续维系顶层设计的宏观性特征之外，面向具体实施的政策日趋丰富，成为民族区域自治法治实施的重要协同资源。可见，民族区域自治制度传统的政策"单核"结构正在向"政策—法律"良性互动的"双核"结构发展。回到全国人大法工委的政策清单中，其一，虽然基本无涉宏观政策的层面，但诸如配套资金减免不足、生态保护和资源开发补偿不足、脱贫任务艰巨、民族干部待遇低留人难等问题，在《民族区域自治法》、2005年国务院《若干规定》业已作出明确规定的情况下，其主要矛盾可能更应指向政策实施的层面——即便需要法治的出场，其"主战场"也主要集中在民族自治地方立法的维度，中央法治推进的投入产出比有限。其二，对于民族区域自治法不适应实际需要的问题，应区分情况具体分析：若是立法技术使然，则当然属于法治完善的目标；若是具体规范在实施过程中被异化，则应从规范的科学性和政策的合理性两个方面着手。其三，清单中提出的其余问题，一方面宏观的民族区域自治政策已经基本完成了定调的制度使命，另一方面具体的实施政策又须以规范条款的优化为前提，因此主要属于法治完善的样本与对象。应注意，就新时期民族区域自治法治的发展策略而言，逻辑剥离纯粹政策问题还原法律本真只是第一步，更关键的是如何深入把握政策与法治双重手段的良性均衡进一步地"去粗取精",而该策略显然需要基于对"因地制宜"和"与时俱进"两大因素的综合考量。

第二,自治权清单的优化完善。自治权是民族区域自治法治的核心环节,但目前集中呈现自治权清单的《民族区域自治法》第3章的27个条文中却有相当一部分无法完全符合《宪法》文本所描绘的自治权的规范形象,如,根据《宪法》第一百一十五条"同时"的表述,自治权应为一般地方没有而由民族自治地方所专有的一类特殊的"地方国家机关职权",但《民族区域自治法》第3章中的经济、科教文卫体等自治权中的多项却为一般地方同样所有;①又如,根据对民族区域自治制度优惠照顾范式的理解,自主权主要应体现为授益性规范,即便有责任设置,也主要旨在为自治权利预设法定边界,②但第3章中诸如少数民族语言文字适用、举办以寄宿和助学金为主的公办学校、改善医疗卫生条件、管理流动人口、改善自然环境等条款却主要以"职责"或"义务"的形象示人;还如,根据第3章的标题,自治机关应为自治权的唯一法定行使主体、但本章的除自治机关外还存在自治地方的人大、民族自治地方、民族自治地方的企事业单位、学校和教育机构、各级人民政府等主语形式等。前述问题的成因,既有立法技术和精细化缺憾(如自治权行使主体的多元化),也有规范未能及时针对实践的发展予以调整(如经济和科教文卫体领域的"非自治权"现象③),还有实施目标和客观因素的限制使然(如《民族区域自治法》第二十四条)。显然,民族区域自治法治的实施需要高额成本,混沌的自治权清单却模糊了法治实施的资源靶向,应从规范层面予以调整。其一,那些同一般地方已无本质区别的"自治权"可考虑适时剔除,以还原《宪法》第一百一十五条的规范原旨。这些"自治权"的扬弃绝非对民族区域自治法治的减损,反而能够通过修剪枝蔓以

---

① 沈寿文:《中国民族区域自治制度的性质》,法律出版社2013年版,第132页。
② 学界对"自治权"究竟是"权力"抑或"权利"素有争议,但根据《宪法》第八十九条(十一)的规定,其主要应指"自治权利"。
③ 沈寿文:《中国民族区域自治制度的性质》,法律出版社2013年版,第138页。

集中制度资源的方式实现实施效果质的提升。其二，对于立法粗糙导致的问题，即所谓"技术性模糊"①，应在适时启动《民族区域自治法》的修订工作时给予一揽子的回应。前述两点均主要是"与时俱进"的作用场域。其三，对于实施不佳甚至完全未曾实施的自治权而言，应在充分尊重其政策宣示价值的基础上，视具体的民族自治地方、实施时机是否充分显现等综合判断。即接受"因地制宜"和"与时俱进"双重标准的综合评价，而不宜直接剔出规范清单。其四，结合新时期民族区域自治法治的发展方向和实施目标，适当增补新的自治权类型，虽然具体方案较为复杂而只能留待另文探讨，但中央"促进民族地区经济发展和民生改善"的明确意图却能大致描摹出增补的策略取向，"与时俱进"策略显然在其中扮演主要角色。

第三，《民族区域自治法》的法律责任条款。从全国人大常委会组织的两次针对《民族区域自治法》的执法检查情况来看，法律责任的缺失所导致的"软法"状态客观上的确成为困扰该法实施的重要因素。②虽然有学者认为国务院《若干规定》已作补充规定的情况下，《民族区域自治法》本身并不需要自己设置法律责任。③但另一方面，通过作为行政法规的《若干规定》的法律责任去补足基本法律的条款缺失，逻辑难以融贯；另一方面，《若干规定》仅有的两个责任条款适用范围较为有限，无法对整个民族区域自治法治提供全面的制度保障。诚然，违反宪法相关法的规定在理论上可能构成间接违宪，但在特定强度范围内。违宪责任的追究不会被直接启动，而往往经过过滤机制的筛选，④违反宪法相关法由于设有审查、批准、撤销等内部机制，因此在相当程度上确保了实施的效

---

① 丁建峰：《立法语言的模糊性问题——来自语言经济分析的视角》，《政法论坛》2016 年第 2 期。
② 熊文钊、郑毅：《试析民族区域自治法中的软法规范》，《中央民族大学学报》（哲学社会科学版）2011 年第 4 期。
③ 李自然：《正确评价〈民族区域自治法〉》，《内蒙古社会科学》2014 年第 5 期。
④ 胡锦光：《论合宪性审查的"过滤"机制》，《中国法律评论》2018 年第 1 期。

果，而《民族区域自治法》甚至连这些程序监督机制亦较为缺乏。当然，这并不意味着要针对相关条款逐条设置法律责任，其因素有四：一是党的领导的宏观保障，尤其是民族自治地方党委根据中央的统一部署，将实施民族区域自治法制作为重要的党内政治任务来抓、能够在相当程度上提升实施的程度；二是在结合不同类型的国家机关的违宪特点类型化规制的基础上，① 以宪法实施机制的兜底保障，尤其在合宪性审查制度初步建立之后，《民族区域自治法》中的一些国家机关的抽象职权行为自应接受合宪性审查的判断；三是应突出重点，从整个民族区域自治法治结构而言，自治机关行使自治权（第三章）和上级国家机关履行帮助职责（第六章）是两大关键，法律责任条款的设置主要也应围绕这两类主体对民族区域自治法治本身具有重大影响的相关行为设置；四是应善用拉伦茨（Karl Larenz）所谓的"指示参照性法条"②，既节约法律责任章节自身的立法资源，又促进同他相关既有法律规范的体系化结构的形成。总之，《民族区域自治法》的法律责任上要指向相关研究和法律修订工作的启动能否"与时俱进"的问题。

第四，自治区自治条例的难产问题。在全国人大法工委的座谈会上促进自治区自治条例的出台是与会学者的一致意见。但一方面，自治区自治条例难产有着复杂的历史背景。难以实现一揽子的全面突破，须结合当前所处的历史时期和自治区民族区域自治法治建设的核心需求综合判断，然而对于出台时机是否已经成熟这一关键问题的认识，立法机关与学术界、中央有关国家机关与自治区的判断尚存差异，甚至学界对自治条例的规范属性这类基本问题仍有

---

① 姚国建：《违宪责任论》，如立法机关和行政机关的违宪行为、司法机关的违宪判决等，知识产权出版社2006年版，第201—225页。应注意两点：其一，结合监察体制改革，监察机关的违宪行为也应补充在内；其二，虽然自治机关仅限于立法机关和行政机关；郑毅：《论〈中华人民共和国民族区域自治法〉中的"上级国家机关"——一种规范主义进路》，作为自治权实施保障主体的上级国家机关的构成则更为多元，《思想战线》2016年第1期。

② ［德］卡尔·拉伦茨：《法学方法论》，陈爱娥译，商务印书馆2003年版，第141页。

认识误区。① 可见,"与时俱进"的条件尚未完全成熟。另一方面,从对五大自治区自治条例起草的实际情况来看,彼此间差异较大,尤其对于新疆维吾尔自治区、西藏自治区而言,无论是当下的工作重点抑或对自治条例的迫切程度,均与其他3个自治区存在明显差异。倘若"全国一盘棋"地推进自治区自治条例出台,显然不符合"因地制宜"的基本标准,虽然有观点提出回避自治条例的起草而转为寻求自治区单行条例的规模化替代,②但因噎废食的立场毕竟与民族区域自治法治的整体精神相悖。可考虑遵循梯度突破的逻辑:一是由中央对中央与自治区之间的民族区域自治法治关系进行综合评估,并判断"与时俱进"的时机是否已经成熟——就目前情况来看,自治区自治条例表面上是地方立法问题,但根源实际在中央层面的"与时俱进";二是综合五大自治区各自的具体需求、起草基础和实际情况列出试点、跟进与远期规划三个梯度逐渐突破,③这显然仰仗"因地制宜"策略的合理适用。

第五,中央配套立法的及时跟进,作为全国人大制定的基本法律,《民族区域自治法》虽然在整个民族区域自治法治实施过程中扮演核心角色,但抽象性和原则性的规范特征决定其难凭一己之力获得全面贯彻落实,央地配套立法必不可少。目前中央立法层面作为《民族区域自治法》配套实施规范的仅有2005年国务院制定的《若干规定》。而这部行政法规虽然从题目上是对整部《民族区域自治法》的实施,但实际上,当时"由于制定《民族区域自治法》实施细则的条件还不成熟,《规定》主要只对《民族区域自治法》

---

① 屠凯:《自治条例并非民族自治地方"小宪法"》,《政治与法律》2018年第3期。如学界长期以来习惯将自治条例称作民族自治地方的"小宪法",实际上,除了综合性外,自治条例同宪法的相似程度颇为有限,"小宪法"的提法名义上抬高了自治条例的地位,实际由于重大误读反而导致其面临困境,有学者即对此予以批评。

② 阙成平:《论以自治区单行条例替代自治条例的法理》,《广西民族研究》2013年第4期。

③ 郑毅:《驳"以自治区单行条例替代自治条例"论——兼议自治区自治条例的困境与对策》,《广西民族研究》2014年第3期。

第六章'上级国家机关的职责'内容进行了细化"① 即《民族区域自治法》的其他章节尚未充分实现中央立法配套。而配套规范的"与时俱进"存在两个层面，一是在西部大开发、对口支援、兴边富民乃至"一带一路"等宏观政策日趋成熟化、规范化的前提下进一步构建高位阶实施规范的大背景业已具备；另一方面，鉴于配套规范与《民族区域自治法》自身发展的主从关系，《若干规定》框架拓展的"与时俱进"须以《民族区域自治法》修订工作的"与时俱进"为前提。在地方配套立法层面虽然也存在"因地制宜"的空间，但由于鲜明的基本政治制度色彩和民族事务传统的复杂性与敏感性，就《民族区域自治法》规范本身的配套实施而言，地方的"制宜"空间其实并不大，且其在相当程度上仍要以中央配套规范的"与时俱进"为前提。

第六，对新制度、新发展、新需求的法治回应。这在逻辑框架上属于"与时俱进"的当然内涵，但在具体实施的过程中却反而更多地体现出"因地制宜"的色彩。一方面，并非所有民族自治地方均与特定民族区域自治法治实施过程发生直接关联，如颇具制度特殊性的民族自治地方与经济特区关系法制协调问题，实际上仅存在于海南（上级经济特区—下级民族自治地方）和新疆（上级民族自治地方—下级经济特区）特定的场域；"一带一路"倡议的内向辐射效应，也往往对沿海、沿边或相关规划明确提及的民族自治地方产生的直接影响更多，另一方面有的民族区域自治法治实施本身虽然具有普遍意义，但却往往要先基于特定地方的具体实践试点制度、积累经验、发现问题，在此基础上才可能形成辐射全局的"俱进之时"，如《立法法》修改后自治州双重立法权的选择适用问题首先发生于湘西和恩施两个相邻自治州协同起草《酉水河保护条

---

① 国家民族事务委员会政策法规司编：《坚持和完善民族区域自治制度——〈国务院实施《中华人民共和国民族区域自治法》若干规定〉贯彻实施十六讲》，民族出版社2007年版，第17页。

例》的过程中;① 上下级民族自治地方纵向的府际关系的调整，也以具备"自治区—自治州—自治县"完整结构的新疆最为典型。在"与时俱进"的同时重视"因地制宜"的构成性角色，方能"新"得全面，"新"得高效，"新"得深入。

五 结语：迈向深入实施的中国特色的民族区域自治法治

新时期民族区域自治法治的推进和深化是一项复杂的系统工程，尚应就如下问题建立客观认知。

第一，除极个别的制度领域和改革样本外，在绝大多数情况下，"因地制宜"和"与时俱进"两大策略往往需要通过有机协调和综合适用方能发挥最大效用。但两者的区别也较为显著：所谓的"因地制宜"往往以特定地方的客观实践为基础，一般较易标准化；而"与时俱进"除了大政方针和发展趋势的宏观背景外，对具体改革时机的精准把握亦为题中之义。改革时机成熟与否，既基于相关国家机关对相关情况的综合判断，更有仗于相关议题研究成果的积累程度，相对而言，前一种"时"在很大程度上难以完全通过积极作为创建。因此更实际的策略应是先通过充分的理论研究促成学术积累的足备，再静待宏观时机的出现。但目前来看，绝大多数的民族区域自治法治研究尚存在较大的提升空间，尤其在系统性、深入性、规范性等方面尤为薄弱，这也是在2017年底全国人大法工委研讨会上，与会人员一致判断《民族区域自治法》的修订时机尚不成熟的关键原因。

第二，本文论域主要聚焦实践议题，纯粹面向文本的规范分析远远不够，故还应回到具体的改革实践中进行综合剖析。就方法论而言，法教义学显然是最具学科贡献价值的研究方法，但其具体逻

---

① 郑毅：《论〈立法法〉修改后自治州一般地方立法权与自治立法权关系研究》，《法学评论》2018年第4期。

辑的展开事实上包括源于规范、实践分析和归于规范三大核心环节。当前研究基本超越了从规范本身发现问题的第一个层次，但回到实践中提炼问题以形成完善对策的第二层次却仍在探索之中。而这是又向第三阶段"飞跃"的必经之路：因此，对民族区域自治法治实践的检视。全国人大常委会的执法检查是远远不够的——面向全国的检查无法突出"因地制宜"，十年一次的频率也难以体现"与时俱进"。《民族区域自治法》第七十二条的实施在实践中多流于形式无疑又进一步加剧了前述困境。本文愿为新时期第二层次的深入展开勾勒出宏观视角、基本清单乃至初步方案。

第三，如开篇所述，世界上单一制国家内部的少数族群地方自治制度样本众多。一方面，近年来英国的苏格兰、西班牙的加泰罗尼亚等地的独立思潮虽然有所抬头，但中国却基本不存在类似的相关消极制度因素的作用空间，这是民族区域自治制度"中国特色"的优势所在，是一种最高层次的"因地制宜"的基础；另一方面，我们同样不能忽略英国、西班牙等国通过科学的宪法实施机制回应并解决前述紧张的重大议题时所彰显出来的丰富制度经验，随着党的十九大"加强宪法实施"目标的确立和《宪法》修改对合宪性审查机制的具体部署，中国也正在准备通过宪法实施探索新时期民族区域自治法治深入实施的基本要素，如何在"因地制宜"基础上充分借鉴其他国家的制度经验，也必将构成新时期民族区域自治法治"与时俱进"的重要内涵。

关于发挥民族经济法与区域开发法叠加效应的法律思考[*]

——以加快边疆民族地区发展为中心

金河禄 袁淑华[**]

摘要： 中华人民共和国成立以来，根据"宪法"和"民族区域自治法"，我国制定并实施了一系列有关加快边疆民族地区经济发展的法律法规，构建了体系完善的民族经济法。党的十一届三中全会以后，随着改革开放的不断深入，国家又相继启动了"沿边开放"和"西部大开发"等区域开发战略，形成了相应的区域开发法，从而导致了民族经济法、区域开发法及相关政策的交叉与重叠。所以为了加快边疆民族地区经济发展，必须认真研究民族经济法与区域开发法的交叉叠加现状，探讨最大限度地发挥二者叠加效应的可行思路。

关键词： 民族地区；民族经济法；区域开发法；优惠政策；叠加效应

中华人民共和国成立伊始，我国就把民族区域自治写入宪法，并且根据"宪法"和"民族区域自治法"①，制定了一系列有关加快边疆民族地区经济发展的相关经济法规，构建了体系完善的民族

---

[*] 本文发表于《东疆学刊》2019年第2期，收入本刊时略有修订。
[**] 金河禄，男，延边大学法学院教授；袁淑华，女，延边大学民族学博士研究生。
① 1984年5月制定的《中华人民共和国民族区域自治法》，于2001年2月进行了一次系统修改。

经济法。党的十一届三中全会以后，随着改革开放的不断深入发展，区域发展失衡现象的日渐突出，我国又相继启动了"沿边开放"和"西部大开发"等区域开发战略，确立了相应的区域开发法，而这些区域开发战略由于涵盖我国大部分边疆民族地区，导致了民族经济法与区域开发法的交叉与重叠。所以为了在社会主义市场经济条件下，发挥多项优惠政策叠加的政策优势，加快边疆民族地区经济发展，必须研究并发挥民族经济法、区域开发法及多项优惠政策的叠加效应。

一　民族经济法与区域开发法的概念及特征

改革开放以来，从深圳等经济特区的设立，到上海浦东新区的开发，以及后来启动"沿边开放"和"西部大开发"等开发战略，区域开发由点到线、从线到面渐次展开，极大地促进了我国的经济社会发展。所以为了进一步完善并且借力相关法律及政策，加快边疆民族地区经济社会发展，必须准确界定"民族经济法"和"区域开发法"这两个基本概念。

（一）民族经济法的概念与特征

由"宪法"规定确立并经"民族区域自治法"完成其制度设计的我国民族区域自治制度，包括政治、经济、文化和教育等多方面内容。其中有关边疆民族地区经济建设，特别是规范国家支持与帮助、自治机关的经济建设自治权等规定，对促进边疆民族地区发展发挥了重要作用。考察涉及边疆民族地区经济建设的相关法规，既有"宪法"和"民族区域自治法"等基本法律，也有国务院及相关部（委）制定的《国务院实施〈中华人民共和国民族区域自治法〉若干规定》[1]等行政法规，还有民族自治地方制定的"自治

---

[1] 2005年5月，由国务院常务会议审议通过的《国务院实施〈中华人民共和国民族区域自治法〉若干规定》，是在民族区域自治法的配套立法中，迄今法律地位最高的一部行政法规。

条例"和"单行条例",这使"民族经济法"现已发展为我国民族法的重要分支。

界定"民族经济法"概念,既要考虑它不同于在全国普遍实施的一般经济法,同时也有别于民族法中的民族教育和民族文化等其他内容,并且只规范国家给予民族地区经济建设的支持和帮助、只调整民族地区的经济建设关系。据此理解,民族经济法应当是指,以"宪法"和"民族区域自治法"有关民族地区经济建设的规定为基础,由国务院及其所属部(委)、民族自治地方立法机关制定的,与边疆民族地区经济建设有关的法规和自治法规构成的,专门规范民族地区经济建设关系的法律法规,以及确保其实施的相关法律制度的总称。

根据上述的概念界定,民族经济法有如下基本特征。

一是适用范围的地域性。民族经济法作为我国社会主义民族法的重要组成部分,虽然把我国全部地域作为其生效范围,但就其适用范围和调整对象而言,却具有明显的地域性特征。民族经济法的地域性表现在,构成民族经济法的法规中,有大量仅在民族地区生效的,具有地方法规性质的自治条例和单行条例,同时宪法和民族区域自治法规范、国务院及其所属各部(委)制定的行政法规,也把民族地区作为其主要的生效范围。

二是支持力度的超常规性。《宪法》规定:"国家维护社会主义法制的统一和尊严"[1]。但就目前我国民族经济法的具体内容而言,为了加快边疆民族地区经济社会发展,体现国家的帮助与支持,不仅突破财政法和税收法等很多现有法规,给予边疆民族地区很多经济上的实惠,而且还给民族地方的自治机关设置了大量的自由裁量权,使超常规也成为我国民族经济法的又一重要特征。

三是法规体系的综合性。就民族经济法法规体系而言,既有成为其立法依据的宪法规范,也有"小宪法"之称的"民族区域自治法";既有《国务院实施〈中华人民共和国民族区域自治法〉若

---

[1] 见《中华人民共和国宪法》第五条。

干规定》，也有国务院各部（委）制定的诸多配套性文件和规章，还有各民族地方制定的自治条例和单行条例。从而使民族经济法发展为一个立法层次齐全、涉及领域众多、涵盖范围广泛的，确保边疆民族地区经济快速发展的完整法律体系。

（二）区域开发法的概念与特征

改革开放以来，随着"西部大开发"等区域开发战略的相继启动，中共中央和国务院先后发布了《国务院关于实施西部大开发若干政策措施的通知》《国务院关于支持沿边重点地区开发开放若干政策措施的意见》等具有法规性质的政策文件，同时为了构建区域开发法并在其框架内依法促进开发，还以这些基本的政策性文件为依据，相继制定并实施了只在西部等特定区域实施的，并把国家支持与帮助作为主要内容的行政法规和部门规章，有力推动了区域开发事业的发展。

考察我国区域开发立法及实践，并且分析法学界迄今开展的区域开发法的理论研究，对区域开发法可做如下界定。区域经济开发法是以宪法有关国家根本任务的阐述[①]为依据，由中共中央和国务院发布的通知、意见及批复；国务院及其所属各部（委）、地方立法机关及其政府制定的实施办法等，具有法规性质的一系列规范性文件构成的，专门用于保障和促进特定区域，加快经济社会发展的法规和政策，以及确保其实施的相关法律制度的总称。

根据上述的概念界定，区域开发法有如下若干基本特征。

一是上级立法及执法机关的主导性。考察我国的区域开发实践，其中的"区域"并非行政区划意义上的区域，而是经济发展意义上的区域，即在此所称"区域"是指，在经济社会发展程度、自然地理环境和资源状况等方面，具有某种共性特征的地域共同体，所以区域开发法虽然具有明显的地域性特征，却又区别于通常意

[①] 《中华人民共和国宪法》序言："……国家的根本任务是，沿着中国特色社会主义道路，集中力量进行社会主义现代化建设。……把我国建设成为富强、民主、文明的社会主义国家。……"

上的地方法制。在区域开发立法及执法等环节，发挥主导作用的是可以涵盖这些区域的上级国家机关。

二是法规内容的综合性。"区域开发"对象既是物质的、有形的，并且是具体的，同时它也体现为由一种状态、一个阶段到另一种状态、阶段的过渡，因而是一个十分复杂的系统工程，所以其内容自然也具有了明显的综合性特征。它既要涉及行政权力的配置、投资环境的改善、人才的引进与使用等行政领域，也要考虑基础设施建设、优化经济结构、税收减免和金融扶持等经济问题，还要谋划自然资源开发、生态环境保护等相关领域。

三是倾向于"干预"的规范手段。通说认为，"经济法是调整在协调本国经济运行过程中，所发生经济关系的法律规范的总称。"[①] 目前在我国经济法概念中，作为规范手段使用"协调"一词，主要是考虑在资源配置中，市场应发挥决定性作用，对市场经济规律应持"敬畏"之心，但不可否认"协调"一词也内涵了"干预"之意。所谓"协调"是指国家和社会的和谐协调，其同合作、辅助或和睦协和；所谓"干预"是指国家和社会对经济事务的过问、干涉、参与、制止、管理等，既包括对过去不过问、不干涉的经济事务，要过问、要干涉要管理，又包括对新的经济事务要过问、要干涉、要管理，还包括不该过问的、干涉的、管理的也硬要过问、干涉和管理。[②] 而就区域开发而言，由于它是为在特定的地域空间加快社会经济发展，国家"人为"拓展生产力布局的过程，因而在"协调"这一规范手段的使用中，应更多把重点倾向于反映主观意志的"干预"。

二 民族经济法、区域开发法及相关政策的叠加与冲突

目前我国区域开发战略所涉及的地域，大都分布于沿陆地边界展开的广大西部地区，而在此地区由于集中了我国大部分民族区域

---

① 杨紫烜主编：《经济法》，北京大学出版社、高等教育出版社2014年版，第22页。
② 刘隆亨主编：《中国区域开发的法制理论与实践》，北京大学出版社2006年版，第23页。

自治地方，从而导致了民族经济法和区域开发法及相关政策的相互交叉、叠加与冲突。

（一）民族经济法、区域开发法及相关政策的叠加

考察民族经济法的调整对象，我们既可把它纳入民族法范畴，同时也可把其列入经济法领域，是民族法与经济法的交叉学科。此外，民族经济法和区域开发法一样，不仅在原则上仅适用于特定区域，而且还都把国家的支持与帮助作为其主要内容，所以在经济法实践中两者形成了诸多的交叉与重叠。

一是实施范围的交叉与重叠。由于边疆民族地区与沿边地区、西部地区的基本重合，民族经济法和区域开发法实施范围形成了交叉与重叠，即民族经济法和区域开发法的实施区域，实际上都为边疆民族地区。而这种民族经济法和区域开发法实施范围的交叉重叠，使边疆民族地区既享有民族经济法赋予的各项经济权利，同时也得到区域开发法及相关政策的支持。这种由法规实施范围交叉与重叠，所导致的适用法规的相互叠加，虽然在客观上有利于边疆民族地区加快经济社会发展，但也给边疆民族地区法规适用带来了一定的混乱。

二是法规内容的交叉与叠加。为了加快边疆民族地区经济社会发展，民族经济法在民族自治地方的经济建设自主权、加大对民族自治地方的财政金融支持、实行规范化的财政转移支付等方面做出了具体规定。而我国区域开发法由于其目的也是加快特定区域的经济社会发展，《国务院关于实施西部大开发若干政策措施的通知》等法规，也从加大财政转移支付、实行税收优惠、扩大对内外开放等方面做出了很多具体规定，并导致了民族经济法和区域开发法内容的交叉与重叠，即这些法规所体现的实际都是国家的支持与帮助。

三是执法主体的交叉与重叠。根据"民族区域自治法"第四条①，我国民族地方的自治机关具有双重性质，它既是一级地方国

---

① 《中华人民共和国民族区域自治法》第四条规定："民族自治地方的自治机关行使宪法第三章第五节规定的地方国家机关的职权，同时依照宪法和本法以及其他法律规定的权限行使自治权，根据本地方的实际情况贯彻执行国家的法律、政策。……"

家机关,同时也是民族地方的自治机关。与此相适应,民族地方的自治机关也具有两类职权,即作为一般的地方国家机关,在具有相应级别国家机关一般职权的同时,还具有民族区域自治法规定的自治权。① 目前我国边疆民族地区与沿边地区、西部地区基本重合,所以民族地方的自治机关,既要承担贯彻实施民族经济法的责任,同时也要履行由区域开发法确定的各项义务,从而导致了执法主体的交叉与重叠。

(二) 民族经济法、区域开发法及相关政策的冲突②

多年来,我国实施"沿边开放"和"西部大开发"等区域开发战略,极大地促进了边疆民族地区的经济社会发展。但区域开发战略着眼于"西部"等特定区域整体发展,存在某些不适应边疆民族地区特殊需要等问题,从而导致了民族经济法与区域开发法的冲突,并在一定程度上制约了边疆民族地区发展。

目前民族经济法与区域开发法的冲突主要表现在以下几个方面:

一是国家主导与民族地区自主的矛盾。为了建立平等、团结、互助、和谐的社会主义新型民族关系,我国选择了民族区域自治制度,并通过"宪法"和"民族区域自治法"等法规,不仅在政治、经济、文化和社会等领域,给民族地区自治机关赋予了范围广泛的自治权,而且还明确规定上级国家机关应当在经济、文化和社会等领域,帮助少数民族和少数民族地区的发展。从而为处理中央与民族自治地方的经济关系,划分上级国家机关与民族自治地方之间的权利(力),实现边疆民族地区发展提供了重要的法律基础。

目前虽然"宪法"和"民族区域自治法",为妥善处理中央和民族地区经济关系提供了重要法律基础,但多项涉及边疆民族地区

---

① 陈云生:《民族区域自治法原理与解释》,中国法制出版社2006年版,第203—204页。
② 王允武、田钒平:《西部开发背景下民族地区经济法制问题研究》,中央民族大学出版社2008年版,第17—32页。

开发战略的实施,却在一定程度上冲击了上级国家机关与民族地方原有的权利(力)配置。国家实施区域开发战略所营造的宏观经济环境,在整体上当然有利于加快边疆民族地区发展,但由于这些开发战略由国家主导并推动,在一定程度上削弱了民族地区的经济建设自主权,从而导致了国家主导与民族地区自主间的矛盾。

二是不同主体经济利益的冲突。目前随着多项区域开发战略的实施,已有诸多外部力量介入边疆民族地区经济建设,由此带来了不同群体、民族和地区利益结构的变化,并导致了不同主体经济利益的冲突。在边疆民族地区经济建设中主要有以下三种利益关系: 1. 上级国家机关与民族地方的关系; 2. 外来投资主体和当地少数民族的关系; 3. 发达地区与边疆民族地区的关系。而在这三种利益关系中最主要的矛盾包括:在资源开发中不同主体经济利益的共享问题以及边疆民族地区生态环境保护和建设成本的分担问题。

在涉及边疆民族地区的区域开发中,不同主体之间形成的经济利益冲突,有其深刻的制度根源。在资源开发利益共享中形成的利益冲突,是因为没有严格执行民族区域自治法,对输出自然资源的边疆民族地区实施合理有效的经济利益补偿;而在外来投资主体和当地少数民族之间形成的利益冲突,则是因为没有落实互惠互利原则,外来投资主体没有承担相应的经济责任;至于在发达地区和民族地区之间形成的经济利益冲突,原因是没有根据"民族区域自治法"[①],在相关政府间没有建立财政转移支付等"对口支援"机制。

三是经济建设与环境保护之间的矛盾。就边疆民族地区而言,资源丰富是它们的最大优势,所以必须在妥善处理基础设施建设、自然资源开发和环境保护三者关系的基础上,加大自然资源开发力度。进入21世纪,随着西部大开发等区域开发战略的实施,国家采取"退耕还林""实施天然林保护"等措施,使西部地区生态建设也取得了长足发展,但西部地区环境局部好转、整体恶化的总趋

[①] 《中华人民共和国民族区域自治法》第六十四条:"上级国家机关应当组织、支持和鼓励经济发达地区与民族自治地方开展经济、技术协作和多层次、多方面的对口支援,帮助和促进民族自治地方经济、教育、科学技术、文化、卫生、体育事业的发展。"

势并未得到根本改变。其原因,一是先天不足等自然因素;二是过度开发等人为因素。除此之外,产业转移也带来了一系列环境问题。

目前我国区域开发大多规划了相应的生态环境保护项目,但缺少保证基础设施建设、自然资源开发与环境保护协调发展的制度措施,具体表现在:1. 在国家确立的基础设施建设、资源开发和产业结构调整等目标中,没有相应的生态环境保护规划和措施,并缺乏能够有效制约建设者的环保责任制度;2. 国家确定的环境保护目标和措施,缺少能够促进当地经济发展的替代措施;3. 国家实施重大开发项目,缺乏对可能带来环境问题的研究和论证,从而造成了经济建设与环境保护间的矛盾,并引发了一些环境问题。

三 民族经济法、区域开发法及相关政策的叠加效果分析

自 20 世纪 90 年代,相继启动的"沿边开放"和"西部大开发"等区域开发战略在边疆民族地区形成了民族经济法与区域开发法及相关优惠政策的交叉与重叠。分析民族经济法、区域开发法及相关优惠政策的交叉叠加效果,虽然总体有利于边疆民族地区加快经济社会发展,但在某些特定情况下,实际也带来一些负面影响。

(一) 法律及政策叠加的积极效果

长期以来,党和国家十分重视边疆民族地区发展,每当启动重要的区域开发战略,并确立相应的区域开发法制,出台与区域开发相关的优惠政策,都尽可能把边疆民族地区纳入其中,使边疆民族地区各族群众切身感受到党和政府的热情关怀。目前民族地区不仅根据"宪法"和"民族区域自治法",在社会生活诸多领域享有广泛的自治权,并根据民族经济法享受各项政策优惠,而且也根据国家确立的"西部大开发"等区域开发战略及配套法规,拥有多项经济职权,实可谓加快发展的法定权利广泛,各项优惠政策交叉重叠。

关于发挥民族经济法与区域开发法叠加效应的法律思考

多项优惠政策交叉重叠的积极效果，主要表现在以下几个方面。

一是多项优惠政策的交叉重叠，给边疆民族地区发展带来的助推作用。目前我国实行社会主义市场经济，在资源配置中市场已开始发挥决定性作用，而在边疆民族地区由于内生动力普遍不足，要进一步加快经济社会发展进程，必须要有多项优惠政策的综合发力和强力推动。因为多项优惠政策的交叉与重叠，其实质就是通过政策倾斜，发挥政策具有的推动作用，为实现赶超创造条件，使边疆民族地区获得制度性的后发利益，从而最终实现跨越式发展，实现后发赶超。所谓后发赶超就是，充分发挥边疆民族地区优惠政策交叉重叠的政策优势、独特的区位优势、丰富的资源优势，再加上自身的艰苦努力，通过政策的推动作用不断创造新的生产条件，使区域经济整体后发赶超变为现实。[①]

二是多项优惠政策的交叉重叠，显现了一加一大于二的叠加效应。由于民族经济法与区域开发法的交叉重叠，边疆民族地区已汇集多项有利于发展的优惠政策，其中既有与民族经济法配套的优惠政策，也有根据国家区域开发战略所形成的法规；既有从国家战略出发确立的导向性政策，又有为边疆民族地区量身定做的专项支持政策，这些政策由于有不同的政策考量，仅依靠某一政策无法解决边疆民族地区发展遇到的难题。所以加快边疆民族地区发展，必须合理地协调各项优惠政策，使优惠政策既相互支撑、又互相补充，通过优惠政策的综合作用，改善边疆民族地区的基础设施条件和社会环境、提高行政服务效率、完善市场经济体系、健全社会服务功能，从而显现优惠政策的巨大吸附功能。

三是多项优惠政策交叉重叠，极大改善了边疆民族地区各族群众的物质生活。作为国家重要的宏观经济调控手段，在边疆民族地区的经济社会发展中，根据民族经济法和国家区域开发战略所确立的各项优惠政策，发挥了十分重要的拉动作用，不仅极大改善了边

[①] 冯鑫：《区域经济发展中的政策叠加效应研究》，《生产力研究》2012年第10期。

疆民族地区的基础设施条件，提升了边疆民族地区的综合经济实力，而且还使边疆民族地区各族群众的生活，也发生了令世人瞩目的重大变化。据统计，从改革开放初期的 1984 年到 2013 年，按可比价格计算，边疆民族地区城镇居民人均可支配收入，增长 38 倍，由 585 元增加到 22699 元；农牧民人均纯收入，增长 21 倍，由 299 元增加到 6579 元。①

（二）法律及相关政策叠加的负面影响

在社会主义市场经济条件下，国家实行特殊的优惠政策适当扶持边疆民族地区的企业，当然也会带来企业的不平等竞争、受惠企业生存能力下降、遮蔽企业内部的管理漏洞等负面影响，但在目前情况下由于国家的优惠政策是推动边疆民族地区发展的最有效手段，所以必须开展对优惠政策叠加效应的科学研究，努力使国家优惠政策尽快转化为推动边疆民族地区发展的现实动力。考察迄今边疆民族地区经济社会发展，优惠政策的叠加未能显现应有的叠加效应的主要原因有以下几点：

一是改革开放以来，国家相继出台了大量与边疆民族地区密切相关的政策措施，而这些政策的力度之巨、针对性之强和发挥空间之大，都可谓前所未有。但由于边疆民族地区干部群众的思想普遍不够解放，并且存在严重的等、靠、要等依赖心理，既没有开展系统的政策研究，也未能在实践中，用足、用活和用好这些政策，更没有通过发挥政策优势，调动各级政府、企业及广大各族群众的积极性、主动性和创造性，从而错失了一些发展良机。所以面对民族经济法与区域开发法的交叉重叠，以及诸多利好政策的相互叠加，要实现边疆民族地区的更好更快发展，首先必须解放思想，乘势推进改革，推动体制机制创新。

二是改革开放以来，为了加快沿边地区、西部地区和民族地区

---

① 闵言平：《落实民族区域自治制度的关键是帮助民族自治地方发展经济改善民生》，《贵州民族报》2014 年 12 月 22 日第 A2 版。

等特定区域的发展，通过民族经济法、区域开发法国家制定了很多只在特定区域实施的特殊政策。但是，随着改革开放步伐的加快以及持续的简政放权，那些原本只在特定区域实施的优惠政策，过不了多长时间很快就变成了在全国各地普遍实行的一般政策，而这种优惠政策适用范围的扩展，不仅使那些优惠政策未能充分发挥，对沿边地区、西部地区和民族地区等区域经济社会发展的牵引作用，而且也降低了这些地区广大干部群众的政策信赖，并在一定程度上挫伤了这些地区干部群众加快本地经济社会发展的积极性。使那些根据民族经济法和区域开发法确定的优惠政策，未能发挥加快地方经济社会发展的客观效果。

三是根据现行的行政法制特别是税收法制，在某一特定区域如果有不同的优惠政策相互叠加，在具体的政策实践中，企业不应累加享受各种优惠政策，而是选择享受幅度最大的优惠政策①，这就是我国税收法制所强调的所谓择优享受。目前在我国的税收法实践中，如果由于多项税收优惠政策的叠加，而选择适用优惠幅度最大的税收优惠政策，那么那些优惠幅度相对较小的税收优惠政策，由于被优惠幅度相对较大税收优惠政策所覆盖，使其名存实亡从而丧失了存在的理由。所以在边疆民族地区等特定地区的优惠政策叠加，不仅未能发挥政策叠加应有的叠加效应，反而还由于使人误以为这些地区已经享受国家很多优惠，从而在一定程度上影响了国家政策的进一步倾斜。

四 发挥法律及相关政策叠加效应的法律思考

目前我国边疆民族地区虽有多项优惠政策交叉叠加，但至今未能用好用足国家政策，发挥多项优惠政策叠加所带来的叠加效应，

---

① 如：《国务院关于实施企业所得税过渡优惠政策的通知》（国发〔2007〕39号）文件第三条第二款规定，企业所得税过渡优惠政策与新企业所得税法及实施条例规定的优惠政策存在交叉的，由企业选择最优惠的政策执行，不得叠加享受，且一经选择，不得改变。

而在当今背景下，要发挥多项优惠政策叠加所带来的叠加效应，应不断强化政策研究并采取如下具体措施：

一是必须解放思想，强化研究，挖掘潜力，发挥优惠政策叠加效应。改革开放以来，为了加快边疆民族地区经济社会发展，国家出台了许多含金量较高的优惠政策，并形成了多项优惠政策的交叉与重叠。但考察迄今的边疆民族地区经济社会发展，优惠政策的叠加并未带来其应有的叠加效应。究其原因重要的一条就是，边疆民族地区的干部群众未能解放思想，打破等、靠、要的思想禁锢[1]，同时也缺乏对政策的深入研究与解读。所以要在新时代发挥优惠政策的叠加效应，首先必须解放思想，强化政策研究，挖掘政策潜力。

围绕各项优惠政策的解读，既要着眼于强化理论研究，探讨在实践中如何发挥政策的最大效能，同时还要借鉴国内外经验，并且抓住转型跨越这个关键，不断提高各级领导的决策能力和谋划能力。而在相关优惠政策的落实中，则要着力吃透优惠政策的精神实质，在正确理解优惠政策核心意图的基础上，要切实把握优惠政策的关注点、基本界限和操作方式。此外，在相关优惠政策的实际运用中，还要善于把优惠政策转化为落实的具体措施，通过发挥各种优惠政策的集成效应，真正把政策机遇转化为又好又快发展的具体成效。

二是要建立优惠政策的联动机制。随着我国经济体制改革的逐步深入，以及对外开放步伐的不断扩大，那些原本只适用于特定区域的优惠政策，必将在不久的将来演变为在其他地区也可以适用的一般政策，从而失去本应具有的牵引效果。中华人民共和国成立以来，为了加快边疆民族地区发展，逐步缩小边疆民族地区与国内其他地区的经济社会发展差距，我国建立了体系完善的民族经济法并制定和实施了一系列相关优惠政策。所以为了实现国家既定的政策目标，在相当长的一段历史时期，在政策力度上国家应尽可能保持这些优惠政策高位态势。

---

[1] 虎有泽：《论西部大开发中的民族法制建设》，《民族研究》2003 年第 1 期。

为了在政策力度上，保持优惠政策应有的高位态势，必须建立优惠政策的联动机制。即当适用于国内其他地区的优惠政策，其支持力度达到或接近支持边疆民族地区发展的力度时，那些用于支持边疆民族地区加快发展的优惠政策，也应相应提高其支持力度，以确保支持边疆民族地区加快发展的优惠政策，其支持力度始终大于支持国内其他地区发展的政策力度。除此之外，国家还应鼓励边疆民族地区，创造性地运用国家给予的政策，着力挖掘优惠政策的潜能，通过改革释放更多的发展空间，提高引进外部资源的效率和水平。

三是通过立法确立优惠政策的叠加制度。通过加快边疆民族地区发展，逐步缩小边疆民族地区和内地间的经济社会发展差距，是解决我国所有民族问题的必由之路，对此"宪法"和"民族区域自治法"也做出了相应的制度安排。但在我国民族经济法特别是税收法的执法实践中，如果遇到了不同优惠政策相互叠加，该地区企业不是累加享受这些政策优惠，而应当选择享受幅度最大的优惠政策，这使得国家优惠政策打了折扣，从而在很大程度上影响了边疆民族地区发展。所以为使国家给予的优惠政策落到实处，使其成为缩小与内地经济社会发展差距的重要动力，必须采取确保边疆民族地区获得实惠的可行措施，即通过规定边疆民族地区可以叠加享受优惠政策，确保其经济社会加快发展。

边疆民族地区企业选择享受幅度最大的税收优惠，对于确保企业具有公平的竞争环境，提高边疆民族地区企业的自我发展能力，当然有其重要的合理性。但由于民族区域自治是宪法层面的制度安排，由于民族经济法是民族区域自治制度的法制化，所以在边疆民族地区仍实行税收优惠的择优选择，必将导致根据宪法和民族区域自治法，由民族经济法制确立的优惠政策，被力度较大的其他优惠政策所覆盖。因此，为了确立宪法制度的权威、确保由民族经济法确立的优惠政策得到实施，使边疆民族地区实现加快发展，应规定由民族经济法制确立的优惠政策可以叠加于由其他法律法规规定的优惠政策。

边疆民族地区高校培养涉外法律人才的现状及其改革[*]

——以长吉图先导区开发开放为背景

金昌俊[**]

摘要：在实施图们江区域合作开发及其长吉图先导区开发开放战略下边疆民族地区高校自身培养涉外法律人才的意义重大。近些年来边疆民族地区高校在培养涉外法律人才方面采取了一些改革措施，也取得了一定的成效。但是边疆民族地区高校在教育培养涉外法律人才方面的现状不容乐观，即未能突显其"复合型""涉外型"特征。而且在现实中边疆民族地区高校法学专业在培养涉外法律人才方面存在着诸多困难或问题，如法学专业的师资力量严重不足、相关专项建设资金匮乏以及尚未形成自己鲜明的专业特色等。这些困难和问题，应当通过继续加强法学专业的师资力量、充分利用校内外法学双语教学的资源、努力促成本省区域内的国家级与省级卓越法律人才教育培养基地并行的格局以及大胆调整现有的法学专业课程体系等一系列改革措施来解决。

关键词：边疆民族地区；涉外法律人才；双语法学；教学课程体系

---

[*] 本文发表于《延边大学学报》（社会科学版）2017 年第 3 期，收入本刊时略有修订。
[**] 金昌俊，男，延边大学法学院教授。

边疆民族地区高校培养涉外法律人才的现状及其改革

自2011年初教育部提出"卓越法律人才培养计划"以来，涉外法律人才就成为了我国培养卓越法律人才的目标之一。所谓涉外法律人才就是从事具有涉外或跨国因素法律工作的高水平复合型国际化人才，也就是"具有国际视野、通晓国际规则、能够参与国际法律事务和维护国家利益的涉外法律人才"。在当前我国纵深进行改革开放的形势下，国内涉外法律人才稀缺的状况成为了限制我国进一步对外开放的一个瓶颈。长期以来，培养涉外法律人才的重要性问题未能引起包括国内大多数高校的重视。因而国内大多数高校目前在培养涉外法律人才培养方面显然缺乏成功的经验或方略方法，都在实践中摸石头过河。本文的作者所属单位是处于边疆民族地区的高校，近些年边疆民族地区高校培养涉外法律人才的问题引起了作者的兴趣。因为边疆民族地区的涉外法律人才应当具有不同于内陆地区以及东南沿海地区涉外法律人才的独有特征，因而在培养边疆民族地区涉外法律人才的问题上需要采取区别于国内其他各地区的策略方法。作者基于一些较为客观的依据，对于内陆地区以及东南沿海地区的高校培养出来的涉外法律人才能够适合边疆民族地区特殊的涉外或国际法律实务的需要持有怀疑的态度，并认为边疆民族地区高校应当自己培养出切合本地区涉外或国际法律事务客观需要的涉外法律人才。这一点促使作者将国内各地区高校培养涉外法律人才的现状及在相关改革问题上自己的一些方向性观点整理出来，其目的在于期望以自己浮浅的想法能够抛砖引玉或得到一些共鸣。

一 培养涉外法律人才的重要意义

（一）我国培养涉外法律人才的战略性举措

自20世纪90年代中期以来，我国各高校法律人才培养中的问题日趋明显。随着我国法学教育规模的急剧膨胀，直接导致了法律人才的持续性过剩，其结果一方面表现为严重的就业危机，使得每年有大量的法学专业毕业生难以跨进就业的门槛，不得不选择放弃从事法律工作。而另一方面表现为严重的质量危机,因为我国的法学教育长期以来培养的是单一型(学术型)法律人才,忽视了培养应用型、复合型法律人才尤其是培养涉外法律人才。据统计,我国现有的法律人才中仅有百分之一的人可以从事涉外法律业务,其他近百分之九十九的人员从事不了涉外法律业务,其原因主要是外语能力问题。① 此外,涉外法律知识的不足也制约着我国涉外法律人才的发展。以反倾销案为例,几乎没有一个中国律师事务所或中国律师能够从头至尾独立承担一起反倾销诉讼,通常需要聘用欧美律师事务所律师或专门律师合作或协助办案,而且往往由政府主管部门等出面联系海外律师。②

基于我国目前涉外法律人才的上述现状,适应我国社会发展过程中对法律人才的多元化需求,2011年初教育部根据《国家中长期教育改革和发展规划纲要(2010—2020年)》的精神提出了"卓越法律人才教育培养计划"。该计划提出分类培养卓越法律人才——培养应用型、复合型法律职业人才、培养涉外法律人才和培养西部基层法律人才。为此,教育部、中央政法委于2012年11月批准设立了92个首批卓越法律人才教育培养基地。其中多数为应用型、复合型法律职业人才培养基地,多达58个;涉外法律人才培养基地为22个。

(二)边疆民族地区高校培养涉外法律人才的重要意义

根据于2009年由国务院发布实施的"中国图们江区域合作开发规划纲要",吉林省的长春市、吉林市的部分地区和延边朝鲜族自治州成为了这一国家的区域合作发展战略中优先开发开放的核心地区即长吉图开发开放先导区。又根据2015年3月经国务院授权发布的《推动共建丝绸之路经济带和21世纪海上丝绸之路的愿景

---

① 侯连琦、张琳:《论中国法学专业的"困"与"解"——从改革教学、构建涉外法律人才培养基地角度》,《当代经济》2010年第1期。
② 朱志峰:《由"卓越法律人才教育培养计划"看中国法学教育模式的变革》,《社会科学研究》2013年第6期。

边疆民族地区高校培养涉外法律人才的现状及其改革

与行动》（简称"一带一路"），长吉图开发开放先导区成为了在这一新的国家发展战略布局中东北区域的核心地区。而延边朝鲜族自治州作为地处中朝边疆实行民族区域自治的地区，恰恰是长吉图开发开放先导区的对外窗口和前沿阵地。在国家的"区域合作开发"战略以及"一带一路"倡议布局下，必然会需要一批具有国际视野、通晓国际规则、能够参与国际法律事务和维护国家利益的涉外法律人才。涉外法律人才是一种国际化的应用型、复合型法律人才。2011年教育部启动的"卓越法律人才培养计划"已明确了新时期我国法学教育发展的目标和方向，为全面推动法学教育改革提供了良好契机。就处于图们江区域边疆民族地区高校的法学专业而言，能否在新的形势下结合自身的发展状况找到切合自身的涉外法律人才培养模式，无疑是决定其能否在教育市场中进一步生存与发展的决定性因素。

遗憾的是，包括图们江区域边疆民族地区高校在内的绝大多数边疆民族地区的高校没有能够争取到2012年的首批涉外法律人才教育培养基地。也许有人会认为，边疆民族地区高校没有必要自己培养涉外法律人才。因为经国家有关部委批准设立的首批22个涉外法律人才基地[1]能够为全国各地培养并输送涉外法律人才。但是，上述首批22个涉外法律人才基地培养出来的涉外法律人才，也未必能够满足边疆民族地区涉外或跨国法律实务所需。这是因为在这些涉外法律人才培养基地双语法学教学中开设的外语语种主要是作为普通外语的英语，所培养出来的涉外法律人才主要是英语法律人才。而对于边疆民族地区所需的涉外法律人才来说英语能力固然也重要，更重要的是英语以外的其他小语种外语能力。例如对中朝俄三国交互的边疆民族地区涉外法律人才来说，除了具备英语能力以

---

[1] 被批准设立涉外法律人才教育培养基地的高校包括北京大学、清华大学、中国人民大学、中国政法大学、吉林大学、武汉大学、华东政法大学、中南财经政法大学、山东大学、西南政法大学、西北政法大学、北京师范大学、北京外国语大学、上海交通大学、南京大学、外交学院、厦门大学、浙江大学、对外经济贸易大学、中央财经大学、复旦大学、西安交通大学。

外还需要具备东北亚某一外国的语言能力（包括朝鲜—韩国语、俄语或日语）。由此可以看出，边疆民族地区的涉外或跨国法律实务对于在本地区从事业务的涉外法律人才，提出了相对于东南沿海经济发达地区或内地大中城市涉外法律人才更多的语言能力及特殊的法律业务素质要求。而边疆民族地区高校（法学专业）在这一方面具备了得天独厚的资源优势，是其他东南沿海经济发达地区或内地大中城市的各个高校（法学专业）所无法比拟的。所以，边疆民族地区的高校培养本地区发展所需的涉外法律人才，即培养出具有区域性、民族性、实务性特征的涉外法律人才，是时代赋予边疆民族地区高校的历史使命，也是边疆民族地区实施人才强区战略的重要内容，也具有重要的意义。

二 边疆民族地区高校培养涉外法律人才的现状与成因

（一）现状

自 20 世纪 80 年代初的改革开放以来，我国一些边疆民族地区高校的法学院系利用各自的地缘、学缘和语言优势，已经与周边国家的诸多大学和研究机构进行了国际性交流。包括教师们出国留学深造、进行互访的学术交流以及学生的互派交换等。但此时的国际化步骤并非全方位的，而是某些边疆民族地区高校零散性国际化作为。而且国际化程度主要局限于教师等教育人员深造或相互交流的层面，还没有深入到学生的国际化这一层次上。因而在法学专业的课程体系方面很难遇见本文所述的"双语教学（法学）""涉外法律（国际化法律）人才"等重要的词语。但是 2001 年教育部颁发的有关文件明确规定：将双语教学列入高校本科教学评估的考察指标之一。[①] 到 2005 年教育部又强调：要提高双语教学课程的质量，继续扩大双语教学课程的数量，积极鼓励

---

① 教育部：《关于加强高等教育学校本科教学工作提高教学质量的意见》，2001 年 9 月。

高等学校在本科教学领域开展国际交流与合作。① 教育部的上述文件精神表明:"推进高等教育的国际化"和"开展双语教学"已经成为中国高等教育改革的一项重要使命。② 边疆民族地区高校也不例外,我国边疆民族地区各高校的法学专业加快了国际化步伐,纷纷都开设或开展了各种法学双语课程。尤其是2011年初教育部提出"卓越法律人才教育培养计划"以及国家先后实施"长吉图开发开放""一带一路"等国家区域合作发展战略以来,边疆民族地区各高校的法学专业在培养法律人才的问题上着重强调其"涉外性"特征即复合型涉外法律人才。例如某一边疆民族地区高校的法学院在制定培养方案时,其培养目标为"掌握法学基础知识和民族法知识以及日本、韩国法律知识,根据不同的职业方向系统地掌握该方向的知识体系",或者"掌握朝鲜韩国法律,具有宽阔的国际视野,懂得朝韩语言,熟悉朝鲜韩国法律理论和法律实务,能够独立处理涉朝涉韩法律事务"。不仅如此,边疆民族地区高校的法学院开设了一些与本地区相毗邻的周边国家法律的课程,作为本专业的特色课程组群。但是,这些高校法学专业多年所培养出来的法律人才其"涉外性"特征不够明显。因为这些法律人才不是英语(包括法律英语)能力差就是其他小语种外语(如朝鲜语、日语或俄语)能力较弱。就英语而言,大多数学生通过了国家四级考试,个别学生还通过了国家六级考试,却不能正常使用英语来进行日常交流,更谈不上进行有关法律英语方面的交流。对于少数民族学生而言,因朝鲜语(韩国语)、蒙古语等其他小语种属于其母语而理应具有充分的语言能力。但是不少学生由于主客观原因其汉语能力相对较强,反而朝鲜语(韩国语)、蒙古语等母语能力较弱。也由于各种主客观原因,大多数学生在学习和接受外国法律理论知识方面存在着较大的困难,导致他们所掌握的外国法知识不是系统完整的,也缺乏这一方面实习

---

① 教育部:《关于进一步加强高等学校本科教学工作的若干意见》,2005年1月。
② 谭洁:《创新法学专业双语人才培养模式的构想》,《广西警官高等专科学校学报》2016年第2期。

锻炼的平台。因而所培养出来的法律人才缺乏"复合型"和"涉外性"。因而我国边疆民族地区高校法学专业所培养出来的法律人才缺乏正常的涉外或跨国法律业务能力，不能独立处理本地区的涉外法律业务或者在跨国法律实务中发生的纠纷或诉讼案件。

（二）成因

造成我国边疆民族地区高校在培养涉外法律人才方面的上述现状，其具体原因如下：

1. 师资力量不足，而且双语教学的资源配置不尽合理

多年来，边疆民族地区高校的法学专业在培养出区域性、民族性、实务性的法律人才尤其是培养涉外法律人才方面，没有能够满足边疆民族地区的实际需要。究其原因，法学专业的师资力量不足是一个很重要的原因。例如根据在2012年教育部、中央政法委欲批准设立的首批卓越法律人才教育培养基地的申报条件中规定，各申报高校法学专业专任教师的现有在编在岗人数应达到40名以上。[①]但是大多数边疆民族地区高校的法学专业专任教师的实际人数，未能满足这一"法定人数"上的要求。因而这些高校的法学专业自然而然地在教学资源配置上受客观条件上的制约影响。对于边疆民族地区高校的法学专业来说，"双语教学"的含义不仅包括以作为普通外语的英语所进行的双语教学，还应包括以作为小语种外语的朝鲜语（韩国语）、日本语或俄语等进行的双语教学。由于这些边疆民族地区高校一般处于我国的西部区域，在这些高校的法学院系中能够以英语进行双语教学的教师寥寥无几。相对于此，能够以朝鲜语（韩国语）、蒙语进行双语教学的教师居多。因为这些高校一般地处边疆的少数民族聚集地区，少数民族教师在整个教师队伍中占有很大的比重，而朝鲜（韩国语）、蒙语等小语种外语对于这些少数民族教师来说原本就是母语，并且在这些少数民族教师中不少人具有在

---

① 教育部、中央政法委：《关于实施卓越法律人才教育培养计划的若干意见》，2011年12月。

朝鲜、韩国或日本等邻近国家攻读硕士、博士学位或者讲学等经历。但是，以各种外语进行法学双语教学的教师之间的人数比例各不相同。以某个边疆民族地区高校的法学专业为例，以英语进行法学双语教学的教师和以其他小语种外语进行法学双语教学的教师之间的比例为2：8，而以朝鲜语（韩国语）、日语、俄语进行法学双语教学的教师之间的比例为8：2：0。这些都充分地说明边疆民族地区高校法学专业的师资力量不足，而且双语教学的资源配置不够合理。

2. 法学专业相关建设资金匮乏

边疆民族地区高校的法学院系其专业建设起步较晚，专业规模比起中东部地区高校的法学院系也相对较小，学校对其核算的年度经费不多。培养卓越涉外法律人才是一个复杂的系统工程，如果不建立专门的教育培养卓越涉外法律人才基地这种平台并以足够的专项建设经费来支撑，试图仅靠原有法学院系的资源来培养出合格的复合型涉外法律人才，几乎是不可能的。国家有关部委根据目前我国的现实状况作出决策建立22个卓越涉外法律人才培养基地的原因就在于此，也是正确的。但是这些22个首批内陆地区和东南沿海地区高校涉外法律人才培养基地所培养出来的复合型涉外法律人才，也未必能够满足边疆民族地区特殊的涉外法律实务客观需要。由于边疆民族地区高校一般地处我国的西部区域，受当地经济发展水平的影响，这些地区各个高校自身现实的经费、资金的运营状况并不乐观。这些高校的法学院系自然无法期待学校自己增加法学院系年度预算外经费，来进行复合型涉外法律人才教育培养基地的建设。

3. 没有形成自己鲜明的专业特色，课程体系与设置存在问题

由于受区位劣势、经济发展相对滞后、资源短缺等因素的制约，民族地区高校的法学专业建设目前还普遍处于起步探索阶段，其专业建设的内容大多为对中东部地区重点高校法学专业的复制和模仿，未能体现自身鲜明的特色。[①] 边疆民族地区高校的法学专业

---

① 张朝霞：《从"法学教育排行榜"看民族院校法学教育地位及其竞争力》，《法学教育研究》2014年第2期。

更是如此，没有能够满足本地区涉外法律业务的实际需要。首先，在培养理念上对于培养涉外法律人才重视不够。因而在法学专业学生的培养目标中没有涉及培养涉外法律人才的问题，或者虽然从理念上重视涉外法律人才但是因客观原因在课程体系中没有落实好这一问题。其次，在整个法学专业课程体系与结构中与培养涉外法律人才直接相关的课程比例较低。这一问题主要体现在法学双语教学课程的设置与外国法课程的配置上。大多数边疆民族地区高校的法学院系片面地将双语教学课程理解为英语和汉语的双语教学课程（狭义的双语教学课程），加之能够以英语进行双语教学的教师寥寥无几，因而至多开设1—2门或者2—3门双语法学课程。由于能够以英语进行双语教学的教师们各自所学的具体专业不同，所以各高校开设的双语教学课程也有所不同。有的高校开设民法学或者开设刑法学，有的高校开设知识产权法或者民事诉讼法，还有的开设国际法、国际私法等。个别高校的法学专业虽然能够基于自己的特点将双语教学课程解释为包括以小语种外语（以朝鲜—韩国语、日语等）进行教学的广义上的双语教学课程，也试图进行这方面的尝试，但是苦于建设资金短缺等原因都未能如愿。不仅如此，这些高校的法学专业开设了邻近特定国家的法律制度或法学理论为内容的具体课程，并作为自己专业的特色课程。例如某个边疆民族地区高校的法学专业开设了韩国宪法、韩国民法、韩国行政法、韩国刑法、日本宪法、日本民法、日本行政法、中朝韩民法比较研究、中朝韩刑法比较研究等特色课程。这些特色课程主要由从邻近国家留学深造过的专任教师承担教学与研究任务。这些课程在整个法学专业的课程设置体系中均属于选修课程（32学时），而且这些特色课程也都不属于双语教学课程。学生是否选修这些特色课程，全凭学生根据自己的喜好或者其他具体情况来自由决定。民法学、刑法学、行政法学等实用性较强的基础课，一般都设有相应的实践实训课程。例如刑法模拟法庭、刑法案例讨论、民法模拟法庭、民法案例讨论等实践课等。但是上述韩国民法等特色课程均未配设相关的实践实训课程，因而这些"特色课程"的教学效果是显而易见的。

三 边疆民族地区高校培养卓越涉外法律人才的改革思路

（一）继续加强法学专业的师资力量，充分利用校内外法学双语教学的资源

要求加强法学专业的师资力量，就是既要求扩大法学专业教师队伍的规模又要求提升法学专业教师们的业务素质，也就是要求提高法学专业教师队伍的规模化和专业化水平。其中扩大法学专业教师队伍的规模是前提和基础，提升法学专业教师们的素质是关键。

加强法学专业的师资力量，首先应当扩大法学专业在编的专任教师队伍的规模。例如为了今后能够争取到国家级卓越法律人才教育培养基地，某一边疆民族地区高校的法学专业近些年将专任教师的编制名额由原来的30名增加到40名。但是这一40名在编专任教师的"法定人数"，只是入围国家级卓越法律人才教育培养基地候选单位的必要条件而不是充分条件。该校法学专业近些年还选派一些教师以访问学者的身份到美国、日本进行了1—2年的研究，提升了这些教师的双语法学教学能力和水平。但是要真正达到强化法学专业师资力量的目标，这一点举措或努力是不够的，应当积极采取改革措施加强法学双语教学的师资力量。第一，法学专业在招聘年轻教师或者引进高层次人才时，应当把双语教学能力作为能否聘用的硬性条件之一，这是加强法学专业双语教学力量的有效措施之一。第二，可以充分利用校内外其他专业有关双语教学的现有资源。例如某一边疆民族地区高校外国语学院具有的外国语教学实力雄厚。因为该学院设有英语专业、日语专业、俄语专业、朝鲜语（韩国语）专业等，还拥有英语语言文学博士、硕士学位授权点，亚非语言文学博士、硕士学位授权点，日语语言文学博士、硕士学位授权点以及朝鲜语翻译硕士学位授权点，其中亚非语言文学学科属于国家级重点学科等。法学专业可以将这些相关双语教学资源充分地利用起来，为己所用。即在学校教务行政管理部门的协调下，法学专业和外国语学院通过协议在法学专业中选拔一些年轻教学骨干开办外语强化培训班,该培训班的法学专业教师应接受英语和日语等其他小语种外语的强化培训,经考核合格后上岗进行法学双语教学。第三,与日本、韩国等周边国家姊妹高校的法学专业签订有关合作办学协议,定期聘请这些国外高校法学专业的教授来承担外国法课程的教学,这样也能够解决一些法学双语教学的资源不足或者资源配置不合理的问题。考虑到法学双语教学的难度和工作压力,为了充分调动法学双语教学教师的积极性,同时应当出台多种专门针对双语教学的鼓励措施。

(二)建立涉外法律人才培养基地,并提高学生的外语能力水平

在建立涉外法律人才教育培养基地并以此来解决专项建设资金或专项经费方面,有些省市已经进行了大胆而有益的尝试。例如河南省于2015年经河南省教育厅和中共河南省政法委员会的批准,建立了第2批12个省级应用型、复合型法律人才教育培养基地。①这样,河南省在建立卓越法律人才教育培养基地方面形成了国家级基地(河南大学、郑州大学等)和省级基地共存、相互促进的格局。上述河南省12个省级卓越法律人才教育培养基地都是复合型、应用型法律人才教育培养基地,其中没有包括涉外法律人才教育培养基地,但是这些改革措施无疑对其他省市的高校尤其是边疆民族地区高校在争取或建设涉外法律人才教育培养基地方面的改革,提供了可借鉴的有益经验。当前在实施图们江区域合作开发及其长吉图先导区开发开放的发展战略下,边疆民族地区也迫切需要我们高校能够培养并提供涉外法律人才即具有国际视野、通晓国际规则、能够参与国际法律事务和维护国家利益的涉外法律人才。作者认为,我省有关党政领导决策机关应当及时正视这一现实需求与供给之间严重脱离的现状,尽早作出决策建立包括涉外法律人才培养基

---

① http://www.haedu.gov.cn/2015/03/19/1426743520089.html.

地在内的省级卓越法律人才教育培养基地。如果我省区域内能够建立省级卓越法律人才教育培养基地，那么边疆民族地区高校争取建立自己的涉外法律人才教育培养基地就指日可待。

提高学生外语能力的方法，与我们所采用的培养涉外法律人才的具体模式直接相关。我国当前有三种典型的涉外法律人才培养模式，即理念强化型[①]、专门培养型[②]和实验班型[③]。理念强化型与专门培养型对一些地方高校尤其是对于边疆民族地区高校来讲，是不适合的。对于学生外语基础相对较差、资源短缺的边疆民族地区高校法学专业来说，实验班型模式（以下简称"实验班"）是最佳的涉外法律人才的培养模式。具体的做法是，每年在本科3年级以上法学专业的学生或者硕士研究生中选拔英语以及朝鲜语（韩国语）、俄语、日语等小语种外语基础较好的学生，组成30—40名的"实验班"（例如"东北亚班"）。对于"实验班"的学生进行1—2年外语培训，外语的种类应当包括英语、朝鲜语（韩国语）、日语、俄语。这一外语培训的科目和培训的计划应当具体落实到专门的课程体系当中。这样，可以有效地提升学生的外语能力水平。此外，法学院系还可以每年把成绩优秀的"实验班"学生以交换学生

[①] 理念强化型模式的重点在于加大英语授课力度，甚至聘请外教直接用英语讲授部分法律课程。"理念强化型着力全面提升法学院的国际化程度，但其针对性及在具体人才的锻造方面可能相对较弱，并不专门为涉外法律人才的成长提供特殊安排（如专门的课程体系和教学团体），而是重在学生国际化意识的提升，学生主要经由自身的努力和意愿走向涉外法律人才。"参见龙长海《论"一带一路"战略视域下的卓越涉外法律人才之培养》，《治与行》2015年第2期。

[②] 专门培养型模式是在几所以语言见长的大学（例如北京外国语大学、大连外国语大学等）中对涉外法律人才的培养模式。这种培养模式的特点在于举全院之力重点打造涉外法律人才，把涉外法律人才的培养作为法学院的主要任务。由于这种模式全面突出涉外法律人才的培养，因此对法学院师资和所依托学校的学科优势要求比较高。参见龙长海《论"一带一路"战略视域下的卓越涉外法律人才之培养》，《治与行》2015年第2期。

[③] 实验班型模式是指在某一法学专业内部开设专门的以研究某一国家法律为主的授课班级。这种培养模式的特点在于受众面较小，选择的是精英化教育。这种实验班层级比较多，既包括本科班也包括硕士。例如当前出现的"中欧班""英美班"等，都属于这种培养模式的典型代表。参见龙长海《论"一带一路"战略视域下的卓越涉外法律人才之培养》，《知与行》2015年第2期。

派往韩国、日本、俄罗斯等国家进行学习，以此来提高这些学生的外语应用能力。

（三）制订专门的课程体系，并理顺好与现行课程体系的关系

边疆民族地区高校法学专业的特色应当主要体现于"实验班"的课程体系的特点上。为此，例如法学专业可以为"东北亚班"这一"实验班"制定出专门的课程体系，将其作为原有课程体系的辅助课程体系。在制定对"实验班"专门的课程体系时，必须理顺好与现行课程体系的关系，避免两个主辅课程体系的内容之间发生不必要的冲突或重复。这一课程体系主要包括英语、朝鲜语（韩国语）、日语和俄语等外语课程以及韩国法、日本法和俄罗斯法等外国法的课程。但是专门的课程体系不应当含有原有课程体系中的专业基础课或学位课，这些专业基础课或学位课的学习应当执行原有课程体系的课程设置和安排。在原有课程体系中韩国法等外国法课程都作为选修课，其课时一般为32学时，而在"实验班"中这些外国法的课时应当最少是64学时。不论是外国语言课程还是外国法律课程，都应当包括理论课和实训课。实训课程包括对话演练、判例分析、法律诊所等。"实验班"的学生在相当课时范围内可以免修原有现行课程体系中的选修课程。为了保障学生学习和掌握外国法理论及制度的系统性和完整性，每个实验班的授课时限以1.5年至2年即3至4个学期为宜。

法学专业应当对"实验班"可以将学生分为韩国语班、日本语班和俄罗斯语班等分班授课；而且在课堂上以英语或朝鲜语（韩国语）等外语进行外国法的讲授。个别外国法课程可以定期聘请外国教授或讲师到我校讲授整个课程或课程的部分内容。法学专业应当建立外国法资料库，保障向学生提供充裕的学习外国法的资料和图书。法学专业可以把学生作为交换学生派到韩国、日本等周边国家学习外国法，也可以派到国外的律师事务所等法律服务机构进行实习。法学专业还可以把'实验班'的部分优秀毕业生推荐到外国大学的法学专业攻读硕士学位或博士学位，以提高他们的专业素质和水平。此外，法学专业应当定期或不定期地组织'实验班'学生和国外大学法学专业学生之间集体的互访交流与对话，以此来提升学生的外语应用能力和专业实践能力。

结　　语

综上所述，涉外法律人才是一种特殊领域的法律人才，而且是高水平复合型的国际化人才。前些年国家提出了教育培养包括涉外法律人才在内的卓越法律人才的计划。在图们江区域合作开发及其长吉图先导区开发开放背景下，边疆民族地区高校培养涉外法律人才具有重要的意义。但是，长期以来边疆民族地区高校法学专业培养出来的涉外法律人才寥寥无几，而且在教育培养涉外法律人才方面存在师资力量严重不足、建设资金匮乏、尚未形成鲜明的专业特色等诸多困难和问题。本文认为，面临这些诸多困难和问题，边疆民族地区高校要培养卓越涉外法律人才，应当通过继续加强法学专业的师资力量、充分利用校内外法学双语教学的资源、努力促成在本省区域内国家级与省级卓越法律人才培养基地并行的格局并争取建立省级涉外法律人才培养基地以及大胆地调整现有的课程体系以形成鲜明的专业特色等一系列改革措施来解决。

中国朝鲜族传统工艺法治保护研究

徐炳煊*

中国朝鲜族传统工艺体现了本民族的文化精髓和文化基因，但随着跨国人口流动的规模化，中国朝鲜族传统工艺也面临消亡的危险。对中国朝鲜族传统工艺保护传承的研究需要整合各方力量，需要多学科提供方法论支撑，既要秉持人文主义的思考，关注其文化价值，还要兼顾生态价值和实用价值。在依法治国的大背景下，对少数民族传统工艺的保护，应通过专门立法、知识产权、制度等构建"法治"体系，使中国朝鲜族传统工艺的保护传承呈现可持续发展态势，同时维护国家的文化安全。

一 中国朝鲜族传统工艺的特征及其价值

中国朝鲜族在长期社会生活实践中创造的传统工艺，是我国非物质文化遗产的重要组成部分。传统工艺，是指具有历史传承和民族或地域特色、与日常生活联系密切、主要使用手工劳动的制作工艺及相关产品，是创造性的手工劳动和因材施艺的个性化制作，具有工业化生产不能替代的特性。① 其主要特征是：

第一，承载载体的双重性。中国朝鲜族传统工艺的存在，既依

---

* 徐炳煊，男，延边大学法学院教授。
① 文化部、工业和信息化部：《中国传统工艺振兴计划》。

附于人又依附于物，两者缺一不可。其主要表现为，一个是掌握传统工艺的人，一个是利用传统工艺生产的物质产品。[①] 这两种载体体现了中国朝鲜族传统工艺有形性与无形性的有机结合。

第二，联系生产生活的紧密性。中国朝鲜族传统工艺是在长期生活生产中逐渐形成的。传统工艺既是手工生产的条件，也是手工生产的结果。正因为如此，中国朝鲜族传统工艺体现出了与生产生活紧密联系的特征。

第三，民族识别的功能性。中国朝鲜族传统工艺除了满足生产生活的基本需要之外，还体现出了文化认同，群组区别的功能。例如，朝鲜族服饰，就充分体现了"白衣民族"的特征，成为传承朝鲜族文化的载体之一。

第四，传承继承的集体性。在朝鲜半岛随着部落和村镇的出现，朝鲜民族的形成，朝鲜民族的民俗习惯，包括传统工艺便不断创造、完善和传承保护下来。集体性也是中国朝鲜族民俗习惯在流传上的显著特征。民俗习惯一旦形成，就会成为集体的行为习惯，并在广泛的时空范围内流动。这种流动不是机械的复制，而是在自然流动和传承过程中，不断加入新的元素。

第五，外在表现的稳定性与变异性。传统工艺的稳定性是指工艺一旦形成，就会伴随着人们的生产以及生活方式长期相对地固定下来，成为人们日常生活的一部分。稳定性是各民族传统工艺的共性特征之一，没有相对稳定的传统工艺是不存在的。传统工艺的稳定性，一般是取决于经济基础和与之相应的意识形态，如果经济基础变了，人们的生产方式、生活方式以及传统观念等发生了剧烈变革，那么，传统工艺也必然会或早或晚地发生相应的变化。这种隐含在传统工艺稳定性中的可变因素，就是所谓的变异性。传统工艺的变异，就其方式而言，有内容变异、形式变异，乃至内容与形式都变异；就其范围而言，有局部变异或整体变异；就程度而言，有渐变和突变。就中国

---

① 常洁琨：《甘肃少数民族非物质文化遗产分类保护研究》，博士学位论文，兰州大学，2017年。

朝鲜族传统工艺的变异而言，以内容的局部渐变为多。

中国朝鲜族传统工艺对于传承与发展中华优秀传统文化，涵养文化生态，丰富文化资源，增强文化自信，促进就业，实现精准扶贫，提高城乡居民收入，巩固脱贫攻坚成果，具有重要的意义。

第一，经济效益。历史上，民族传统工艺根源于人们的生产和生活，成为当地居民的重要生活来源。这种经济依赖随着社会的发展，科技进步，人们生活方式的变化而有所动摇。但是，仍然是很多家庭的主要经济收入，例如，冷面、民服、糕点等。同时，随着旅游资源的开发，民俗产品对于提升旅游业文化品位发挥着重要作用，同时也会带来较好的经济收入。

第二，文化效益。中国朝鲜族文化是中华民族优秀传统文化的重要组成部分。在文化发展呈现出多元化趋势下，传统工艺既可供我们了解朝鲜族的风土人情、社会制度、礼仪风俗和文化特征，又是研究一个民族物质、精神文明和造型艺术的重要依据。这对于延续中华民族文化创造的生命力，保留世界文化的多样性，促进社会和谐发展，不断前进都具有重要意义。

第三，社会效益。每一个民族都在长期的历史发展过程中不断创造和发展着本民族的文化，通过民族文化来维系民族的生存与发展。由于受到社会生活方式不断变化的影响，很多传统工艺发展的内在推动力日益减弱甚至消亡。采取措施对传统工艺进行拯救和保护，有助于提高民族自信心，增强民族自豪感，促进各民族团结和进步，筑牢中华民族共同体意识。

二　中国朝鲜族传统工艺保护的立法概况

国家重视民族自治地方非物质文化遗产保护，在国务院颁布的两批国家级非物质文化遗产名录1028项中，少数民族项目占367项。[①]

---

① 国务院新闻办公室：《中国的民族政策与各民族共同繁荣发展》，2009年，http://www.gov.cn/zwgk/2009-09/27/content_1427930.htm，2020年6月14日访问。

截至2018年12月，已经颁布地方性法规中的自治条例和单行条例共1500余部，其中现有效的自治条例和单行条例有1100余部。在自治条例和单行条例中，将非物质文化遗产直接纳入保护对象范围的法规有68部。

中国朝鲜族传统工艺的立法保护主要由宪法及宪法性法律、基本法律、行政法规、部门规章、自治条例和单行条例构成。

（一）宪法

宪法是国家的根本大法，一切法律都不得与宪法精神相违背。现行宪法颁布于1982年，分别于1988年、1993年、1999年、2004年、2018年五次修正。我国宪法肯定了文化遗产的重要性，确立了"国家保护文化遗产"的基本制度。在宪法中有关于少数民族文化的规定。该法第四条第四款规定："各民族都有使用和发展自己的语言文字的自由，都有保持或者改革自己的风俗习惯的自由。"语言文字和风俗习惯都是少数民族特有的非物质文化遗产，这里规定有使用和发展的自由，还有保持或者改革自己的风俗习惯的自由。换言说，对于少数民族非物质文化遗产，各少数民族是权利主体，有权利决定如何使用和发展，是保持还是改革。这是宪法赋予少数民族的权利。

第一百一十九条规定："民族自治地方的自治机关自主地管理本地方的教育、科学、文化、卫生、体育事业，保护和整理民族的文化遗产，发展和繁荣民族文化。"从这条可以看出，保护和整理民族的文化遗产是民族自治地方自治权的一部分。民族自治地方的自治机关可以自主地保护和整理民族的文化遗产，其手段就是根据本地方实际情况贯彻执行国家的法律、政策和依照当地民族的政治、经济和文化特点，制定自治条例和单行条例。如，民族自治地方在保护非物质文化遗产的过程中要遵守非物质遗产法中的有关规定，在不违背其中规定的情况下，根据本自治地方的实际情况，制定自治条例和单行条例，有效地保存和保护该地方少数民族非物质文化遗产。

（二）民族区域自治法

《中华人民共和国民族区域自治法》是实施宪法规定的民族区域自治制度的基本法律。民族自治地方的自治机关享有自治权，有权根据本地方的实际情况，在不违背宪法和法律的原则下，采取特殊政策和灵活措施，加速民族自治地方经济、文化建设事业的发展。只有民族自治地方充分行使自治权，才能对少数民族非物质文化遗产进行有针对性的保护。

第十条规定："民族自治地方的自治机关保障本地方各民族都有使用和发展自己的语言文字的自由，都有保持或者改革自己的风俗习惯的自由。"

第三十八条第二款规定："民族自治地方的自治机关组织、支持有关单位和部门收集、整理、翻译和出版民族历史文化书籍，保护民族的名胜古迹、珍贵文物和其他重要历史文化遗产，继承和发展优秀的民族传统文化。"

我国少数民族非物质文化遗产法律保护的层级与汉民族文化遗产的法律保护以及其他非自治少数民族非物质文化遗产的法律保护不同，它不单单是制定"非物质文化遗产保护法""民族民间传统知识产权保护法"的问题，也不单是保护非物质文化遗产原创人、传承人、传播人的权益问题，而是直接关系到我国少数民族所享有的宪法与民族区域自治法所确立的少数民族自治权这一基本问题。[①]

（三）基本法律

我国关于传统工艺的立法中的基本法律主要散见于《中华人民共和国非物质文化遗产法》《中华人民共和国著作权法》《中华人民共和国专利法》《中华人民共和国商标法》《中华人民共和国反不正当竞争法》等五部法律。

[①] 王芳：《论少数民族非物质文化遗产保护的法律定位》，《北方经济》2011年第5期。

1. 非物质文化遗产法

2003年11月，全国人大教科文委员会组织起草了《中华人民共和国民间传统文化保护法（草案）》提交全国人大常委会审议。2004年8月，全国人大把法律草案的名称改为《中华人民共和国非物质文化遗产保护法》。该法由中华人民共和国第十一届全国人民代表大会常务委员会第十九次会议于2011年2月25日通过并公布，自2011年6月1日起施行。

《中华人民共和国非物质文化遗产法》共六章四十五条。第一章为"总则"，明确了本法的调整对象，对不同的非物质文化遗产分别采取不同的措施进行保存、保护，以及非物质文化遗产的保护原则。第二章为"非物质文化遗产的调查"，规定了县级以上人民政府开展非物质文化遗产调查的职责，对境外组织或者个人在中华人民共和国境内进行非物质文化遗产调查做出了规定。第三章为"非物质文化遗产代表性项目名录"，规定了建立非物质文化遗产代表性项目名录的政府层级、程序规范以及对名录项目的各种保护措施，并确立了对非物质文化遗产代表性项目集中、特色鲜明、形式和内涵保持完整的特定区域实行区域性整体保护的制度。第四章为"非物质文化遗产的传承与传播"，确立了非物质文化遗产代表性项目的代表性传承人认定制度和支持措施，规定了各级人民政府及其部门宣传非物质文化遗产、鼓励支持开展相关科研活动、鼓励设立专题博物馆和传承场所、鼓励支持合理利用非物质文化遗产代表性项目开发文化产品和文化服务等职责，以及学校、新闻媒体、公共文化机构等在教育、传播非物质文化遗产方面的责任等。此外，第五章还对违反本法有关规定的行为规定了相应的法律责任。

《中华人民共和国非物质文化遗产法》是我国非物质文化遗产保护领域的基本法。《中华人民共和国非物质文化遗产法》填补了我国非物质文化遗产保护领域无专门和基础性法律的空白，体现了我国履行国际条约义务的积极态度。该法的出台，是非物质文化遗产保护的一个里程碑，标志着我国非物质文化遗产保护将走上依法保护的阶段。①

2. 著作权法

在我国，与非物质文化遗产民间文学艺术作品保护有关的现有法律条款仅有《中华人民共和国著作权法》第六条："民间文学艺术作品的著作权保护办法由国务院另行规定。"这说明，非物质文化遗产在著作权法的调整范围之内。

3. 专利法

在 2008 年专利法作第三次修改之时，明确将遗传资源与专利制度联系在一起。第五条第二款规定："对违反法律、行政法规的规定获取或者利用遗传资源，并依赖该遗传资源完成的发明创造，不授予专利权。"这是保证对遗传资源不受不合理利用的法律上的保障。

4. 商标法

地理标志是非物质文化遗产保护的途径。《商标法》第十六条规定："商标中有商品的地理标志，而该商品并非来源于该标志所标注的地区，误导公众的，不予注册并禁止使用；但是，已经善意取得注册的继续有效。"对于少数民族非物质文化遗产保护，地理标志无疑是最明显的也是最直观可以得到保护的。

（四）行政法规、部门规章、规范性文件

我国最早与传统工艺相关的民间文学艺术保护细则是 1984 年文化部颁布的《图书、期刊版权保护试行条例》。该条例第十条规定：民间文学艺术和其他民间传统作品的整理本，版权归整理者所有，但他人仍可对同一作品进行整理并获得版权。民间文学艺术和其他民间传统作品发表时，整理者应当注明主要素材提供者，并依素材提供者的贡献大小向其支付报酬。②

---

① 摘自文化部副部长王文章在十一届全国人大常委会第十九次会议新闻发布会上的讲话。

② 何山、曹三明：《中国著作权手册》，四川教育出版社 1993 年版，第 412—412 页。

此后，国家以政府文件形式颁布了多部对非物质文化遗产的保护意见。如《关于加强我国非物质文化遗产保护工作的意见》《国务院关于加强文化遗产保护的通知》，这两个文件中都针对非物质文化遗产保护做了规定，对非物质文化遗产保护及传承提出了政策性指导。

2005年3月，国务院颁布的《关于加强我国非物质文化遗产保护工作的意见》明确指出，要建立名录体系，逐步形成有中国特色的非物质文化遗产保护制度。2005年，我国政府公布了第一批518项国家级非物质文化遗产名录，由此开启了非物质文化遗产的名录时代。2005年12月，国务院颁布的《国务院关于加强文化遗产保护的通知》中对包括非物质文化遗产在内的文化遗产的保护工作，提出了一系列规定。这是国务院首次就中国非物质文化遗产保护工作发布的权威指导意见，明确指出了保护工作的重要性和紧迫性，提出了保护工作的目标。

2017年2月，国务院颁布的《关于实施中华优秀传统文化传承发展工程的意见》，该意见规定了实施中华优秀传统文化传承发展工程的指导思想、基本原则、总体目标、主要任务和重点任务。该意见提出，到2025年，中华优秀传统文化传承发展体系要基本形成，研究阐发、教育普及、保护传承、创新发展、传播交流等方面协同推进并取得重要成果，具有中国特色、中国风格、中国气派的文化产品更加丰富，文化自觉和文化自信显著增强，国家文化软实力的根基更为坚实，中华文化的国际影响力明显提升。该意见的颁布实施，为建设社会主义文化强国，增强国家文化软实力，实现中华民族伟大复兴的中国梦具有重要意义。

1997年5月颁布，2013年修订的《传统工艺美术保护条例》，是我国立法较早的相关法规。该条例对工艺美术的范畴、认定、征集、原料采挖、经济贸易等都做了相关规定，从宏观角度促进了工艺美术的继承和发展。

2000年，文化部、国家民委联合发布了《关于进一步加强少数民族文化工作的意见》，要求抓好民族文化艺术遗产的收集整理和民族文艺理论研究工作，并强调保护少数民族老歌手、老艺人，抓紧抢救文献记载和口头流传的少数民族文化遗产。2006年文化部颁布了《国家级非物质文化遗产保护与管理暂行办法》，该《办法》的目的是为有效保护和传承国家级非物质文化遗产，加强保护工作的管理、组织、协调和监督全国范围内国家级非物质文化遗产的保护工作。该办法的实施，对促进我国非物质文化遗产保护的规范化和制度化提供了保证。2006年，文化部颁布的《世界文化遗产管理办法》规定了各级文物主管部门和世界文化遗产保护机构应当组织开展文化旅游的调查和研究工作，发掘并展示世界文化遗产的历史和文化价值，保护并利用世界文化遗产工作中积累的知识产权。

2008年，国务院颁布的《国家知识产权战略纲要》规定了遗传资源、传统知识和民间文艺应当得到有效保护和合理运用。适时做好遗传资源、传统知识和民间文艺和地理标志等方面的立法工作。

为了落实党的十八届五中全会关于"构建中华优秀传统文化传承体系，加强文化遗产保护，振兴传统工艺"和《中华人民共和国国民经济和社会发展第十三个五年规划纲要》关于"制定实施中国传统工艺振兴计划"的要求，促进中国传统工艺的传承与振兴。2017年3月，文化部、工业和信息化部、财政部联合发布了《中国传统工艺振兴计划》。该振兴计划对传统工艺的概念进行了界定。规定了中国传统工艺振兴计划的总体目标、基本原则、主要任务、保障措施。

（五）自治条例和单行条例

《延边朝鲜族自治州自治条例》于1985年4月24日延边朝鲜族自治州第八届人民代表大会第三次会议通过。2002年12月16日对条例进行了修订，2003年1月6日吉林省第九届人民代表大会常务委员会第三十五次会议批准了《关于修改〈延边朝鲜族自治州自治条例〉的决定》。自治条例第五章对延边州的教育科学文化卫生体育事业做出了规定。第六十条规定:"自治州自治机关重视朝鲜族的语言、教育、历史、文学、艺术、新闻、出版、民俗、人口等方面的研究工作"。第六十一条规定:"……继承和发扬朝鲜族的优秀文化传统,吸收其他民族的优秀文化成果,自主地发展具有朝鲜族特点和风格的文学、艺术、……朝鲜族文化事业,加大对朝鲜族文化事业的投入,加强文化队伍和文化设施建设"。

自治条例开创了我国民族区域自治地方的立法先河,为全国各自治州和自治县制定当地自治条例进行了前期探索,形成并提供了有益经验。该条例有效推进了依法治州进程,在保障延边州自治权利,促进改革开放,加快经济发展,繁荣社会事业,维护地区稳定,巩固并发展平等、团结、互助、和谐的社会主义民族关系等方面发挥了重要作用。

延边州在中国朝鲜族非物质文化遗产保护的单行条例主要有:《延边朝鲜族自治州朝鲜族文化工作条例》《延边朝鲜族自治州保护和发展朝鲜族用品生产条例》《延边朝鲜族自治州旅游条例》《延边朝鲜族自治州保护和发展朝鲜族传统体育条例》《延边朝鲜族自治州非物质文化遗产保护条例》以及正在修订的《延边朝鲜族自治州朝鲜语言文字工作条例》等。

《延边朝鲜族自治州朝鲜族文化工作条例》于1989年颁布实施,是较早制定文化方面单行条例的民族自治地方。1997年、2005年先后两次进行了修改。该条例主要从六个方面解决实际问题:一是如何继承朝鲜族文化;二是如何发扬朝鲜族文化;三是如何创作具有时代特色的优秀文化作品;四是如何更好地研究朝鲜族文化理论、代表作品和代表人物;五是如何加强朝鲜族文化专业队伍建设;六是如何发展朝鲜族群众文化。该条例对于进一步保护朝鲜族文化的传统和特色,挖掘、整理、继承、发扬朝鲜族的文化遗产具有重要意义。

《延边朝鲜族自治州保护和发展朝鲜族用品生产条例》于2009年6月19日公布施行。该条例共16条。该条例对朝鲜族用品的概念进行了界定,制定了朝鲜族用品保护的主体责任、财政支持等。

该条例对于保护和发展朝鲜族用品生产，保障朝鲜族用品的生产供应，满足朝鲜族群众生产和物质文化生活需要，保护朝鲜族用品的传统工艺具有重要意义。

《延边朝鲜族自治州旅游条例》是2010年4月16日颁布实施的单行条例。其中第十一条规定各级人民政府应当支持朝鲜族文化与旅游的结合，依托特色饮食、传统歌舞、民俗礼仪、体育娱乐和文化遗产，发展民俗文化旅游产品，打造长白山文化和金达莱文化等民族特色文化品牌，提升旅游产品的文化品位。

将非遗保护工作与旅游相结合是开发利用非遗的经济价值的重要手段。在旅游条例中对于游客的义务中也规定了游客要尊重少数民族风俗习惯。这些都是潜在的与非遗保护工作相关的规定。

《延边朝鲜族自治州保护和发展朝鲜族传统体育条例》于2011年6月8日公布施行。该条例是针对非遗的重要内容之一民族传统体育进行保护的单行条例。条例仅有二十条，但是对于保护和发展中国朝鲜族传统体育的具体措施规定的比较详细。其中保护和发展中国朝鲜族传统体育所涉及的秋千、跳板等都与传统工艺有关。

近年来，随着经济全球化对少数民族文化的冲击，中国朝鲜族传统民族民间文化种类大幅减少，尤其是朝鲜族非物质文化遗产呈现出后继无人的困局，步入了一个传承与消亡的关键节点。特别是近20年来，延边在民间传唱的朝鲜族古老的民歌、民谣，朝鲜族传统的奚琴演奏、绩麻舞、僧舞等民间艺术表演形式日渐萎缩，大批朝鲜族非物质文化遗产项目处于濒危状态，部分已经失传。在这种背景下，2015年1月22日经延边州第十四届人民代表大会十七次会议通过，并于2015年5月26日经吉林省第十二届人民代表大会常务委员会第十七次会议批准，《延边朝鲜族自治州非物质文化遗产保护条例》自公布之日起施行。这是我省首个民族自治地方关于非物质文化遗产保护的条例。该《条例》共三十六条，遵从政府引导、社会参与的保护原则，对非遗项目保护单位和传承人的权利和义务及社会保障措施等内容给予了明确，同时设定了相应的法律责任。《条例》的实施，必将推动延边州非物质文化遗产工作不断向着健康、可持续方向发展，构筑起更为完善合理的全方位保护工作体系。

综上，目前延边州对中国朝鲜族传统工艺法治保护，主要是把其纳入非物质文化遗产或者传统文化之中，通过法律、行政法规、自治条例、单行条例加以统一保护。延边州尚未对中国朝鲜族传统工艺作为中国朝鲜族非物质文化遗产或者传统文化的单独门类进行专门立法，专门立法工作尚处于空白。这也导致在中国朝鲜族传统工艺的保护意识、社会普及教育、传统工艺的挖掘、厚植工匠精神、品牌建设、传承人队伍建设、理论技术研究、公众参与、知识产权保护等存在诸多不足。

三 中国朝鲜族传统工艺法治保护体系的建构

（一）基本原则

中国朝鲜族传统工艺法治保护的基本原则可以分为共有原则和特有原则。共有原则就是适用于物质文化遗产和非物质文化遗产法治保护通用的原则；特有原则是指仅适用于非物质文化遗产保护的原则，传统工艺作为非物质文化遗产的重要组成部分，其法治保护原则仍然要适用非物质文化遗产的保护原则。

1. 共有原则

第一，真实性原则。真实性，即本真性、原真性。真实性原则要求在文化遗产的认定、记录、保存、修缮、传承等各个环节，完整准确地保护文化遗产本身的历史信息和文化价值的真实性，不得随意改动、破坏其历史信息和文化价值。[①]

在非物质文化遗产保护中，真实性原则也是基本原则之一。《非物质文化遗产法》第四条规定："保护非物质文化异常，应当尊重其形式和内涵。禁止以歪曲、贬损等方式使用非物质文化遗

---

① 王云霞主编：《文化遗产法学》，中国环境出版社2013年版，第35页。

产。""真实、准确、客观地记录和反映非物质文化遗产的形态、内涵和其他信息，是一切保护和保存工作，包括调查、记录、建档、传承和传播的重要前提和基础。"①

第二，整体性原则。整体性原则，即完整性。整体性原则要求在文化遗产保护中，完整地保护文化遗产的所有形式与内涵，及其所处的自然与人文环境。② 整体性原则首先要求对文化遗产本身的各个组成部分完整地加以保护，还要求对文化遗产所处的自然和人文环境一并加以保护。对于非物质文化遗产保护而言，也应注重将其置于其特定环境中加以保护，离开了特定的人文和生态环境，非物质文化遗产中所含的特定信息就会减损或变形。

2. 特有原则

第一，活态保护原则。活态保护原则是指为非物质文化遗产传承人营造出一个宽松，适合其成长的生态环境。由于朝鲜族传统工艺的完成以及传承往往依赖于传承人，这就决定了人在艺在，人死亡则艺消灭的现实。因此，对于朝鲜族传统工艺的保护应当坚持活态保护原则，防止因为传承人死亡，或者家庭成员、社会变化等不确定因素，导致朝鲜族传统工艺的传承受阻。

第二，濒危优先保护原则。濒危性优先保护原则，是指通过制度建设，对濒危性遗产紧急抢救。濒危性保护原则首先是要对朝鲜族传统工艺的濒危性状况进行调查，在此基础上以制度建设为前提，对濒危的传统工艺进行抢救。

第三，有形化原则。有形化原则，是指通过收藏、录音录像及口述记录等方式将朝鲜族传统工艺保存下来。

第四，创造性原则。创造性原则，是指朝鲜族传统工艺在继承的基础上，会融入现代基因。创造性转化和创造性发展是朝鲜族传统工艺传承的一个重要原则。随着社会的发展，朝鲜族传统工艺传承发展实践会越来越多元化和深入，会有效融入现代生活。以朝鲜

---

① 李树文等主编：《非物质文化遗产指南》，文化艺术出版社2011年版，第55页。
② 王云霞主编：《文化遗产法学》，中国环境出版社2013年版，第38页。

族传统工艺为内容的新业态也会更加成熟。

另外还有学者提出了以人为本的原则；民间事情民间办的原则；保护文化多样性原则；精品保护原则；保护与开发利用并重原则等。[1]

（二）中国朝鲜族传统工艺法治保护的主要任务

文化部、工业和信息化部、财政部联合发布的《中国传统工艺振兴计划》（以下简称《振兴计划》）提出了中国传统工艺振兴的总体目标："立足中华民族优秀传统文化，学习借鉴人类文明优秀成果，发掘和运用传统工艺所包含的文化元素和工艺理念，丰富传统工艺的题材和产品品种，提升涉及与制作水平，提高产品品质，培育中国工匠和知名品牌，使传统工艺在现代生活中得到新的广泛应用，更好满足人民群众消费升级的需要。到2020年，传统工艺的传承和再创造能力，行业管理水平和市场竞争力、从业者收入以及对城乡就业的促进作用得到明显提升。"中国朝鲜族传统工艺的范围是比较广泛的，对其保护和传承可以体现出对朝鲜族民族传统的尊重，文化多样性的保护。

实现《振兴计划》提出的总体目标，就应当采取措施确保中国朝鲜族传统工艺的生命力，所谓生命力就是指传统工艺的活态性，唯有在保持其传承者传承的前提下，才能延续和保持其生命力。这些措施包括"认定、立档、保存、研究、宣传、弘扬、传承和振兴"等。这些措施有3层含义：一是整理建档（包括研究）；二是保存展示；三是传承弘扬。

（三）中国朝鲜族传统工艺法治保护的地方立法

为了更好地保护中国朝鲜族传统工艺，还应当进一步加强民族立法工作，用地方法规的方式将中国朝鲜族传统工艺的挖掘、保

---

[1] 苑利、顾军：《非物质文化遗产保护的十项基本原则》，《学习与实践》2006年第1期。

护、传承制度等确定下来。笔者建议制定《延边朝鲜族自治州朝鲜族传统工艺保护条例》。该条例中应当包括：保护对象；管理体制；沟通协调机制；调查研究与归类建档；朝鲜族传统工艺振兴目录；朝鲜族传统工艺保护专家制度；朝鲜族传统工艺持有者、从业者；传承人职业教育和学历提升；传统工艺产品的知识产权；传统工艺产品与旅游事业；行业组织建设；社会普及教育；朝鲜族传统工艺濒危项目名录；抢救性保护措施；公众参与；传统工艺振兴名录条件；传统工艺名录评审；奖励措施；法律责任等内容。

结　　论

中国朝鲜族传统工艺作为本民族的文化精髓和文化基因，经过漫长的岁月侵袭，已经非常脆弱，正面临着衰减甚至是消亡的危险，这就需要我们精心呵护。从国家层面上来看，国家通过法律、法规、规章、规范性文件等加强了包括对传统工艺在内的非物质文化遗产的保护，制订了中国传统工艺振兴计划，促进传承与发展中国优秀传统文化，涵养文化生态，丰富文化资源，增强文化自信，更好地发挥手工劳动的创造力，培育和弘扬精益求精的工匠精神，促进就业，实现精准扶贫，巩固扶贫成果，提高城乡居民收入。从地方层面来看，延边朝鲜族自治州也制定了一些地方性法规来保护传统工艺。但是目前延边州还没有制定专门的传统工艺保护的地方性法规，对朝鲜族传统工艺的发掘、整理、分类、抢救、保护、传承、开发利用和管理等法治建设还存在很多不足，缺乏法治保护体系。因此，有必要在确定中国朝鲜族传统工艺法治保护原则的基础上，明晰中国朝鲜族传统工艺法治保护的主要任务。制定专门的《延边朝鲜族自治州朝鲜族传统工艺保护条例》，来确定保护对象、适用范围、保护原则、管理体制，建立朝鲜族传统工艺振兴目录、朝鲜族传统工艺保护专家制度，不断扩大非物质文化遗产传承人队伍，形成合理梯队，完善传承人职业教育和学历提升。对发展朝鲜族传统工艺的企业给予政策支持。加强对传统工艺产品的知识产权保护，鼓励传统工艺从业者在自己的作品或者产品上署名或使用手作标识，支持基于手工劳动、富有文化内涵的现代手工艺。鼓励传统工艺从业企业和从业者合理运用知识产权制度，注册产品商标，保护商业秘密和创新成果。支持注册地理标志证明商标或集体商标，培育有朝鲜族特色的传统工艺知名品牌。

我国民族地区法庭庭审中使用少数民族语言的现状与对策[*]

——以延边为例

吴东镐[**]

摘要：民族地方司法机关使用当地民族通用语言审理案件是我国宪法、民族区域自治法、三大诉讼法确立的一项重要制度。法院采用少数民族语言开庭审理是一个需要具备各种条件的复杂过程，受到各种因素的影响。比如法官是否懂该少数民族语言，法庭是否提供翻译，是否有完备的翻译程序，是否有合格资质的翻译人员，是否存在使用该少数民族语言的完善的法律术语等。从延边地区的民事法庭庭审中使用朝鲜语的情况来看，一方或双方当事人为朝鲜族的案件占据案件总数的很大比重，但在法庭庭审中很少使用朝鲜语。其原因包括缺乏胜任朝鲜语的法官；缺乏朝鲜语版本的法律及法律术语；法官缺乏朝鲜语法律语言能力；没有可操作的法庭翻译制度等。为改变目前的状况，我们应从政策层面上设计出激励双语法官的人事制度，确保一定数量的双语法官；在法学教育上，加大

---

[*] 本文发表于《中国政法大学学报》2020 年第 1 期，收入本刊时略有修改。本文系 2017 年度吉林省社会科学基金项目——"民族地区少数民族诉讼语言文字权利的法律实现"（项目编号：2017B90）。本项研究获得韩国学中央研究院的资助（项目编号：AKS - 2017 - R90）。

[**] 作者吴东镐（1971—　），男，吉林汪清人，延边大学法学院教授。研究方向为宪法学与行政法学、民族法学。

我国民族地区法庭庭审中使用少数民族语言的现状与对策

培养双语法学人才的力度,确保双语法官的后备力量;在国家立法部门新设少数民族语言翻译机构,保证每个法律都能够有相应的少数民族语言版本;定期举行双语法官技能培训,提高其双语法律语言能力;建立法庭翻译人员认证制度等。

关键词: 民族地区　法庭庭审　少数民族语言　对策

我国的《宪法》第一百三十九条规定:"各民族公民都有用本民族语言文字进行诉讼的权利。人民法院和人民检察院对不通晓当地通用的语言文字的诉讼参与人,应当为他们翻译。在少数民族聚居或多民族共同居住的地区,应当用当地通用的语言进行审理;起诉书、判决书、布告和其他文书应当根据实际需要使用当地通用的一种或者几种文字。"我国《民族区域自治法》第四十七条、《刑事诉讼法》第九条、《民事诉讼法》第十一条、《行政诉讼法》第九条都承袭宪法的精神和原则作出了内容基本相同的规定。这些规定不仅确立了我国公民的一项重要权利,即各民族公民使用本民族语言文字进行诉讼的权利,而且使民族地区法院在庭审中能够使用少数民族语言。问题在于这种语言权利并非是能够自我实现的、孤立的概念。它必然伴随着国家各种公共部门的责任和义务,意味着各个公共部门的各种促进语言的服务。比如,提供精通相应语言的人员、公共管理上设置语言服务、司法上的语言翻译服务等。换言之,这种法庭上的语言权利的实现,需要构建具体的、具有可操作性的一系列制度。同理,尽管"民族地区法庭审理中使用少数民族语言"已成为法律层面上所确立的一种重要选项,但它仍属于一种纲领性、指导性条款,它的实现,更需要具体问题的讨论和具体制度的构建。比如,相应少数民族法律术语的建构、确保胜任少数民族语言的司法职员、少数民族语言的现实运用功能的提升等。

本文将侧重讨论少数民族当事人在法庭上使用本民族语言权利的基础性理论问题,并在此基础上以延边地区为例分析影响法庭使用朝鲜语的各种因素。同时,通过调研所获取的司法实践中的事实和数据,描绘出现实中的真实状况,分析具体操作过程中遇到的问题，探索具体的解决方案。文章首先分析少数民族当事人在法庭上使用本民族语言的权利属性，我国确立此项立法政策的目的、实现条件、采取的措施等；其次，从实证的视角，考察延边地区的法庭庭审中使用朝鲜语的情况，分析其原因；最后，提出解决问题的对策。

一 少数民族当事人在法庭庭审中使用本民族语言的权利

我国是一个多民族国家，除了在人数上占绝大多数的汉族之外，还有人口占少数的 55 个少数民族。[①] 因此，我国宪法在确立"民族平等原则"[②] 的同时，明确规定"国家保障少数民族的权利和利益"[③] "包括少数民族在内的各民族拥有自己语言的权利"[④]。尤其是《宪法》第一百三十九条第一款规定"各民族公民都有用本民族语言文字进行诉讼的权利（可以概括为'各民族诉讼语言权利'）"因为这里的"各民族公民"当然包括少数民族公民在内，所以这一规定意味着我国的少数民族公民在诉讼活动中有权使用本民族语言（可以概括为"少数民族诉讼语言权利"）。我们可以进一步分析这一内容：首先，上述条款中的诉讼不仅应当包括刑事诉讼，还应当包括民事诉讼和行政诉讼；不仅应当包括法庭庭审程序，还应当包括侦查程序和起诉程序。其次，从一般推理而言，诉讼中的公民的角色可以是诉讼当事人或犯罪嫌疑人，也可以是其他诉讼参加人。可见，少数民族诉讼语言权利不仅涉及整个诉讼程序，而且包含各种诉讼角色的情形。但如果从司法活动现实情况来

---

① 中华人民共和国成立后，通过识别并经中央政府确认的民族共有 56 个。由于汉族以外的 55 个民族相对汉族人口较少，习惯上被称为"少数民族"。参见 http://www.gov.cn/test/2005-05/24/content_361.htm，最后访问时间：2019 年 8 月 23 日。
② 《宪法》第四条第一款。
③ 《宪法》第四条第一款。
④ 《宪法》第四条第四款。

我国民族地区法庭庭审中使用少数民族语言的现状与对策

看,诉讼活动一般集中在法庭庭审中,而且语言权利的行使主体主要是诉讼当事人。因此,本项少数民族诉讼语言权利的核心内容是"少数民族当事人在法庭庭审中使用本民族语言的权利"。为了更有效、集中地讨论问题,本文把议题限定于"少数民族当事人在法庭庭审中使用本民族语言的权利"。也就是说,本文专注于"法庭庭审环节中的少数民族的语言权利问题",而且把少数民族公民的诉讼角色限定于"当事人"。

(一) 国际社会对此项权利的认可和确认

一直以来,国际社会高度关注少数民族语言或地方语言在各种社会领域中的使用问题,相继在多个法律文件中确认了少数民族在社会公共领域中使用本民族语言的权利。比如,1992 年公布的《有关地方语言或少数民族语言的欧洲宪章》(European Charter for Regional or Minority Languages) 和 1966 年签署的联合国《公民权利与政治权利国际条约》(the United Nations International Covenant on Civil and Political Rights) 都确认:在私人生活和公共领域中使用地方语言或少数民族语言的权利是一个不可分割的、不可让与的权利。[①] 尽管这个规定中并没有明确表明"在法庭中使用少数民族语言",但规定中提到的"公共领域"足以涵盖这一情形。还比如,加拿大向来以多元文化著称,在该国,被告人有权获得主要是以他自己的语言进行的审判,"这些权利要求法庭考虑被告人使用自己语言的偏好,即使他能够流利地使用他种语言"[②]。我国香港特别行政区的《香港人权法案条例》第十一条也规定,任何人接受审讯时,有权以他本人"通晓之语言"聆听对他作出的指控,如果他本

[①] 原文是:the right to use a regional or minority language in private and public life is an inalienable right。参见《有关地方语言或少数民族语言的欧洲宪章》序言和联合国《公民权利与政治权利国际条约》第二十七条。

[②] Denise G. Réaume, "Official-Language Rights: Intrinsic Value and the Protection of Difference", in Will Kymlicka and Wayne Norman, eds., *Citizenship in Diverse Societies*, Oxford: Oxford University Press, 2000, pp. 245 – 272.

人不通晓或不能使用法庭语言，法院应免费提供翻译。① 可见，少数民族在法庭中使用本民族语言是一项国家社会所广泛认可的重要的语言权利。

（二）此项权利的性质

那么，我国和国际社会所确立的"赋予少数民族在法庭庭审中使用本民族语言的权利"究竟属于什么性质的权利？是不是一种"公民的基本权利"？

笔者认为，尽管这个权利由多个国际法和我国宪法所确立，但它同宪法中确立的基本人权是有区别的。一般而言，基本人权，比如人身自由权、言论自由权等，其性质是不依一个国家或社会的政策选择而发生变化的。这些人权体现的是人类固有的、恒久的价值。而且重要的是，这些权利本身不带有任何附加条件，它的本质不会受一个国家或一个社会的政策变化的影响。但法庭上使用少数民族语言的权利是一个严格受条件限制的权利。它的实现需要满足一些特殊条件，受到各种情境的影响，比如法官是否懂得该少数民族语言，法庭是否提供翻译，是否具有完备的翻译程序，是否有合格资质的翻译人员，是否存在使用该少数民族语言的完善的法律术语等。② 可见，这个权利的存在本身很大程度上取决于一个国家、社会的政策选择。如果一个国家、社会没有确立此项权利，或者，如果一个国家、社会并没有确立相应的保障措施，即使在其宪法上确认该项权利，也等于空头支票，无法得到实现。或者说，即便是采取了一些保障措施，如果该措施并没有得到有效实施，该项权利

---

① 《香港人权法案条例》第十一条规定："……（二）审判被控刑事罪时，被告一律有权平等享受下列最低限度之保障（甲）迅即以其通晓之语言，详细告知被控罪名及案由；……（己）如不通晓或不能使用法院所用之语言，应免费为备通译协助之；……"

② Valeria Cardi 指出，当一个国家通过法律授予该国公民语言权利时，意味着国家的各个政府部门就承担着各种促进语言服务的责任，比如，提供精通相应语言的人员、行政管理上设置语言服务、教育上的语言服务、司法上的语言服务等。Valeria Cardi, "Regional or Minority Language use before Judicial Authorities: Provisions and Facts", *Journal on Ethnopolitics and Minority Issues in Europe*, No. 6 (2007), p. 2.

也很难得到实际落实。也就是说，对于一个国家或社会而言，这个权利是具有选择性的。而且，其落实过程具有很大的裁量空间。一个国家是否赋予该国少数民族在法庭上使用本民族语言的权利，是属于那个国家的政策，是该国根据自己的各种情况，综合考量各种情形而采取的一种决策。一个国家有可能确立这种权利，也有可能基于自己国家的特殊情况不赋予该国少数民族这种权利。因此，少数民族在法庭上使用本民族语言的权利并非是一个人作为一个独立人格所固有的基本权利。

（三）我国法律中确立此项权利的目的、条件及采取的措施手段

1. 立法目的

我国为什么给少数民族赋予此项权利？我国通过确立这个权利背后所追求的目的是什么？

首先，应当指出的是，少数民族在法庭上使用本民族语言与司法公正之间并不具有内在必然的联系。少数民族当事人使用的民族语言与司法公正之间发生联系是在一些特殊情景当中，即该少数民族当事人不懂得法庭语言。因为法庭审理建立在各方诉讼参与人（包括法官、当事人、证人在内）的语言沟通，如果其中任何一方不懂法庭语言或对方的语言，很难确保法庭审理中的有效沟通。在这种情况下，如果不提供有效的翻译，就会违背程序公正原则[①]，导致不公正的审判结果。还比如，一个少数民族拥有双语能力，不仅精通本民族语言，而且熟练使用汉语。但平时用的更多的是本民族语言，一般情况下，他更愿意用本民族语言表达其意。在法庭上也更愿意使用本民族语言。因为使用本民族语言能够更容易、更准确地表达出其真实意思。如果此时法庭不允许该少数民族在庭审中使用本民族语言，他（她）很可能在法庭交流过程中无法充分表达

---

① 该当事人无法向法庭充分表达自己的意见、为自己辩护，这是违背"保障当事人充分参与庭审的原则"的。

出其意见，并不能充分为自己辩护。这种情况下，如果法庭强制他（她）在庭审中使用汉语，就会违背保障当事人充分参与庭审的原则。可见，在这些特殊情形下，少数民族在法庭上使用本民族语言与司法公正之间会产生直接联系。

但反过来，如果不是这种特殊情形，这两者之间不会发生必然联系。比如，在延边，朝鲜族公民一般都熟悉掌握双语，即不仅熟练掌握本民族语言——朝鲜语，同时也熟练使用汉语。对他（她）而言，在法庭上使用朝鲜语还是汉语都不会造成法庭上的语言交流困难的问题。也就是说，语言的选择不会影响审判结果。因此，如果一个国家确立了少数民族的此项权利，只能是在有限范围内体现确保司法公正这一目的性。而在大部分情况下，则体现另外一种目的——承认、保护和促进语言的多样性。如同欧洲语言宪章在其序言中确认"在私人生活和公共领域中使用地方语言或少数民族语言的权利是一个不可分割的、不可让与的权利"。并在其9条中要求采取11项具体措施①确保法庭程序中使用少数民族语言或地方语言旨在于少数民族语言和文化的保护。它体现的是语言上的或者是文化上的价值取向——保障语言多样性。②

2. 实现条件及措施

如上所述，我国宪法和其他基本法律确立了少数民族在诉讼中使用本民族语言的权利。那么，此项权利能够在现实中得以实现，需要什么样的条件？我国法律是否建立相关的配套性制度？

很显然，此项权利并不写进宪法或法律中就自动得到实现。众所周知，法庭庭审并非是完全按照少数民族当事人意愿运行的单向程序，而是涉及包括法官及多方当事人的复杂的操作过程。因此，当少数民族当事人在法庭中要求行使此项权利时，会出现各种各样

---

① 这些具体措施选项包括：按照当事人一方的要求，法院应以地区或少数民族语言进行诉讼；允许诉讼当事人使用他们的地方语言或少数民族语言；用地方语言或少数民族语言制作相关法律文书的权利等。

② Valeria Cardi, "Regional or Minority Language use before Judicial Authorities: Provisions and Facts", *Journal on Ethnopolitics and Minority Issues in Europe*, No. 6, (2007), p. 5.

我国民族地区法庭庭审中使用少数民族语言的现状与对策

的情形及问题。比如,在法庭庭审中,当一方当事人为少数民族时,他(她)选择在诉讼程序中使用本民族语言,而另一方当事人、法官、律师都不会该少数民族语言,此时法庭程序得以继续开展的重要条件之一是有翻译人员。问题在于,谁来聘请翻译人员?谁来承担翻译费?翻译人员是否需要相应资质?还比如,法律确立少数民族诉讼语言权利是否意味着少数民族当事人可以要求法庭使用该民族语言审理案件?如果这个要求得以成立,法官、律师就需具备该少数民族语言能力。问题在于,这种语言能力从何而来?国家是否负有培训法官、律师语言能力的义务?法院是否应当配备一定数量的具有少数民族语言能力的法官?等等。如果这些问题得不到解决,即便是法律赋予少数民族当事人在法庭庭审中使用自己的民族语言的权利,少数民族当事人也很难在实践中行使此项权利。可见,此项权利的实现需要很多配套制度的建构。

实际上,无论是宪法还是民族区域自治法、三大诉讼法都明确规定各民族公民的民族语言文字诉讼权利的同时还具体列举了司法机关应承担的相应义务。其内容包括:①司法机关为不通晓当地民族通用语言文字的诉讼参与人提供翻译;②少数民族聚居区(含各民族共同居住的地区)的司法机关使用当地民族通用的语言文字审理案件;③少数民族聚居区(含各民族共同居住的地区)的司法机关使用当地民族通用的语言文字制作和发布法律文书;①④民族自治地方的法院和检察院合理配备通晓当地通用的少数民族语言文字的人员。②笔者认为,这些义务规定就是为了实现民族语言诉讼权利而立法者所设计出的具体配套制度。问题在于这些配套制度都是一些原则性规定,在实际操作中会遇到很多疑问。比如,司法机关的"提供翻译"义务,有无具体操作规则?司法机关所承担的"使用当地民族通用语言审理案件"的义务到底意味着什么?是否意味着民族地区的司法机关在案件审理时必须使用少数民族语言?

---

① 以上义务可概括为三种语言义务:提供翻译、用当地民族通用语言审理、用当地民族通用语言制作发布法律文书。

② 《民族区域自治法》,第四十七条第一款。

法律是否做出这种限定？《民族区域自治法》第四十七条第一款的后半句"（民族自治地方的法院和检察院）合理配备通晓当地通用的少数民族语言文字的人员"又意味着什么？如何理解法条中的"合理配备"的含义？下文中将以延边地区的司法现状为例具体分析这些问题。

二　延边地区法院使用朝鲜语审理案件的现状

如上所述，我国宪法、民族区域自治法、三大诉讼法不仅规定民族语言诉讼权利，还规定"司法机关使用当地民族通用语言审理案件和制作法律文书"。当然这个规定有一个前置条件"在少数民族聚居区或各民族共同居住的地区"。那么，这个规定是否意味着少数民族地区的法院应当用少数民族语言审理案件和制作判决书？法律是否赋予少数民族地区的法院"在法庭审理中使用少数民族语言"的义务？少数民族地区的法院如果要使用少数民族语言审理案件和制作判决书需要具备什么条件？下面以延边地区的司法实践为例讨论这些问题。

（一）法律条款的分析

如果从字面上理解，我国的法律并没有赋予民族地区的法院"在法庭审理中使用少数民族语言"的义务。因为根据上述规定，民族地区的司法机关应当使用"当地通用语言"或"当地民族通用语言"审理案件、制作法律文书。而这里所指的"当地通用语言"或"当地民族通用语言"实际上均包括汉语。因为在我国，无论在什么地方，汉语必须是通用语言。[①] 也就是说，民族地区的司法机关使用汉语审理案件、制作法律文书并不违背上述规定。

当然，也并不排除民族地区法院在庭审中使用当地少数民族语

[①] 2000 年颁布的《国家通用语言文字法》明确规定国家通用语言文字为"普通话和规范汉字"。

我国民族地区法庭庭审中使用少数民族语言的现状与对策

言审理案件和制作法律文书。因为一般而言当地少数民族语言也是当地的通用语言。比如，根据《延边朝鲜族自治州自治条例》第十八条的规定，延边的"通用语言"为朝鲜语和汉语。① 因此，延边的各级法院既可以使用汉语审理案件、制作法律文书，也可以使用朝鲜语审理案件和制作法律文书。实际上该自治条例第二十七条明确规定了这一内容。② 这似乎赋予了民族地方的法院一种法庭庭审语言上的选择权，即法庭语言选择裁量权。而且法律对其裁量权限也没有做出任何限定。也就是说，法官可以在两种语言当中自由选择任何一种作为其庭审语言。

不过，笔者认为，从"赋予少数民族公民在诉讼中使用自己民族语言的权利"的宪法主旨来看，本条款的主要意义在于：规定了保障上述少数民族的宪法权利的具体措施。也就是说，在少数民族集中生活的地方，法院通过在庭审中采用少数民族语言审理案件并制作法律文书达到保障少数民族的民族语言诉讼权利。因为法院在庭审中如果选择少数民族语言，少数民族公民可以在法庭上直接同法官进行交流，能够清楚地表达自己的意见和诉求，而无须借助翻译人员的帮助，也不会出现翻译人员将当事人的意图错误传输到法庭中的情形。所以，这种方式是对少数民族的诉讼语言权利的最有效、最直接的保障。如果民族地方的法院在庭审中很少使用少数民

---

① 《延边朝鲜族自治州自治条例》第十八条规定："自治州自治机关在执行职务的时候，通用朝、汉两种语言文字，以朝鲜语言文字为主。自治州内国家机关、企事业单位召开会议和下发文件、布告，应当同时或者分别使用朝、汉两种语言文字。"同时，《延边朝鲜族自治州朝鲜语言文字工作条例》第二条规定："朝鲜语言文字是朝鲜族公民行使自治权利的主要语言文字工具。自治州自治机关在执行职务的时候，通用朝、汉两种语言文字，以朝鲜语言文字为主。"

② 《延边朝鲜族自治州自治条例》第二十七条规定："自治州中级人民法院和人民检察院应当用朝、汉两种语言文字审理和检察案件，保障各民族公民都有使用本民族语言文字进行诉讼的权利。对于不通晓朝、汉两种语言文字的诉讼参与人，应当为他们翻译。法律文书应当根据实际需要使用朝、汉两种文字或者其中一种。"同时，《延边朝鲜族自治州朝鲜语言文字工作条例》第十一条规定："自治州各级人民法院和人民检察院应当用朝、汉两种语言文字审理和检察案件，保障朝鲜族公民用本民族语言文字进行诉讼的权利。对于不通晓汉语言文字的诉讼参与人，应当为他们提供翻译。法律文书应当根据实际需要使用朝、汉两种文字或者其中一种。"

族语言或几乎不用少数民族语言,这个条款就会变成空中楼阁,将失去其存在意义,而这实际上违背本文的主旨。因此,笔者认为,尽管法律文本看似在法庭庭审语言选择方面赋予民族地区法院很大的裁量空间,但实际上这个裁量空间是受上述宪法主旨的限制的。换言之,只要一方或双方当事人为该民族地方的少数民族,法院就应当使用少数民族语言进行法庭审理。只有这样才符合宪法的主旨。

当然,法院采用少数民族语言开展庭审是一个需要具备各种条件的复杂过程,需要有具体措施的支撑,而法律并没有对此加以具体规定。可见,法律关于民族地区法院庭审语言选择的规定仍属于一种"原则性条款"。在司法实践中我们需要把它转化为具体规则性条款。法院在没有具体制度支撑的情况下,很难把少数民族语言选择为必然的法庭语言。下面我们通过实践的考察具体分析这一点。

(二)延边地区法庭庭审中使用朝鲜语情况的分析

为说明延边地区法庭庭审中使用朝鲜语的情况,笔者选取了延边州8个法院中的朝鲜族人口较为集中的三个市所在地的法院:延吉市法院、龙井市法院、和龙市法院。并对近三年的民事案件的审理情况进行调查,收集了朝鲜族当事人案件数量、朝鲜族法官审理的案件数量、用朝鲜语审理的案件数量等数据。具体调查情况如下:

以延吉市为例,该法院近三年分别审理8937、6985、8382件民事案件。其中一方或双方当事人为朝鲜族的民事案件数量分别为4200、1072、3574件,分别占该院当年审理的民事案件总数的47%、15%、43%。而其中的2074、754、2339件由胜任朝鲜语的法官担任主审法官,分别占朝鲜族为当事人的案件总数的49%、70%、65%。但庭审采用朝鲜语的案件仅为6、3、12件,分别占朝鲜族为当事人的案件总数的0.14%、0.28%、0.33%。(见表1)

表1 近三年延吉市法院审理涉及朝鲜族当事人民事案件情况

	2016年	2017年	2018年
案件总数	8937	6985	8382
涉及朝鲜族当事人案件数量	4200（47%）	1072（15%）	3574（43%）
朝鲜族法官担任上述案件的主审法官的数量及比例	2074（49%）	754（70%）	2339（65%）
用朝鲜语审理的案件数量	6（0.14%）	3（0.28%）	12（0.33%）
民事法庭法官总数	31	34	37
民事法庭朝鲜族法官人数及比重	19（61%）	21（62%）	23（62%）

注：涉及朝鲜族当事人案件：当事人一方或双方为朝鲜族的案件。数据由延吉市法院提供。

以龙井市法院为例，该法院近三年分别审理1027、1281、1282件民事案件。其中一方或双方当事人为朝鲜族的民事案件数量分别为460、511、574件，分别占该院当年审理的民事案件总数的45%、40%、45%。而其中的312、310、352件由胜任朝鲜语的法官担任主审法官，占朝鲜族为当事人的案件总数的68%、61%、61%。但庭审采用朝鲜语的案件分别仅为10、40、20件，占朝鲜族为当事人的案件总数的2.2%、7.8%、3.5%。（见表2）

以和龙市为例，该法院近三年分别审理1314、1523、1384件民事案件。其中一方或双方当事人为朝鲜族的民事案件数量分别为696、554、415件，分别占该院当年审理的民事案件总数的53%、36%、30%。而其中的660、545、410件由胜任朝鲜语的法官担任主审法官，分别占朝鲜族为当事人的案件总数的95%、98%、99%。但庭审采用朝鲜语的案件分别仅为29、21、24件，占朝鲜族为当事人的案件总数的4.1%、3.7%、5.7%。（见表3）

表2 近三年龙井市法院审理涉及朝鲜族当事人民事案件情况

	2016 年	2017 年	2018 年
案件总数	1027	1281	1282
涉及朝鲜族当事人案件数量	460（45%）	511（40%）	574（45%）
朝鲜族法官担任上述案件的主审法官的数量及比例	312（68%）	310（61%）	352（61%）
用朝鲜语审理的案件数量	10（2.2%）	40（7.8%）	20（3.5%）
民事法庭法官总数	13	13	14
民事法庭朝鲜族法官人数及比重	7（54%）	6（46%）	5（36%）

注：涉及朝鲜族当事人案件：当事人一方或双方为朝鲜族的案件。数据由龙井市法院提供。

表3 近三年和龙市法院审理涉及朝鲜族当事人民事案件情况

	2016 年	2017 年	2018 年
案件总数	1314	1523	1384
涉及朝鲜族当事人案件数量	696（53%）	554（36%）	415（30%）
朝鲜族法官担任上述案件的主审法官的数量及比例	660（95%）	545（98%）	410（99%）
用朝鲜语审理的案件数量	29（4.1%）	21（3.7%）	24（5.7%）
民事法庭法官总数	11	10	10
民事法庭朝鲜族法官人数及比重	9（82%）	7（70%）	7（70%）

注：涉及朝鲜族当事人案件：当事人一方或双方为朝鲜族的案件。数据由和龙市法院提供。

这些数据至少说明了如下的情况：第一，从案件当事人的情况来看，法院审理的案件中三分之一以上的案件是涉及朝鲜族当事人的案件，即当事人一方或双方为朝鲜族的案件。甚至有时候这个比重达到53%。法院在审理这些案件时都有可能使用朝鲜语。这就意味着延边地区法院使用朝鲜语审理案件的需求量是很大的。第二，从案件主审法官的情况来看，60%以上的涉及朝鲜族当事人案件是由胜任朝鲜语的法官担任了主审法官，甚至有时其比重达到99%。这就为法院审理中使用朝鲜语创造了条件，即这些案件已具备了使用朝鲜语审理的重要条件。当然，从延吉市和龙井市法院的案件审理情况来看，仍有近40%的涉及朝鲜族当事人案件是由不具有朝鲜语能力的法官担任主审法官。这意味着不少涉及朝鲜族当事人案件是不具备使用朝鲜语审理的条件的。第三，从案件审理结果来看，尽管延边地区的法院具备了使用朝鲜语开庭审理的条件，即对60%以上的涉及朝鲜族当事人案件可安排胜任朝鲜语的法官担任主审法官，但实际上使用朝鲜语开庭审理的案件仅仅占少数，其比重最高也不过7.8%，甚至还不到1%。这意味着延边地区法院在庭审中并不积极采用朝鲜语，整体上在庭审中使用朝鲜语的情况非常糟糕。这不仅降低了司法领域中的朝鲜语的使用度，而且对于保障朝鲜族当事人的朝鲜语诉讼权利也产生了不利的影响。

为什么使用朝鲜语开庭审理的案件那么少？

笔者认为，第一个原因在于缺乏胜任朝鲜语的法官。法院在庭审中使用朝鲜语第一个重要的前提条件是法官必须具备朝鲜语能力，尤其是主审法官必须精通朝鲜语。否则法庭审理中很难使用朝鲜语。从上述数据中可以看出，在延边地区法庭审理中使用朝鲜语的需求量还是较大的。问题在于，在延边地区有多少法官具备朝鲜语语言能力？这些数量能否满足使用朝鲜语开庭审理的需求？

从表四的统计数据来看，延边地区各法院的法官中胜任朝鲜语的法官分布极为不均衡。有些法院胜任朝鲜语的法官数量甚至达到总法官数的85%以上（和龙法院），但有些法院相应法官数量甚至达不到法官总数的十分之一（敦化法院）。这种分布的不均衡一定程度上反映了不同地区朝鲜族人口数量和受理的案件中涉及朝鲜族当事人案件所占的比例。但从总体数据来看，胜任朝鲜语的法官

（基本上等同于朝鲜族法官）只占法官总数的约47%，而且从近三年的数据对比来看，除了州法院、延吉市法院、安图县法院、敦化市法院的朝鲜族法官数量保持增加或不变之外，其他法院的朝鲜族法官数量均出现了减少。但据2017年的统计数据来看，全州法院受理各类案件33045件，其中涉及朝鲜族当事人案件数为21370件，占审理案件总数的64.6%。①这就意味着这些涉及朝鲜族当事人案件不可能全部由胜任朝鲜语的法官审理，其中的一些案件只能由不具有朝鲜语能力的法官审理。也就是说，这些案件的庭审语言很难选择朝鲜语。从龙井市法院的民事案件审理情况来看，每年审理的民事案件中约4成是涉及朝鲜族当事人的案件，但该法院民事法庭法官中的朝鲜族法官只占一半，而且呈下降趋势，到2018年其比例只有36%。这就意味着很难由朝鲜族法官审理所有的涉及朝鲜族当事人案件。总之，在法庭审理中使用朝鲜语的一个重要的保障要素是必须有足够数量的胜任朝鲜语的法官队伍的存在，但目前延边地区法院并没有确保充足的朝鲜族法官数量。

　　但实际原因并非那么简单。因为现实当中很多情况恰恰是：即使主审法官胜任朝鲜语，在其庭审中也不使用朝鲜语。这是为什么？

　　如上所述，有能够胜任朝鲜语的法官是庭审中使用朝鲜语的一个重要条件，但这个条件只是必要条件而不是充分条件，它并不能保证法庭庭审中使用朝鲜语。延边的司法实践情况恰恰证明了这一点。从表3反映的和龙市法院审理涉及朝鲜族当事人案件情况来看，95%以上的涉及朝鲜族当事人案件是由朝鲜族法官担任主审法官，这就意味着这些案件已具备了在庭审中使用朝鲜语的条件。但

---

① 延边州人民法院2017年度工作报告。全国人大原代表、吉林省延边朝鲜族自治州人大常委会主任金硕仁曾指出：2010年延边州两级法院受理案件31691件，使用朝鲜语诉讼的案件21370件，占案件总数的67%。但是全州朝鲜族法官严重不足，2008年以来全州两级法院计划招录朝鲜族法官80名，仅录到29人，占计划招录人数的36%。焦红艳：《少数民族地区法官检察官后继无人》，2011年3月23日，http://news.163.com/11/0323/00/6VPQ3EHR00014AED.html，最后访问时间：2019年8月23日。

表4　　　　　　延边朝鲜族自治州两级法院法官情况

法院	法官总数 2016年	法官总数 2017年	法官总数 2018年	朝鲜族法官数量（比重%）2016年	朝鲜族法官数量（比重%）2017年	朝鲜族法官数量（比重%）2018年	其他民族法官数量 2016年	其他民族法官数量 2017年	其他民族法官数量 2018年
延边州中级法院	55	58	60	32（58）	34（59）	35（58）	23	24	25
延吉市法院	51	57	53	32（63）	35（61）	34（64）	19	22	19
龙井市法院	25	24	23	16（64）	13（54）	12（52）	9	11	11
和龙市法院	27	25	23	23（85）	22（88）	20（87）	4	3	3
图们市法院	21	21	22	9（43）	9（43）	8（36）	12	12	14
珲春市法院	28	29	24	12（43）	13（45）	11（46）	16	16	13
安图县法院	24	25	24	6（25）	7（28）	7（29）	18	18	17
汪清县法院	22	24	26	7（32）	8（33）	7（27）	15	16	19
敦化市法院	41	43	40	4（10）	4（9）	4（10）	37	39	36
总数	294	306	295	141（48）	145（47）	138（47）	153	161	157

数据来源：延边州中级法院。

在庭审中使用朝鲜语的案件数量只占整个涉及朝鲜族当事人案件数量的4%左右。类似的结果也体现在表一和表二中。之所以出现这种结果，是因为庭审中使用朝鲜语不仅需要满足法官必须胜任朝鲜语这一条件，而且还需要满足其他条件。笔者认为，这些条件至少包括如下三个：

第一，所有法律应当有相应的朝鲜语版本。这是保障庭审中使用朝鲜语的又一个重要的关键条件。如果没有朝鲜语版本的法律，即使法庭语言采用的是朝鲜语，也将沦为一种表演或象征意义。因为在这种情形下法庭在运用法律时只能使用汉语版本，而法律的运用是法庭庭审中的核心内容，这就使法庭语言选择朝鲜语的意义被大打折扣。试想一下，如果没有发达而准确的朝鲜语法律术语，没有准确的朝鲜语版本的法律，朝鲜族当事人将如何在法庭中使用朝鲜语完整地表达自己的诉求？如何运用法律论证自己的观点？可见，现实中是否存在朝鲜语版本的法律是法庭庭审中使用朝鲜语的非常重要的基础保障。它不仅有助于朝鲜族当事人实现其在法庭中使用朝鲜语的权利。而且有助于创新和发展朝鲜语法律术语。

　　从目前的法律朝鲜语版本化地情况来看，远远不能满足现实的需求。尽管已经有不少法律被译成朝鲜语并得到出版，但其数量仍没法与现存法律的数量相比较，而且这些翻译往往被定格为一种"学术成果"。更为重要的是，其翻译至今并不受法律的规制，不受制度的保障；其翻译并不具有即时性、强制性、严密性，也并不具有与汉语版法律同等法律效力。从实践情况来看，没有相应的朝鲜语版本的法律是很多朝鲜族法官不愿意使用朝鲜语开展庭审的一个重要原因。在朝鲜语法律术语不发达的情形下法官使用朝鲜语将非常困难，不仅在用朝鲜语制作法律文书方面面临很多困难，而且与当事人的沟通也面临各种挑战。因此，很多法官认为，如果庭审中没法使用朝鲜语版本的法律，庭审中使用朝鲜语的意义不大，反而造成很多不必要的麻烦。

　　第二，法官缺乏朝鲜语法律语言能力。延边地区法院的胜任朝鲜语的法官大部分是从小在延边地区生活的朝鲜族。对他（她）们而言使用朝鲜语的口语表达和书面写作都不成问题。因为延边地区的大部分朝鲜族从小学到高中一般都会接受朝鲜语教育，已具备朝鲜语口语表达能力和朝鲜语写作能力。但到大学后他（她）们所接受的法学教育中所使用的语言是汉语，接受的是使用汉语的法律语言培训，着重培养的是使用汉语的法律语言表达能力。因此，尽管他（她）们精通于朝鲜语生活用语、文学用语，但就法律语言而言，他（她）们所习惯的是汉语环境。对于他（她）们而言使用朝鲜语的法律表达是一种较为陌生的方式。因为他（她）们从来没有接受过这方面的教育和训练。他（她）们在法庭上使用朝鲜语做出法律表达是一种既困难又麻烦的事情。这也是延边地区的朝鲜族法官不愿意使用朝鲜语开展庭审的另外一个重要原因。

第三，没有可操作的法律翻译制度。除了上述两个重要原因外，阻碍法院在庭审中使用朝鲜语的还有一个因素是无法为不懂朝鲜语的当事人提供有效的法律翻译。当一方当事人为朝鲜族而另一方当事人为不懂朝鲜语的其他民族时，如果法庭语言选择的是朝鲜语，那么，应当向不懂朝鲜语的当事人提供翻译。但从目前的情况来看，提供法律翻译方面没有可操作的制度。实际上，当法庭拟向一方当事人提供法律翻译时，会遇到各种各样的具体问题。比如，如何确定翻译人员，对翻译人员是否提出资质要求，如何保证翻译人员的翻译水平，如何界定翻译人员的权利和义务，如何对翻译过程进行有效监督，如何计算翻译费用，如何惩戒违规的翻译人员等。当这些具体操作问题得不到国家层面上的回应时，对于忠实于制度的法官而言，他（她）的第一个选择会是尽可能回避这个"棘手的问题"。他（她）宁愿选择汉语来审理案件，也不愿意选择朝鲜语。

以上分析尽管限定在延边地区的法院，依据于延边地区司法实践的数据，但笔者认为，如果考虑到我国民族地区法院所处的相同的大环境和社会背景，在一定程度上折射出我国民族地区法院庭审中面临的普遍问题，对整个民族地区的司法实践具有参考价值。基于这种考量，下面把视野拓展至我国民族地区，提出解决问题的对策方案。

三 确保民族地区法庭庭审中使用少数民族语言的对策方案

（一）配备足够数量的胜任少数民族语言[①]的法官

如上所述，这是法庭选择少数民族语言为庭审语言的一个重要的前提条件。因为法官是主导法庭审理的主角，如果法官不胜任少

---

① 笔者认为，此类法官首先应当具备作为一般法官的素质和技能；其次应熟练掌握汉语和少数民族语言，能够用双语交流和写作；最后应熟练运用双语法律术语，使用少数民族语言和汉语组织和运作法庭。

数民族语言，在案件审理中很难使用少数民族语言。

我国的宪法、民族区域自治法、诉讼法在规定少数民族当事人的本民族语言诉讼权利的同时，也明确规定"民族地方的司法机关要合理配备通晓当地通用的少数民族语言的人员"。这足以印证我们的立法者们在立法初期就已充分认识到：实现民族语言诉讼权利与司法机关中配备胜任少数民族语言的工作人员的逻辑关系。问题在于，如何配备胜任少数民族语言的人员？其人数应该占到多少比例？关于这一点，本规定使用的是"合理配备"这一模糊概念。因为"合理"这一概念本身含有较大的主观性色彩，其判断标准模糊不清，在实践中很难予以把握。这就意味着法律只是指明了方向和政策性导向，至于实践中如何安排，应当由具体司法机关根据自身的具体情况作出具体判断。① 而延边地区之所以无法配备足够数量的胜任朝鲜语的法官，恰恰是因为没有设计出一个能够确保胜任朝鲜语法官数量的人事激励政策。② 另外，在法律教育阶段缺乏双语法律人才的培养制度和措施也是一个重要原因。

为此，笔者认为，首先应当从政策层面上设计一个激励双语法官的人事政策机制，从而确保一定数量的双语法官。以延边地区为例，延边中级人民法院根据延边地区各县市的朝鲜族人口比例和平

---

① 按照 Dworkin 的观点，此类规定就属于原则而非是规则。Dworkin 指出，一个规则等同于一个权利，只要现实情况符合规则规定的各种参数，而且不属于该规则中规定的例外情形，那么，就可以认定一种权利。一个规则里面往往包含具体的措施和手段，而且这些措施是具有强制性的。而与此相反，原则是一个政策、一个标注，设定某种要实现的目标的标准。通常它表现为一种改善，在社会的某些领域（经济、政治、社会）方面的一种进步。参见 Ronald Dworkin, *Taking Rights Seriously*, Boston：Harvard University Press, 1978, p. 23.

② 全国人大原代表、吉林省延边朝鲜族自治州人大常委会主任金硕仁曾指出：之所以朝鲜语言法官数量招录不够的原因就在于，从小就读于朝鲜族学校的学生，虽精通朝鲜语但汉语较差，在笔试过程中往往通不过及格线，或者面试时无法与毕业于汉族学校的朝鲜族考生竞争，致使朝鲜族法官、检察官招录不到位或者所招录补充的朝鲜族考生不懂朝鲜族语言文字，无法从事既定岗位和满足民族诉讼的要求。另外，由于高门槛和低待遇之间形成了较大的反差，导致现有人才留不住，优秀人才难引进。少数民族地区检察官、法官相继调离或者辞职的情况时有发生。焦红艳：《少数民族地区法官检察官后继无人》，2011 年 3 月 23 日，http://news.163.com/11/0323/00/6VPQ3EHR00014AED.html，最后访问时间：2019 年 8 月 23 日。

均每年受理的涉及朝鲜族当事人案件的数量就各级法院的双语法官的比例提出方案,并由州人大常委会审议后最终确定。在招录双语法官时,参照《公务员法》第三十一条"录用特殊职位的公务员,经省级以上公务员主管部门批准,可以简化程序或者采用其他测评办法"的规定,在不违背公平原则的前提下,灵活设计录取方案。比如,对于具备一定双语能力并且法学专业毕业的大学生,放宽年龄和资格要求,在考试时实施加分政策,在同等条件下优先录用等。对于特别优秀的双语法律人才,让其直接进入面试程序。对于有意向成为双语法官的具有双语能力或法律专业毕业的大学生,在招录时降低门槛和要求,在签订协议时只是要求2—3年内考取司法考试C证或通过双语考试。① 在晋升考核时,优先照顾双语法官。比如,改变现有行政级别套用法官级别的做法,直接采取双语法官任期制来评定级别,同时缩短晋升年限;将审理双语案件的业绩纳入奖励机制中,对双语案件结案率高的双语法官给予经济奖励和优先晋升的政策。②

其次,在法学教育上加大培养双语法学人才的力度,从而确保双语法官的后备力量。延边地区可以借鉴国内多个高校开展民汉双语法学教育的成功经验,③ 在延边大学法学院开设朝汉双语法学本科班,招收具备双语能力的本科生,培养能够用朝汉两种语言从事法律职业的法治人才,为延边地区法院输送合格的双语法官后备人才。依托法学院现有的法学一级学科硕士学位授权点和法律专业硕士学位授权点,充分发挥现有的朝鲜法、韩国法、民族法研究上的

---

① 参见才让旺秀《影响我国双语司法人员结构因素的实证调查与改进建议》,《双语法治人才培养与民族地区依法治理研讨会论文集》,2019年5月,第12页。
② 参见才让旺秀《影响我国双语司法人员结构因素的实证调查与改进建议》,《双语法治人才培养与民族地区依法治理研讨会论文集》,2019年5月,第13页。
③ 据了解,目前在国内开展民汉双语法学教育的高校有:中央民族大学法学院、西南民族大学法学院、内蒙古大学法学院、西北民族大学、青海民族大学、青海师范大学、四川民族学院、甘肃政法学院、甘肃民族师范学院等。

学科特色和大部分教师精通朝汉双语的师资优势,① 建立科学优化、满足边疆民族地区法治需求的双语法治人才培养模式,培养出熟练掌握双语法律术语、能够使用双语进行法律表达、撰写法律文书的朝汉双语法治人才。具体而言,在师资队伍建设上,在已有师资的基础上,经过培训和深造,同时采用聘任司法实务部门中具有丰富双语司法经验的法官、律师的方式,逐步形成年龄结构合理、学历职称层次合理的朝汉双语法学教学团队。在课程设置上,注重语言能力与法律操作能力的整合,开设基础朝鲜语、朝鲜族移民史、汉朝法律翻译理论与实践、朝鲜语法律文书写作、韩国法概论、朝鲜法概论等特色课程;用朝鲜语讲授民法案例讨论、刑法案例讨论、行政法案例讨论等法学选修课程。同时,开设朝鲜语模拟法庭、双语法律诊所、双语司法实习等民族语言法律实践课程,培养学生使用朝鲜语的法律实践能力。在教材建设上,除了借鉴韩国的各种法学教材,并结合培养朝汉双语法律人才的实际需要,组织朝汉双语法律专家编写各种朝鲜语法律教材,包括《汉朝法律翻译理论与实践》《朝鲜语法律文书写作》《韩国法概论》《朝鲜发概论》《民法案例讨论》《刑法案例讨论》《行政法案例讨论》等教材。另外,法学院还可以同朝文学院联合创办汉朝法律翻译专业硕士班,整合两个学院的法学优势和语言优势,招收一定数量的具有朝汉双语能力的研究生,通过2—3年的专门教育,使学生具备双语法律素养,为社会输送双语法治人才。

(二)确保所有法律有相应的少数民族语言版本,且保证其具有同等效力

如上所述,国内所有法律有相应的少数民族语言版本是法庭选择少数民族语言为庭审语言的另一个重要的前提条件。如果没有少数民族语言版本的法律,即便是法庭使用少数民族语言审理案件,

---

① 延边大学法学院现有35名专任教师,其中27名精通朝汉双语,从海外获得博士学位的教师达26人。

也更多具有表演性质，其意义大大缩水。因此，为了真正实现少数民族当事人在法庭中使用少数民族语言的权利，也为了不断创新和发展朝鲜语法律术语。应当建构具有即时性、强制性的"国内法译成少数民族语言"的机制。

从国外的经验来看，不少欧盟国家为了推动少数族裔的语言在司法程序中的使用，法律中明确规定所有法律在立法阶段就必须翻译成少数族裔的语言。比如，按照芬兰法律的规定，在芬兰，芬兰语和瑞典语均具有官方语言的地位。所有立法必须用两种语言提供。在法律的起草过程中，芬兰语和瑞典语版本的法律草案提交给司法部的立法审查组，该审查组检查提案中的语言的准确性、可理解性、严谨性和一致性。[①] 这就为瑞典语在芬兰法庭庭审中的使用奠定了坚实的基础。

笔者认为，我们可以在立法法中增加一个内容：所有立法在发布时必须提供少数民族版本。该少数民族版本的法律具有同等法律效力。为此，国家各级立法部门应组建少数民族语言翻译机构，让一些具备双语能力和法律素养的法律语言专家承担此项任务，让他们专门从事所有国内法的少数民族语言翻译工作。从而保证每个法律的同步翻译的同时，保证其准确性和权威性。

（三）确保胜任少数民族语言的法官具备使用少数民族语言的法律语言能力

如上所述，法庭使用少数民族语言审理案件，不仅要求法官胜任少数民族语言，而且要求法官具备使用少数民族语言的法律表达和书写能力。只有法官具备这种能力，主观上才会形成庭审语言选择少数民族语言的积极意愿，庭审也会变得顺畅。这种使用少数民族语言的法律语言能力应当包括思考能力（使用少数民族语言进行法律思维、推理的能力）；表达能力（使用少数民族语言清晰表达

---

① Gearóidín McEvoy, "The right of minority languages in domestic court- realizable right or illusory concept?" *Cork online Law Review*, Edition XV, 2016.

法律观念的能力）；书写能力（使用少数民族语言书写各种法律文书的能力）。

　　为此，笔者认为，应当定期举行双语法官技能培训班，从而确保他（她）们的双语法律语言能力。以延边为例，应充分利用现有的法官学院培训机制，并依托延边大学法学院的师资，定期举行双语法官技能培训。培训应立足于双语法官的朝鲜语审判实务技能的提升，注重提高双语法官的朝鲜语裁判文书制作和朝鲜语法律术语的使用能力。培训内容中可以设置理论性课程与实践性课程。理论性课程的重点放在朝鲜语法律术语规范、朝鲜语法律文书制作、朝鲜族文化习俗、朝鲜族历史传统等内容的讲授。关于实践性课程可以设计多种授课方式，比如双语模拟审判、朝鲜语法律专题辩论、朝鲜语模拟调解、集体讨论、以案说法等。① 经过这种在职培训，提升双语法官使用朝鲜语进行案件审理、制作法律文书的技能。

（四）建立少数民族语言法庭翻译员认证制度

　　保证法庭使用朝鲜语审理案件，除了要具备上述3个必要条件之外，还需要具备一个补充性条件——法庭翻译制度。如果没有此项制度，即使法庭具备了前三个条件，也有可能面临无法选择少数民族语言为法庭语言的情形。法庭翻译制度应当具体包括：翻译人员的资质要求、选聘翻译人员的程序、法庭翻译人员的权利和义务、对法庭翻译过程的监督及事后监督、翻译费用的支付等内容。在这些法庭翻译制度中最为核心的是如何确定法庭翻译人员的问题。也就是说，如何选聘法庭翻译人员，对于此类人员是否提出特殊要求，如何保证翻译人员的翻译水平等。这就是法庭翻译人员的认证问题。这个问题对于实现法庭翻译制度至关重要。因为如果这个问题得不到解决，在实际诉讼过程中，法院在提供翻译问题上要么主观任意，缺乏严密性和严肃性，要么有意无意地会规避这个棘

---

① 参见草珇《我国藏汉双语法官在职培养现状、困境与对策》，《双语法治人才培养与民族地区依法治理研讨会论文集》，2019年5月，第22—23页。

手问题，使诉讼参与人应有的权利得不到保障。

1. 我国司法实践中选择少数民族语言法庭翻译人员的具体做法

据有学者分析称，司法机关的一种带有普遍性的做法是：当司法机关需要聘请少数民族语言翻译人员时，往往临时"从高校找一个能和被告沟通的少数民族学生或少数民族教师，而不论其是否具备必要的法律语言知识"。[①] 从延边的情况来看，需要提供翻译的情况一般出现在一方当事人为朝鲜族，另一方为汉族，而法庭审理采用的是朝鲜语的情形。此时，法庭需要向汉族当事人提供翻译。此类情形下，法院采取的普遍做法是：由胜任双语的法官或书记员充当翻译人员。无论是前一种做法，还是后一种做法，其弊端是明显的。就前一种做法而言，翻译人员的选聘过程显然带有强烈的随意性。选聘过程中既没有任何标准，也没有任何审核。由于没有法庭翻译人员的资质要求、审查，对其翻译过程也无监督，事后也无任何追究责任制度，无法保证其翻译质量。就后一种做法而言，其缺陷更加明显。它违反了司法中立原则、司法公正原则。在法庭中法官和书记员作为法庭重要组成人员，在法庭中他们都有着自己固有的角色和职责。法官居间于当事人之间，确认事实，基于法律依据，对于当事人之间的争议做出评判。书记员承担的是如实记录法庭全过程的职责。这些职责和角色是固定的。他们必须全力关注于自己的职责和角色，而不能分心于其他事情。而法庭翻译是与这些职责不能混杂在一起的另外一种职责与角色。他是专门为法庭审理、当事人提供法律翻译的职责和角色。如果法官或书记员充当一方当事人的法庭翻译，不仅会降低他们的地位、弱化法庭的权威性和严肃性，而且很容易引起对方当事人的误解，致使法庭失去中立性质和国家裁判机关的权威。因此，为了改变现在的这种随意、有违法律精神的做法，也为了保障法庭翻译的有效性、专业性、科学性、规范性。我们必须建立相应的科学的法庭翻译人员认证制度。

---

① 阿尼沙：《程序公正与庭审中民族语言的平等实现》，《中国政法大学学报》2009年第3期。

问题在于，我们应当建立什么样的制度？我们可以从国外的成熟经验中找到一些线索。

2. 国外法律翻译人员认证制度查考

（1）欧盟的经验

欧盟的一项重要政策是多语言主义。这一点体现在各个方面。比如，欧盟不仅确立了 24 种官方语言①，而且要求欧盟机构用每一种官方语言制作欧盟的所有规则和立法文件。同时，每个欧盟公民都有这样一种权利：在欧盟主要机构的交涉中有权使用任何官方语言，并有权用他最初使用的语言接受答复。② 欧盟委员会反复强调对欧盟公民实施外语教育的重要性③，并希望每个欧盟公民都能够讲出除了其母语之外的两种语言。④ 欧盟基本权利宪章第 22 条规定，尊重文化、宗教和语言的多样性。该宪章把"语言"并列于"宗教""文化"等基本概念并非偶然。它根基于多语言主义在欧盟扮演的重要角色。⑤ 欧盟的多语言主义政策的实施需要大量的翻译工作。因为欧盟需要用所有 24 种官方语言制作大量的官方文件。为此，欧盟的主要机构都设有自己的翻译部门，各种欧盟机构共享位于卢森堡的翻译中心。多语言主义政策的实施要求大量的人力资源。比如，2002 年当时欧盟拥有 11 个官方语言，大约 8 个官员中有 1 人是为欧盟工作的翻译人员。而到 2004 年欧盟的官方语言多达 20 个，当时 3 个欧盟官员中有 1 人是翻译人员或口译人员。⑥

由于欧盟的这些翻译人员主要从事的工作是法律文件的翻译。

---

① 参见 https://europa.eu/european-union/topics/multilingualism，最后访问时间：2019 年 8 月 23 日。

② the Treaty on the Functioning of the European Union (consolidated version2016) article 24.

③ council resolution of 31 March 1995 on improving and diversifying language learning and teaching within the education systems of the European Union.

④ 参见 https://europa.eu/european-union/topics/multilingualism，最后访问时间：2019 年 8 月 23 日。

⑤ David T. Griffin, "Lingua Fracas: Legal Translation in the United States and the European Union", *Boston University International Law Journal*, Vol. 34, 2016, p. 371.

⑥ David T. Griffin, "Lingua Fracas: Legal Translation in the United States and the European Union", *Boston University International Law Journal*, Vol. 34, 2016, p. 372.

我国民族地区法庭庭审中使用少数民族语言的现状与对策

这种工作性质的特殊性最终催生了一个特殊的职位——法律语言专家（lawyer-linguists）。最初，欧盟分别处理法律起草问题与翻译问题，但很快就发现政策制定家们与翻译人员之间常常存在重大脱节，并引起了对译文的质量的担忧。为了解决这个问题，欧盟开始招聘掌握多种语言的律师，让他（她）们校对官方翻译的文件。这些专家后来被称之为法律语言专家。因为如同其称呼他们不仅接受法律培训，同时还接受语言方面的培训。[①]

那么，这些法律语言专家需要具备什么样的技能呢？欧盟对这些法律语言专家提出了具体基本素养上的要求。比如，卢森堡欧盟法院的英语法律语言专家招聘指南中列举了如下的该类法律语言专家应当具备的资质条件：熟练掌握英语；全面的法语语言能力；全面掌握欧盟的第三种官方语言；顺利完成适当的法学课程（比如，在英国或爱尔兰获得法学学位或同等学力，或者在英国或爱尔兰获得出庭律师（barrister）、辩护人（advocator）、法务官（solicitor）资格）；充分掌握欧盟法律知识；翻译复杂的法律文本的能力等。尽管对法律语言专家职位的具体要求取决于招聘法律语言专家的欧盟组织或机构，但基本要求是掌握3种欧盟官方语言，并获得法学学位。[②]

笔者认为，欧盟设计出的法律语言专家职位，对于我们将来设计少数民族语言法庭翻译人员制度具有重要的参考价值。尽管欧盟当初设计这个职位是为了解决立法阶段中的法律案的翻译问题，但从广义上而言，无论是立法案的翻译，还是法庭中的翻译都属于法律翻译，具有共同特性。对于翻译人员的要求也具有共同点。欧盟对法律翻译人员提出的资格要求是：不仅要有法学学位，而且要有多语言技能。欧盟的经验告诉我们：当翻译人员接受法律和翻译两个方面的培训时其工作效果最佳。这就告诉我们在设计少数民族语言法庭翻译人员认

---

① David T. Griffin, "Lingua Fracas: Legal Translation in the United States and the European Union", *Boston University International Law Journal*, Vol. 34, 2016, p. 373.

② David T. Griffin, "Lingua Fracas: Legal Translation in the United States and the European Union", *Boston University International Law Journal*, Vol. 34, 2016, pp. 373–374.

证制度时,其资格条件方面不仅要考虑少数民族语言方面的技能,还要考虑其法律知识方面的背景。这两个方面的条件缺一不可。

(2)美国的经验

尽管美国并没有在国家层面上建立有关翻译的管控机制,但早在1978年就已制定《法庭口译员法》,并在联邦法院层面上确立了一整套法庭口译员认证制度。该法赋予美国法院行政办公室主任一项义务:促进在美国的司法程序中使用取得资格或认证的口译员。① 该行政办公室把口译员分类为如下三个级别:②

第一,获得认证的口译员(Certified Interpreters)。此类口译员需通过美国法院行政办公室实施的严格的认证考试。此类认证涉及多种语言,包括西班牙语、Navajo(美国最大的印第安部落使用的语言)、Haitian Creole语等。但目前只有西班牙语的认证项目仍在运行。此类口译员属于最高级别的口译员。美国设计此类口译员是为了应对大量的西班牙语的法庭翻译需求。因为在美国,西班牙语是继英语之后第二大广泛使用的语言。西班牙语使用者的人数比汉语、法语、意大利语、夏威夷语以及美洲原住民语言的使用人数的总和还要多。③ 对于此类口译人员,因其涉及的影响面比较大,涉及的人员较多,对其资格要求比较高,其资质审查采取了严格的考试认证方式——需要通过美国联邦法院行政办公室组织实施的严格的认证考试。

第二,具有专业资格的口译员(Professionally Qualified Interpreters)。当不存在任何认证口译员时,法庭可以采用具有专业资格的口译员(涵盖所有语言)。取得这种口译员资格的途径有三:一是

---

① Court of Interpreters Act, 28 U. S. C § 1827 (2012).

② David T. Griffin, "Lingua Fracas: Legal Translation in the United States and the European Union", *Boston University International Law Journal*, Vol. 34, 2016, pp. 366 – 367.

③ 根据2009年由美国人口普查局进行的美国社区调查发现,美国有超过3550万年龄在5岁以上的人口将西班牙语作为在家庭使用的主要语言。Selected Social Characteristics in the United States: 2007. United States Census Bureau. [2008 – 10 – 09]. 参见 https://zh.wikipedia.org/wiki/%E7%BE%8E%E5%9C%8B%E7%9A%84%E8%A5%BF%E7%8F%AD%E7%89%99%E8%AA%9E, 最后访问时间:2019年8月23日。

通过美国国务院组织的双语（包括英语和目标语言）口译考试；二是，通过联合国组织的双语（包括英语与目标语言）口译考试；三是成为具有良好信誉的国际语言交流协会的成员或者美国语言专家协会的成员。美国设计此类口译员主要是为了满足除了西班牙语以外的其他使用人口比较多的语言的法庭翻译需求。此类语言包括汉语[①]；法语（130万）；越南语（140万）；韩语（110万）；德语（100万）等。对于此类法庭口译人员，并不要求通过上述考试，资质取得的途径非常灵活。

第三，具有语言技能的口译员（Language Skilled Interpreters）。当口译人员虽然并未取得具有专业资格的口译员资格，但被证明具有双语能力（在法庭上能够把英语译成指定语言，把指定语言译成英语）时，他（她）被视为具有语言技能的口译员。美国设计此类口译员主要是为了应对使用人口比较少的语言的法庭翻译需求[②]。因为此类语言的法庭翻译需求量并不大，影响面较小，其资质要求相对宽松。只要能够证明具有相关语言能力即可以成为此类口译员。

可见，美国在法庭翻译人员的设计上采取了非常灵活的方案，即根据不同的法庭翻译需求量设置了不同类型的法庭翻译人员，从而灵活应对法庭翻译的不同需求。对于不同类型的法庭翻译人员提出了不同的资格要求，采取了不同的资质审查方式。笔者认为，美国的这种多层次认证方式非常适合于需要翻译的语种比较多的国家，比如我国。如果对所有语言都采取严格考试方式来赋予法庭口译员资格，不仅管理成本增加，而且很难保障相应语言的口译员数量，从而无法适应现实的翻译需求。美国的经验告诉我们，针对不

---

① 据2011年的调查，汉语的使用人数约为280万；参见https：//zh.wikipedia.org/wiki/%E7%BE%8E%E5%9B%BD%E7%9A%84%E8%AF%AD%E8%A8%80，最后访问时间：2019年8月23日。

② 此类语言包括：孟加拉语、塞尔维亚语、泰卢固语、马拉雅拉姆语、泰米尔语、印度尼西亚语、斯瓦希里语、阿尔巴尼亚语、旁遮普语、古代叙利亚语、皮马语和乌克兰语等。参见http：//www.xinhuanet.com/world/2015-11/05/c_128395647.htm，最后访问时间：2019年8月23日。

同人口数量的少数民族语言,我们可以采取不同的法庭翻译人员认证方式。比如,对于语言使用的人口数量比较多的少数民族语言的法庭翻译人员,考虑到其翻译需求量比较大,需要的翻译人员比较多,影响面比较大,我们可以采用较为严格的资质审查方式——由司法部组织统一考试,对考试通过者颁发法庭翻译人员资质。而对于那些使用人口较小的少数民族语言的法庭翻译人员,可以采取较为宽松的认证方式——只要提出有关部门出具的双语能力证明即可。

(3) 香港特区的经验[①]

香港特区的法庭译员分为两种:一种是全职译员或者专职译员;另一种是兼职译员。前者属于公务员编制,享受公务员待遇。对于两种译员提出了不同的任职要求。担任全职译员必须具备如下资格:具有香港特区任一所大学本科学位,或具备同等学力;在综合招聘考试的英语及汉语考试中取得二级成绩,并通过综合招聘考试中的能力测试;精通粤语和英语。具备以上条件的人员,必须参加由公务员事务局举办的考试,进行笔译和口译方面的测试后还要通过面试才能获得聘用。不同于全职译员的统一考试,法庭通常在有需要增加某种外语或方言的兼职译员时才会面向公众进行招聘工作。任职条件包括:要通晓中文和某种外语,具备认可的大学学位或同等学力。具备条件的人员还必须通过入职笔试和口试,才能获得聘用。

香港特区法庭译员体系的最大特征在于全职译员与兼职译员的搭配。通过严格筛选的全职译员能够保证法庭翻译的稳定与法庭翻译的质量;通过兼职译员能够补充译员数量上的不足,同时满足法庭翻译上的不同需求。其经验也告诉我们在法庭翻译人员的设计上要兼顾稳定性与灵活性,要保证有充足的翻译人员数量的同时,还要考虑不同的翻译需求。比如,我们的少数民族语言中有些语言使用者较少,在法庭上运用的机会较少。对此类语言的法庭翻译人

---

① 参见杜碧玉《香港的法庭口译制度评析》,《山东外语教学》2010年第2期。

员，我们无须通过严格的国家统一考试方式予以认证，只要能够证明有翻译能力，即可以聘任为法庭翻译人员，从而灵活地满足翻译需求。

3. 建构少数民族语言法庭翻译人员认证制度的若干建议

基于上述的国外在建构法庭翻译人员认证制度方面的经验，结合我国的大环境和民族地区的实际情况，笔者提出如下三个方面的制度建议。

（1）资格条件

欧盟的经验告诉我们，在设计少数民族语言法庭翻译人员认证制度时，在资格条件方面不仅要考虑少数民族语言方面的技能，还要考虑其法律知识方面的背景，这两个方面的条件缺一不可。为此，我们应要求申请相关资格者具备如下两个前提条件。

一是要有法律专门知识，应当具有法学学位或同等学力。法庭翻译所涉及的并非是一般的翻译，它属于法律翻译，而法律翻译的最大的特征之一是法律语言的跨越。这就要求翻译人员要充分理解国内法的法律体系，熟悉各种法律术语，准确掌握法律术语所具有的特定含义。因此，法庭翻译人员应当具备基本的法律素养。一般而言，只有在大学法学本科读完相关课程，得到正规法学教育和训练，并获得法律学位的学生才具备这种法律素养。

二是，要有少数民族语言技能。要同时掌握汉语和少数民族语言。少数民族语言法庭翻译人员不仅要熟练掌握汉语，同时要精通少数民族语言，而且还要熟练掌握少数民族语言法律术语。

（2）认证制度设想

参照美国和我国香港地区的经验，如果是使用人数众多，社会影响力较大的少数民族语言，我们可以对其法庭翻译人员的认证采取国家统一考试的方式，即从国家的层面上，设计出统一考试认证制度，并对考试通过者进行系统化管理。比如，朝鲜语的使用人口不仅在百万以上，而且有着延边朝鲜族自治州这一聚居区，其语言不仅在家庭内部、邻里亲友间使用，而且还在本民族的政治、经济、文化、教育各个领域中使用。因此，使用面广，影响力大，有必要规范化、严格化管理。具体而言，我们可以设计出"国家少数民族语言法庭翻译人员资格考试"。这一考试由国家的司法部负责实施。可以委托拥有相关语言学科的大学院校具体运作和管理。比如，关于朝鲜语的法庭翻译人员资格考试，司法部可以委托延边大学组织、实施。因为延边大学的朝鲜语专业可以代表国家的最高水平，有关朝鲜语的资料和师资资源都很丰富，便于运作此类考试。在考试内容上可以兼顾语言翻译的技能与法学知识的考核。对于考试合格者给予法庭翻译执业资格证书，并收录于全国的法庭翻译人员数据库。在具体运作方面可以参考美国口译员运作系统。也就是说，法庭翻译执业资格获得者先向特定法院提出执业申请，请求该法院将自己列入该法院的译员名录中。当某个案件的当事人提出翻译要求时，由法院向其提供本院的译员名单，让当事人选择翻译人员。由法院监督被选翻译人员是否严格按要求提供法庭翻译服务。

(3) 创建少数民族语言法庭翻译人才培养基地

利用我国部分大学在少数民族语言教育方面所拥有的师资、资料优势，相关大学的法学院可以与少数民族语言专业共同开发出"民汉双语法庭翻译人员培养项目"，设立少数民族语言法庭翻译人才培养基地。通过配备相关师资，开发相关课程和教材，开展专业化实践性训练，培养出少数民族语言法庭翻译人员的后备力量。具体操作路径上，我们可以在已有的翻译专业硕士点中设置少数民族语言法律翻译方向。一方面招收汉族法律本科学生，通过三年的培养，使其熟练掌握少数民族语言的同时获得民汉法律翻译的技能。另一方面招收少数民族法律本科生，通过两年的培养，使其熟练掌握民汉法律翻译的技能。

四 结语

一般而言，基本人权体现的是人类固有的、恒久的追求价值，其性质是不依一个国家或社会的政策选择而发生变化。但就法庭上的少数民族语言的使用权利而言，带有一些特殊条件性质的权利，受到各种情境的影响。如果一个国家确立了少数民族的此项权利，只能是在有限范围内体现确保"司法的公正"这一目的性，而在大部分情况下，则体现另外一种目的——承认、保护和促进语言的多样性。同样，我国赋予少数民族在法庭上使用本民族语言的权利与"司法公正"之间并不必然发生联系。我国确立少数民族在法庭上使用本民族语言的权利，更多的是出于"语言多元主义"价值取向。

我国的宪法、民族区域自治法、三大诉讼法在规定各民族公民使用本民族语言文字进行诉讼的权利的同时还规定了各项保障措施，其中包括民族地方司法机关使用当地民族通用语言审理案件制度。尽管我们不能从这个规定中直接推导出民族地方法院在法庭审理中使用少数民族语言的义务，但从赋予少数民族公民在诉讼中使用自己民族语言的权利这一宪法主旨来看，只要一方或双方当事人为少数民族，该民族地方法院应当使用该少数民族语言审理案件。不过，法院采用少数民族语言开庭审理是一个需要具备各种条件的复杂过程。从延边地区的法庭庭审中使用朝鲜语的情况来看，尽管一方或双方当事人为朝鲜族的案件占据案件总数的很大比重，但在法庭庭审中很少使用朝鲜语。其原因是多方面的，比如缺乏胜任朝鲜语的法官；缺乏朝鲜语版本的法律及法律术语的不发达；法官缺乏朝鲜语法律语言能力；没有可操作的法律翻译制度等。为此，笔者提出如下的确保民族地区法庭庭审中使用少数民族语言的对策方案：第一，通过出台激励双语法官发展的人事制度、加大双语法律人才的培养力度，确保胜任少数民族语言的法官队伍；第二，通过在国家立法部门新设少数民族语言翻译机构，保证每个法律都能够有相应的少数民族语言版本；第三，加强对现有双语法官的培训，提高其使用少数民族语言的法律语言技能；第四，建构具有可操作性的法庭翻译人员认证制度。

当然，从语言学的视角而言，要实现法庭上使用民族语言，除了满足上述各种条件外，要具备一个重要条件——提升民族语言的社会使用度和认可度。如果一种民族语言具有高度的功能上的透明度，即该少数民族群体普遍意识到自己的民族语言是实现语言功能最为适当的语言，那么，该少数民族当事人会在司法程序中选择自己的民族语言。反过来，如果该民族语言不具有功能上的透明度，即该少数民族群体普遍认为自己的民族语言并非是实现语言功能的最为适当的语言（认为使用主流语言更为合理），那么，即便是立法上创造了司法程序中使用少数民族语言的客观机会（国家制定出高水平的保护和促进少数民族语言的法律），也即便是该少数民族具有使用自己民族语言的能力，该少数民族当事人也不会在司法程序中选择使用自己的民族语言。[1] 从这个意义上而言，实现法庭庭审中使用民族语言是一个漫长的系统工程。

---

[1] Valeria Cardi, "Regional or Minority Language use before Judicial Authorities: Provisions and Facts", *Journal on Ethnopolitics and Minority Issues in Europe*, No. 6, 2007, p. 20.

《民族区域自治法》课程思政改革与实践研究*

康贞花　金哲俊**

摘要： 我国高等学校的课程体系主要由专业课程、思想政治理论课程、通识课程等三部分构成。长期以来思想政治理论课是高校思想政治教育的主要途径。专业课程与思想政治理论课程在思想政治教育上脱节的情况，导致法学专业课不能充分发挥育人功能。本文以《民族区域自治法》课程建设为例，探讨从《民族区域自治法》教学团队的建设，提升主讲教师课程思政的意识和能力，推进《民族区域自治法》教学方法的改革，构建民族区域自治法课程思政的教学评价体系等方面，加强课程思政建设。

关键词： 法学专业；课程思政；《民族区域自治法》

我国高等学校的理论课程体系主要由专业课程、思想政治理论课程、通识课程等三部分构成。长期以来思想政治理论课是高等学校思想政治教育的核心和主要途径。高校思想政治理论课与专业课在思想政治教育上的脱节的情况，导致了专业课不能充分发挥育人功能。上海的高等学校在全国率先提出了"课程思政"的概念，并进行了实践。随后"课程思政"在全国高校推进。关

---

* 本文发表于《法治与社会》2020 年第 15 期，收于本刊时略有修订。
** 作者简介：康贞花，延边大学法学院副教授；金哲俊，延边大学法学院硕士研究生。

于"课程思政"的概念学术界有不同的观点。笔者认为"课程思政"是指高校以育人为根本任务,将专业课程、思想政治理论课程和通识课程同向同行,建立全课程的育人体系,从而实现协同育人的教育理念的一种。《民族区域自治法》课程思政的开展,对于提升法学专业教育教学水平,提高法学人才培养质量,都具有重要意义。

一 《民族区域自治法》课程中进行课程思政改革与实践的必要性

(一)与思想政治理论课程实现协同育人的需要

2016年11月习近平主席在全国高校思想政治工作会议上指出:"要用好课堂教学这个主渠道,思想政治理论课要坚持在改进中加强,提升思想政治教育亲和力和针对性,满足学生成长发展需求和期待,其他各门课都要守好一段渠、种好责任田,使各类课程与思想政治理论课同向同行,形成协同效应。"[①] 若要打破长期以来思想政治教育与专业教育相互隔离的状态,必须在《民族区域自治法》等有特色的专业课程中率先开展课程思政,使法学专业课程与思想政治课程形成合力,共同完成育人的任务。

(二)深化《民族区域自治法》课程教学改革,提升教学质量的需要

2019年10月教育部发布了《关于深化本科教育教学改革、全面提高人才培养质量的意见》,意见中强调"把课程思政建设作为落实立德树人根本任务的关键环节,充分发掘各类课程和教学方式中蕴含的思想政治教育资源,建成一批课程思政示范高校,推出一批课程思政示范课程,选树一批课程思政优秀教师,建设一批课程思政

[①]《习近平在全国高校思想政治工作会议上强调 把思想政治工作贯穿教育教学全过程 开创我国高等教育事业发展新局面》,《人民日报》2016年12月9日第1版。

教学研究示范中心。"① 这表明课程思政已经成为深化本科教育教学改革的重要路径之一。通过课程思政将《民族区域自治法》的教学与育人目标贯穿到课程教学的全过程，理论与实践教学并重，将促进法学专业教学质量的进一步提升和法学教师教学能力的提高。

（三）将对法学人才的社会需求有效转化为教育结果的需要

在我国全面推进依法治国的背景下，通过在《民族区域自治法》等专业课程中融入课程思政教育，进行德育资源的优化配置，紧密结合对法学人才的社会需求，指导学生树立正确的道德观和法治观，增强维护国家统一和民族团结的观念，铸牢中华民族共同体意识，并指导学生在今后的实践中依法办事，严格执法，维护社会公平公正，维护公民的基本权利和自由，从而使学生毕业后更好更快地融入法律实务部门的工作。

二 《民族区域自治法》以往的教学中存在的主要问题

（一）教师课程思政的理念缺失

目前多数法学专业教师认为思想政治工作不属于自己的本职工作，只要讲好所承担的课即可，思想政治教育是学工部门或者党委的任务。所以专业课教师还未形成在《民族区域自治法》课程中融入课程思政。在这种心理状态下，《民族区域自治法》专业课教师没有良好的主观愿望，主动去开展课程思政，因而在《民族区域自治法》课程教学中仍然注重知识的传授，课程思政的理念教育亟待强化。教师课程思政的理念缺失也与民族高校法学专业对课程思政的重要性认识不足，不能转变教育观念，未能将课程思政的改革与实践纳入专业内涵建设的重要内容，专业培养方案中体现课程思政的要求有密切的关联。

---

① 《教育部关于深化本科教育教学改革全面提高人才培养质量的意见》，教育部网，http://www.moe.gov.cn/srcsite/A08/s7056/201910/t20191011_402759.html。

(二) 教学方法陈旧，以理论讲授为主

"制约大学教育质量的首要因素就是课程，课程不仅把其所选择的知识内容变成为便于教学的体系，而且是培养什么样的人的一个蓝图"。①《民族区域自治法》在一般民族高校法学专业设置为选修课，总学时为32学时。从教学方式来讲，绝大多数的学时采用理论讲授的方法，理论讲授往往只是传授知识，对学生能力、思维、情感和思想的关注不够。少部分学时安排习题课，课中和课外的实践教学严重不足。理论教学与实践教学脱节，使学生不能通过实践加深对理论的认识，对我国民族区域自治制度的实践不能进行较为深入的了解，从而影响《民族区域自治法》课程的育人质量。

(三) 主讲教师的"课程思政"能力不足

从目前民族高校对教师的考核标准来看，还是重科研、轻教学，"而对教师的立德树人情况的考核则很难量化，育人工作往往成为一个'软任务'、考核上的'软指标'"。② 因而，主讲教师未将更多的精力投入到教学和育人之中，不能真正地意识到育人的重要性，"课程思政"的能力不足，不能在民族区域自治法的课程教学中，铸牢学生维护国家统一与加强民族团结和提高依法处理涉及民族问题的社会问题的意识。

三 《民族区域自治法》课程思政改革与实践的路径

应尽快解决《民族区域自治法》以往的教学中存在的主要问题，将立德树人贯彻到《民族区域自治法》课堂教学和实践教学的

---

① 李庆丰：《大学教学改革应重视对课程知识选择的研究》，《复旦教育论坛》2008年第3期。
② 刘清生：《新时代高校教师"课程思政"能力的理性审视》，《江苏高教》2018年第12期。

全过程，应从以下几个方面推动《民族区域自治法》课程思政改革与实践。

（一）加强《民族区域自治法》教学团队的建设，提升教师课程思政的意识和能力

"高等学校各门课程都具有育人功能，所有教师都负有育人职责。"① 因此，教师是展开《民族区域自治法》课程思政改革与实践的主体，对课程思政改革中居于主导地位，对课程思政改革取得预期效果起到决定性的作用。因而课程思政在育人的同时，也为提升教师的能力提供了机遇。应通过加强《民族区域自治法》教学团队的建设，使主讲教师牢固树立课程思政的意识和理念，积极主动地开展课程思政。应通过选派主讲教师参加课程思政相关培训和学术会议，撰写和申报相关论文和课题，具体参与民族自治地方法制建设的具体实践等途径，不断提升主讲教师思政育人的能力和水平。

（二）推进《民族区域自治法》教学方法的改革

《民族区域自治法》的课堂教学是推进课程思政改革与实践的基础和关键环节。因而必须对以往的教学方法进行改革。首先，课堂教学中应注重结合国家发布的与民族相关的文件和民族立法的内容，引导学生重视和加深对国家的民族政策和民族区域自治法律法规的理解和学习，使学生认识到作为中华民族精神承载的中国宪法和法律是中华民族共同体意识的基础。其次，挖掘教学资源，采用线上线下混合教学模式，丰富课程内容，激发学生的学习积极性和主动性，加强师生之间的互动，充分发挥学生的主体作用。再次，应注重实践教学，通过组织学生实地参观《民族区域自治法》实施成效显著的地区，参加民族自治地方人大常委会和人民政府工作人员的专题讲座等形式，使学生加深对民族考核和区域自治理论的理解。

---

① 中共中央、国务院《关于进一步加强和改进大学生思想政治教育的意见》。

(三) 构建《民族区域自治法》课程思政的教学评价体系

"教学评价是根据一定的教育目标和标准,通过系统地搜集信息、科学地分析信息,同时针对高等教育适应社会需要的程度而做出价值判断,以此为依据改造教学流程、提高教学效果。"[1] 为深入推进《民族区域自治法》课程思政工作,必须通过评价体系的构建,保障课程思政的顺利实施。只有将"课程思政"纳入教学评价体系,才能激发主讲教师的积极性,认真付诸实践。民族高校法学专业应构建合理的、科学的,贯穿《民族区域自治法》课堂教学和实践教学全过程的"课程思政"的评价体系,对教师的课程思政情况进行全方位监控,及时发现和解决问题,不断推动《民族区域自治法》"课程思政"质量的提升。

---

[1] 谢潇潇、李辉:《研究型大学教学质量监控体系构建研究》,《黑龙江高教研究》2013年第6期。

民族自治地方经济发展与自治立法关联研究*

——以五个少数民族自治州为样本

金香兰 高 瑾**

摘要：民族自治地方的经济发展和民族自治地方法治建设是民族地区全面发展的重要因素。论文通过数据分析厘清二者关联，得出自治立法促进经济发展，经济发展又推动民族自治地方法制建设的结论。由此并进一步发现民族自治地方立法在法律总量、立法质量、民族特性、可操作性等方面存在不足，结合现状和研究结论对民族自治立法如何促进经济发展提出新认识，探索法律助力经济发展新模式，以实现保障中华民族共同繁荣、携手共进的崭新局面。

关键词：民族自治地方；自治立法；自治州经济发展；关联性

我国民族自治地方因地理位置、历史背景、文化民俗等方面的原因，经济发展相对落后，社会发展缓慢，这是当前中国经济发展面临的现实问题。党和国家在政策和制度方面给予了民族自治地方以《宪法》和《民族区域自治法》为依据的特殊权利。自2013年"一带一路"建设开展以来，我国经济发展拥有了新平台、新机遇。在全国各地经济向前迈进的新时期，民族自治地方需要抓住新契机，追赶时代发展浪潮，发展本地方经济。但经济的发展需要优

---

* 本文发表于《贵州民族研究》2020年第2期，收入本刊时略有修订。
** 金香兰，女，延边大学法学院副教授；高瑾，女，延边大学法学院硕士研究生。

质的法治环境，在新形势下，民族自治地方经济发展水平和自治立法是何种关系？各民族自治地方如何运用好中央赋予的"优惠"权利发展经济？笔者将以五个不同省份中不同少数民族的自治州为样本，进行分析。

一 五个自治州自治立法与经济发展水平现状分析

中华人民共和国成立 70 多年来，特别是在党的十三届三中全会以后，随着党的民族政策的落实和民族区域自治法的实施，我国民族自治地方的经济发展从纵向上发生了翻天覆地的变化。但是，由于多种原因自治地方从总体上与国内发达地区横向间的比较差距却愈来愈大，特别是民族自治地方的工业化程度不仅落后于中东部地区，而且低于全国平均水平。[①] 民族自治地方自治立法与经济发展水平之间的关联目前缺少具体研究，笔者认为，自治区自治立法并不能明显凸出其对经济发展的作用。在中国五大自治区自治条例"难产"，单行条例几近空白的背景下，以自治州作为研究样本更可以凸显出自治立法对经济发展水平的作用。鉴于此，本文将以五个不同的省份（吉林、湖北、湖南、贵州、云南）的五个自治州的现行自治立法（本文中的自治立法包括自治条例、单行条例和 2015 年之后的地方性法规）与 2018 年经济发展数据为样本，通过建立相关系数的方法，分析自治立法与经济发展水平的关联研究。

（一）自治立法现状
1. 数量分析

表 1 表明，从当前我国这五个自治州立法总量来看，立法数量较少，且并不平衡。其中，吉林省延边朝鲜族自治州立法相对较为发达，在五个自治州立法数量中较为突出。反观西双版纳傣族自治州则最少，现行的自治立法数量仅为 15 个，两个自治州之间数量

---

① 吴宗金：《中国民族区域自治法学》，法律出版社 2004 年版，第 250 页。

相差28个之多。这就凸显出了自治州立法发展呈现不平衡的特点。

表1　　　　　　　　各自治州自治立法总量

自治州	自治立法总量
延边朝鲜族自治州	43
恩施土家族苗族自治州	19
湘西土家族苗族自治州	24
黔东南苗族侗族自治州	17
西双版纳傣族自治州	15

资料来源：五个自治州人大官网所公布的现行自治立法。

2. 构成分析

表2　　　　　　五个自治州自治立法构成与相关占比

自治州	经济立法 数量	经济立法 比率（%）	文化立法 数量	文化立法 比率（%）	社会保障 数量	社会保障 比率（%）
延边朝鲜族自治州	23	53	7	16	5	12
恩施土家族苗族自治州	9	47	2	10	4	21
湘西土家族苗族自治州	9	37	8	33	4	17
黔东南苗族侗族自治州	5	30	5	30	1	6
西双版纳傣族自治州	8	53	2	13	2	13
总计	54	44	24	20	16	14

注：经济立法比率＝经济立法数量/自治立法总量；文化立法比率＝文化立法数量/自治立法总量；社会保障立法比率＝社会保障立法数量/自治立法总量。

资料来源：五个自治州人大官网所公布的现行自治立法及民族法制委数据。

根据本文的研究要旨，笔者将从民族立法权的概念中选择自治条例与单行条例进行研究。我国现行《民族区域自治法》重点在第三章的内容里对民族自治地方自主发展经济的内容进行了规定，主要在财政、税收、金融、贸易、自然资源这几个方面有权进行经济自治立法。本文将以《民族区域自治法》中这几个方面界定自治立法中的经济立法。通过对表2的分析,不难看出,各个自治州自治立法关注的重心是不一样的。五个自治州在不同的领域内出现了明显的级差。在延边朝鲜族和西双版纳傣族自治州的自治立法当中,经济立法所占的比重超过了总立法数量的一半,文化立法数量相对较少。但在湖南湘西土家族苗族自治州自治立法中,文化立法则占据了很大的比例。根据表2数据可绘制下图1。

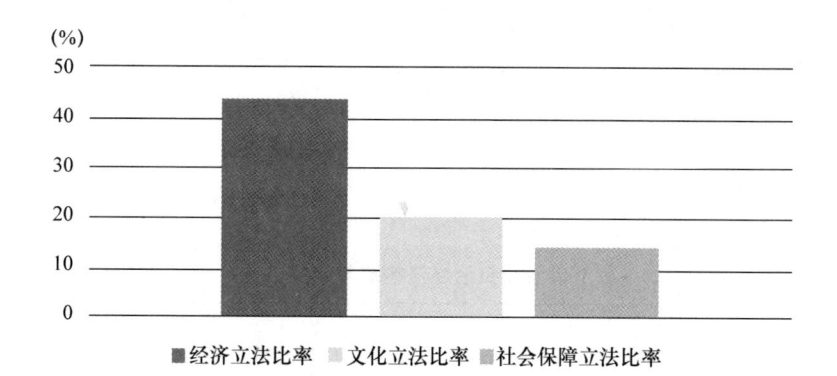

图1 立法构成比率

从图1可以观察到五个自治州的自治立法中,经济立法所占的比例确实较大,平均比例为44%,可见这五个自治州是以发展经济为主进行自治立法的,都显现出了不同程度的自主性经济立法。

(二)经济发展水平现状

本文以2018年五个自治州的经济发展数据为样本进行分析,在分析立法现状之后,我们需要建立相应的数据指标,所以本文选择五个自治州地区生产总值、人均生产总值、社会消费品总额和进出口贸易总额这四项数据作为研究经济发展状况的指标,进一步来探究自治立法和经济发展的关联。

表3　　　　　2018年各自治州经济发展水平现状

自治州	地区生产总值（亿元）	人均GDP（元）	社会消费品总额（亿元）	进出口总额（万美元）
延边朝鲜族自治州	952.62	45000	584.65	207165
恩施土家族苗族自治州	870.95	25848	616.83	8786.2
湘西土家族苗族自治州	605.05	22885	307.61	24448
黔东南苗族侗族自治州	1036.62	29358	330.47	7651
西双版纳傣族自治州	417.79	35286	140.88	269851

注：2018年中美平均汇率为1∶6.61741，数据按此汇率计算。

因吉林省2018年起不对外公布具体数值，其中延边朝鲜族自治州地区生产总值、人均GDP、进出口总额为笔者按照公报中各项变化比率计算，为约等于数值。

资料来源：五个自治州人民政府网发布的2018年《国民经济和社会发展统计公报》。

表3反映的是五个自治州2018年经济发展水平状况，其中吉林省延边朝鲜族自治州人均GDP最高，高达45000元人民币。贵州省黔东南苗族侗族自治州的地区生产总值最高，为1036.62亿元人民币。湖北恩施土家族苗族自治州社会消费品总额为616.83亿元人民币，为五个自治州中最高值。进出口总额则是云南西双版纳傣族自治州最高，为269851万美元。由此表明，五个自治州经济发展水平差异明显。

二　两者关联性分析

（一）总体评价

考察表4两项立法指标和四项经济指标的8个相关系数中，0.5以上有4个，占相关系数的1/2。在这其中经济立法比率与自治州进出口总额相关系数最高（0.7905），其次为自治州自治立法总量与自治州人均GDP（0.6688）、经济立法比率与人均GDP（0.6426）、自治州自治立法与社会消费品总额（0.5739）。通过相关系数计算,可以清晰地看到自治州自治立法和自治州经济发展水平相关性较大。当然,两项立法指标与经济发展指标之间存在一定差异。总体比较表明,经济立法比率和进出口总额相关系数最高,经济立法比率和自治州地区生产总值相关系数最低。

表4　　各个自治州立法指标与经济发展水平指标的相关系数

	地区生产总值（亿元）	人均GDP（元）	社会消费品零售总额（亿元）	进出口总额（万美元）
自治立法总量	0.3661	0.6688	0.5739	0.2842
经济立法比率	-0.3616	0.6426	0.1927	0.7905

注：根据表1、表2和表3数据计算。

（二）自治立法总量与各项经济发展指标

自治立法总量与地区生产总值的相关系数为0.3661,与人均GDP的相关系数为0.6688,与社会消费品总额相关系数为0.5739,与进出口总额相关系数为0.2842。自治立法总量与人均GDP的相关系数最高,这就说明了立法程度和人均GDP有较强的相关性,也可以说明人均GDP高的少数民族自治州立法数量就越多。人均GDP是反映当地经济发展水平最为权威的指标,从立法总量和其相关系数我们就可以看出,经济越发达的自治州其立法系统也相对较发达。自治立法总量与社会消费品零售总额相关系数也在0.5以上,说明两者之间有较强的相关关系。社会消费品零售总额作为反映各个自治州国内贸易的经济指标,和两项立法指标的相关关系有很大的差异。自治立法总量和其相关系数较强,说明五个自治州的国内贸易对自治立法的总量影响较大。即,各个自治州贸易越发达,对自治立法总量的需求就越多。法治环境的完善也是经济发展的重要条件。

（三）经济立法比率与各项经济发展指标

五个自治州自治立法中经济立法比率与地区生产总值的相关系

数为 -0.3616，和人均 GDP 的相关系数为 0.6426，和社会消费品总额的相关系数为 0.1927，和进出口总额的相关系数为 0.7905。经济立法比率与地区生产总值的相关系数为负数，说明两者之间呈现负相关关系，最为明显的属西双版纳傣族自治州，其地区生产总值位列样本中最后一位，但经济立法比率却和吉林省延边州朝鲜族自治州并列第一位。经济立法比率和人均 GDP 的相关系数高，呈明显的强相关关系。这就更加印证了上文的经济发展水平和法律之间的关系，经济立法的比例多少反映当地经济发展水平的同时，经济的发展也要求自治州经济立法的进步。经济立法比率和进出口总额的相关系数高达 0.7905，两者之间呈强相关关系。这表明对外经济越发达，对自治州的经济相关的立法需求就越大，同时对法治环境的要求也会越高。

三 自治立法问题显现与解决途径

通过使用统计和相关系数对以上五个自治州自治立法数量构成和五个自治州经济发展水平进行比较分析，揭示了民族自治地方自治立法与经济发展水平之间的相互关系。在此基础上，我们不仅得出了结论，还发现了隐藏在数据下的问题。

（一）自治立法的问题显现

1. 自治立法不足

民族自治地方自治立法是国家为保障少数民族发展而赋予各个自治地方的权力，是民族自治地方前进发展的重要途径。通过上文的分析，我们可以看出，除吉林省延边朝鲜族自治州外，其余四个自治州的自治立法数量较少，涉及内容并不宽泛。一方面，我国民族自治地方的立法数量还满足不了民族地区发展的需要。至于自治立法中的经济立法，大多是关于自然资源的保护和城镇管理方面的，财政、金融、税收等方面凤毛麟角。经济立法数量的多少和经济发展水平有直接关联。一个少有经济立法的自治地方，经济发展水平是可想而知的。另一方面，五个自治地方缺乏立法积极性，没有形成体系性的立法观念，忽略单行条例的民族自治功能，这也导致民族自治地方自治立法数量严重缺失。相比较经济发达地区，五个自治州的立法情况不尽如人意。

2. 自治立法质量不高

关于我国的民族区域自治制度，其核心内容就是利用制度优势促进少数民族地区经济的发展。民族自治地方拥有特殊的经济自治权，但民族自治地方的立法质量距离与国内发达地区的地方性法规相比还有很大差距。在研究样本的自治条例中，大多采用"鼓励""保护""促进"等原则性词汇；在各个自治州的单行条例中大多为指导性条例。自治立法不能在司法实践中得到运用，立法质量堪忧，这也就加剧了少数民族地区经济发展落后，形成持续性经济低迷状态，长此以往，经济发展不难进入恶性循环的怪圈。从经济发展、民族权利保护等角度而言，只有民族自治地方真正提升了自治立法质量，民族经济和法治才可以得到长足的发展。①

3. 内容单一，同质化严重

就研究样本来看，一方面，五个自治州自治立法内容同质化现象明显，其中最明显的为五个自治州自治条例，有关宣示性、倡导性等非法律意义的条文占自治条例中的大部分。在研究过程中发现，五个自治州的自治条例在结构和立法内容上存在很大程度的重合，内容的相似程度较高。缺少民族特色的自治条例又怎能符合当地民族经济发展的实际情况？又怎能指导本民族的社会发展？同质化的自治条例弱化了民族自治立法的功能作用，现有的自治条例脱离了国家最初赋予民族自治地方立法权力的初衷。另一方面，作为自治条例的配套法规，单行条例可以针对性地调整本地区内部民族关系，结合本地区实际情况规范社会关系，是细化民族立法自治权的形式。在自治条例的指导下，单行条例主要承担了突出地域特

---

① 王杰：《少数民族经济发展法律的现状、不足及完善》，《湖北民族学院学报》（哲学社会科学版）2017年第9期。

点、突出民族性等具体作用，也是为民族地区经济发展提供保障的重要立法途径。通过研究我们发现各个自治州单行条例立法覆盖面不够广，主要集中在资源保护和城镇建设方面。除了延边朝鲜族自治州外，其余四个自治州样本中关于具体产业的单行条例少之又少。另外，五个自治州的自治立法中，有很多相类似的单行条例，自治州之间相互借鉴的内容很多，同样显现出同质化现象。这实际上等同磨平了各个不同自治地方之间的差异性，严重缺少了本民族特色。同时也不排除一些自治州搞形式主义，使其存在为了立法而立法的现象。

（二）自治立法促进经济发展之有效路径

民族法制作为上层建筑必须反映并服务于经济基础。民族法制作为社会主义法制的重要组成部分，属于上层建筑，故也应当适应民族经济基础，符合客观规律的发展要求。[①] 分析表明，尽管国家赋予了少数民族自治立法的权力，但是五个自治地方仍然在法律的制定和法律效果上存在很多亟待解决的问题。在依法治国的背景下，"一带一路"的发展建设正在如火如荼地展开，各民族自治地方应该进一步完善民族经济法律的建设，优化自治地方法治环境，利用自治立法的优势地位促进民族经济自我发展的根本提升。通过利用二者之间的关联寻找一条发展民族地方经济的道路。

1. 提高立法质量，积极主动立法

首先，发挥主观能动性，积极立法。我国民族自治地方大多处于祖国边疆地区，经济发展相对落后，如若没有法治为其经济保驾护航，少数民族经济发展状况只会每况愈下。这就要求各个自治地方的自治机关要尽快转变立法思维，消除政治式任务的立法观念，避免为了立法而立法，及时发挥主观能动性，积极主动地利用好民族立法自治权。

其次，响应政策，重视经济立法。党的十八届四中全会决定要

---

① 熊文钊：《中国民族法制60年》，中央民族大学出版社2009年版，第686页。

求:"实现立法和改革决策相衔接,做到重大改革于法有据,立法主动适应改革和经济社会发展需要。实践证明行之有效的,要及时上升为法律。实践条件还不成熟的、需要先行先试,要按照法定程序作出授权。"① 国家赋予民族自治地方的自治立法权力,也可以看成是一种变通改革的权力。在经济发展的新形势下,法律要先行先试,自治地方要重视经济立法,重视法律对经济发展的作用,用法律为经济的发展铺路。在研究中我们可以看出,五个自治州财政金融方面的经济立法较少,某些自治州根本不涉及关于这些方面的立法内容。立法数量最多的延边朝鲜族自治州的经济立法中也鲜有关于这方面的立法,大多是产业管理方向之规定。这就要求自治地方积极响应政策,认识经济立法的重要程度,用法治推进经济增长,用法治带动经济发展。

最后,丰富立法内容,提高立法质量。在研究中我们不难发现,各个自治州的自治立法数量存在差异,立法总量尚且不足。在现行有效的立法条例里,立法质量也跟不上经济的发展。表现为体系不完善、技术不到位、内容单一、同质化现象严重。自治立法的自身价值,一是变通性,二是特色性。因此,内容上必须体现本民族本地区特色,解决同质化严重的问题。立法机关应结合实际情况,在民族地区特色领域加强立法,不搞"从众立法""跟风立法",切实发挥立法自治权的优势和作用。② 民族经济法律的发展要依靠事实和数据,切实地考虑本民族经济发展面临的困境,调动自身潜力,推进经济向区域化、全球化发展。在立法过程中,要突出单行条例的民族性与创制性,关注民族自治地方法律需求,制定出符合经济发展和民族进步的系统、具体之举措,不断持续丰富自治立法内容,将自治立法体系化。

2. 关注经济,大胆立法

2018年4月,习近平总书记在博鳌亚洲论坛2018年年会开幕

---

① 石佑启:《深化改革与推进法治良性互动关系论》,《学术研究》2015年第1期。
② 李英伟:《民族地区立法自治权的反思与重构》,《中南民族大学学报》2015年第5期。

式上讲道:"当今世界,开放融通的潮流滚滚向前。人类社会发展的历史告诉我们,开放带来进步,封闭必然落后。"展望中国经济发展态势,定是愈加开放,愈加繁荣的景象。面对这一浪潮的推进,民族自治地方必须要加快步伐,紧跟发展。要充分利用国家赋予的自治权力,探索政策、新思路,摆脱民族发展的旧观念的束缚,大胆立法。充分把握好经济发展和自治立法之间的关系,为地区经济发展营造符合时代进步,促进经济增长的优质法治环境。

3. 科学立法,立项调研

有学者认为:"隐蔽在法律理论和法律实践中的是一系列政治、社会和经济生活的不断重现或'地方志'。用同一种方式说,法律以各种形式依赖于有关历史的主张,所以它既界定又依赖一系列复杂的地方志和区域理解。"[1] 依照此观点,就要求立法者制定法律的同时要将本地区客观情况与当地人民生活中相信并遵守的行为方式结合。全面考察民族自治地方的经济发展情况,准确掌握经济市场对立法的要求,进行科学立法,使立法能够更好地符合民族地区经济发展的现实需要。调查研究是制定民族特色单行条例的前提,在民族自治地方起草有关经济单行条例时,要充分听取社会各界的声音,如专家学者、相关企业、社会各界工作人员的相关意见,做好立法调研工作,力求使制定的条款具有可操作性。首先,调研期间着重关注长期未得到解决的相关问题,避免棘手问题被长期搁置。其次,要充分掌握经济发展需求,对经济发展进程中的新矛盾、新情况寻找法治良药。最后,政府要面向全社会定期组织召开经济发展研讨会,对经济增长的主要方面做针对性考察,在法案立项后形成立项研究报告,针对报告内容制定并发布征求意见稿,以此来制定民族自治地方经济法律。法律受时代变迁的影响,乃所处时代的物质生产条件和社会实际情况下所产生的社会共同意志,立法内容只有来自实践且不断回应时代发展,才可获得普遍认可并被

---

[1] Nicholas Blomley, *Law, space, and the Geographies of power*, The Guilford Press, 1994: 11.

有效遵守,① 否则很难实现法律的现实价值。

四　结语

　　本文通过对五个民族自治州的样本分析,论证了民族自治地方自治立法和经济发展水平之间的关联。并通过对研究中发现的自治立法现存的问题,尝试利用民族自治立法和民族经济发展的关联提出有效建议。经济发展离不开法律规范,法治的发展也必须以经济发展为其现实基础。在当前民族自治地方立法不完善,体系不健全的背景下,民族经济发展同样疲态尽显。民族自治地方尚需通过立法权的合理使用和立法的不断完善来构造现代化法治体系,以促进民族自治地方经济向区域化、全球化迈进。

---

① 李准:《自治立法权的行使现状及对策研究》,《广西民族研究》2017年第5期。

东北亚各国法律制度比较研究

论韩国民法典编纂的历史性基础以及法典的性质[*]

尹太顺[**]

韩国民法典的制定有着非常复杂的过程,它步入西欧现代法国家行列的形态是非常特殊的。韩国民法典比较平均地接受了法国民法、德国民法、瑞士民法/债权法等大陆法系最典型民法体系的内容;而且韩国民法也受到英美法系不少影响(如判例法)。另外还受到了日本民法的特殊影响。

本文将韩国民法典的制定过程分为几个阶段来进行考察,揭示韩国民法典制定的政治、经济、历史、文化背景等历史性基础;论述韩国民法典的性质,以及它在世界民事立法例中的特殊地位,并对中国民法典的制定提供参考。

一 韩国民法典编纂的过程

(一)日帝强制占领时期

1910年韩国和日本签订《韩国合并条约》,标志着韩国沦为日本的殖民地。被赋予制令权的朝鲜总督在1912年3月18日发布了

---

[*] 本文发表于《当代法学》2002年第12期,收入本刊时略有修订。
[**] 尹太顺,女,延边大学法学院教授。

韩国民事基本法令《朝鲜民事令》。在民事令的第 1 条中明确规定了韩国人的"有关民事的事项除了其他法令有特殊的规定以外一律依用'左'边的法律"。所谓"左"边的法律指的就是日本的《民法》（1896.4.27）、《民事施行法》（1898.6.21）、《商法》（1890.4.21）、《信托法》（1899.2.8）。就这样根据《朝鲜民事令》，日本民法在韩国被强制移植和适用，一直到 1960 年 1 月 1 日韩国民法典开始施行（1958 年公布）为止。

（二）美国军政时期

韩国开始计划编纂民法典是在 1945 年 8 月 15 日光复后实施美国军政时期。围绕民法典的构思和编纂工作当时主要表现为两大派别的对立。其中一派是站在代表和支持美军军政统治立场的，所谓美国方面的 Lobingier 提出的民法法案即"私案"为代表的；而另一派则是清一色的只由韩国的法曹界人士组成的"法制编纂委员会"。在后来具体制定民法典的过程中可以看出，后一派的构思和主张对奠定现行民法典草案的基础起了决定性的作用。

韩国民法典起草局的顾问团主席美国的 Dr. Charles S. Lobingier 提出的"私案"主张，"民法典的制定不应把侵略国的具有时代性错误的产物（日本民法）作为根据和基础，而是应该以世界最新、最良好的范本为基础制定出一个朝鲜自己的民法"。他认为韩国应特别效仿称之为"远东罗马"的中国的民法。他认为"在为朝鲜编纂新法典时，应尽可能地利用中国近时期里出现的所有法律"，进而探索如何改良既存日本民法的特征。但是，最终美国方面提出的"私案"并未能在具体立法上得到肯定和体现。

韩国法曹界人士组成的"法制编纂委员会"的构思占有非常重要的地位，在后来的民法典编纂中起了决定性的作用。他们的立场与美国方面的立场恰好是相反的。认为"新法典的编纂不应偏向于英美法系，而应根据我国的良俗习惯制定出符合我国实情的法律"。实际上，韩国民法并没有参照和仿效英美法的事实在"朝鲜临时民法典编纂纲要"中更加分明。在"纲要"的总则篇里表明了制定民法典的原则是"制定民法典主要应采用大陆法系的体系和程序。起草不仅要根据现行民法（指主要仿效了德国民法的日本民法），而且也要参考当今世界文明各国的立法例和学说。首先应根据本国的实际情况，在必要的范围内作一些规定或新设法律条文"。这一原则在总则和物权篇中得到具体的贯彻和体现。①

另外，还有"晓堂学人的法案""金甲洙的法案"等一些法案出现。"以晓堂学人"为笔名的一些法制编纂委员主张：法典编纂的工作重点放在对现行民法的"倭色消除（消除日本殖民的色彩）"上就可以了。"金甲洙的法案"其核心就是以德国式的编程为参考标准，对原有的条文加以适当的修改；在主张民商合一的同时，又主张不失成文法的特色。②

（三）韩国政府成立后，民法典草案的起草

1948年9月15日韩国政府公布了总统第四号令《法典编纂委员会职制》，开始起草各种法典。

民法典的起草一开始只限于"财产篇"的101条内容，而"亲属篇"的起草在1949年6月11日才开始。"亲属篇"的制定"在维持和发扬本民族固有的民风良俗的同时，对那些非文化的、非合法的、与现实不符的、阻碍本民族走向世界共同进步的旧的习俗应该摒弃；在不脱离本国实情的范围内，力求循序渐进性的革新"。这一立法方针预示了亲属法的制定要以韩国固有的习惯为基础。③

民法典从其体系和内容来看，除了亲属法中的一些内容以外，基本上是以当时适用中的现行民法（日本民法典）为基础的。特别是在财产法方面更具有"对现行（日本）民法修改或新设"的特点。

然而，民法典的制定工作由于1950年6月25日朝鲜战争的爆发而发生了异变，法典的编纂工作也在人力和物力上受到了严重的

---

① 梁昌洙：《民法研究》第一卷，第68页以下。
② 郑钟休：《民法典的编纂》，《第一次韩国法学者大会论文集》（Ⅰ），第555页。
③ 张根：《新族相续法立法方针纲要私案》，《法政》第三卷9号（1948.9）26号。

破坏。起草委员中有7人被纳入朝鲜，准备了整整3年的立法资料也都因战争而丢失。

因此，后来在战乱中继续制定民法典的工作，实际上是由原来的法典编纂委员长金炳鲁一人负责主持的。1953年7月4日在法典编委总会通过并成为正式法案的《民法草案》是在1953年9月30日被移交政府，简单进行了"用语统一、条文整理"程度的审议，并且在1954年9月30日的国务会议上通过。这个《民法草案》的财产法部分基本上忠实于战前的编撰纲要，但亲属篇的内容却与原来的编纂纲要反差很大。①

（四）民法草案的国会审议

国会在1954年10月28日设置了法制司法委员会，审议由政府提出的1150条民法草案。审议工作有3个基本方针。第一，"在审议民法草案逐条文的同时，每个条文都应调查和比较探讨有关外国立法和判例，考察和研究现行法是否真正同本国当前的社会实际相符合"。第二，"对于民法案应一律承认"。也就是"如果不存在需要修改的积极的理由，就尽可能地避免修改"。第三，将民法草案的各条文与现行法（日本法）的相关条文、判例和学说、外国的立法例、国内立法意见等相比较审议，具体审议的方法是以批判、审议、结果、结论的顺序进行。把审议的结果作为记录发放给国会议员，同时也提供给学术界和其他各方面人士参考并发表意见。

该修正案在1957年11月26日上交国会总会，共进行了两次审议，于1958年2月22日正式公布，总共1139条。根据附则规定民法典公布2年以后1960年1月1日开始施行，一直到现在。后来韩国民法又修改了6次，主要是在亲属法领域。

---

① 郑光铉：《韩国家族法研究》（1976年），第335页以下。

二 韩国民法典编纂的历史条件

(一) 立法思想

在韩国民法典的制定过程中，法典起草人的思想是不容忽视的。因为他们所受的法学教育和思想对法典内容的形成都有着重要的影响，那些直接或间接地参加法典编纂工作的法典起草委员、国会的审议委员、对议案提出过各种建议的法学家们都受过日本殖民时代的法学教育。法典编纂委员长金炳鲁也曾留学于日本，毕业于明治大学和日本大学的法科。因此当时金炳鲁所受的法学教育和他自己讲授的都是日本民法学。值得注意的问题是日本民法学不仅在其体系上绝对地承受了德国法以及学说的影响，而且还具有混合承受德国法和法国法的二重性的特征。在这样一个倾向于德国法学的潮流之中，对当时在韩国也是屈指可数的，有着学法、教法和法律实务经验的金炳鲁来说，应该说是非常了解日本民法体系构造中的"混合承受二重性"问题。因此，他认为条文体系和学说体系二者严密结合的民法才是好的民法典。可是从金炳鲁的民族思想和日本民法观来看，虽然他是在日帝统治下主导过韩国合法抗日斗争的民族律师和思想律师，可他为什么会制定出看来就和日本民法的修订版没什么两样的韩国民法典草案呢？因为他并不认为《日本民法典》和日本民法学是日本固有的东西，认为它不过是"把德国法和法国法照搬照抄、进口翻译的作品而已"①，由此他做出判断：作为一个刚刚独立的国家，如果把已经适用了将近50年的日本民法再结合韩国社会的实际进行适当的修改，这样倒并不失为一个得当的立法之策。而其他民法典编纂关系人也大都在解决民法的二重构造问题上，对德国法学说的依赖以及对历来的通说和判例的重视等问题上同金炳鲁的"日本民法观"有着共同之处。

---

① 郑钟休：《民法典的编纂》，《第一次韩国法学者大会论文集》(I)，第607页。

（二）反日情绪的影响

从编撰民法典的主要动机来看，作为一个新生的独立国家，韩国国民有了制定自己的民法的强烈愿望。因为首先，有尽快地制定符合当时韩国社会制度的民法典的必要性。其次，由于随着韩国宪法采用"民主主义"和"男女平等主义"，作为与此相并行的法律体系的一部分民法典的制定当然也是迫在眉睫。再次，尽快驱除日本法的阴影，即，"一扫倭色"的反日情绪尤其强烈。当时的法制编撰委员长金用茂也说："现在还使用倭寇制定的法律，将来对我们的子孙也是一个耻辱。因此，即使不够完善也应当用我们民族的语言制定法典并尽快提交国会讨论"[①]。

反日情绪直接影响了对法典内容（特别是亲属法中有关民族习惯）的制定。在国会案的审议中争论最多的是亲属篇的诸规定，主要表现为"良俗论"和"打破习惯论"的对立。在禁婚的范围上"同姓同本禁婚"规定的设置是最极端的表现。其中，"良俗论"的观点占绝对的优势。他们认为"姓"是出生系统的标志，"本"是表示其所属始祖的发祥地名。而"同姓同本禁婚"是韩国5000年来形成的固有的良俗和习惯，应继承和发扬。对此，韩国总统也例外地发表了声明表示对"同姓同本禁婚制"的赞同："我们的国民是清白的民族，一直都恪守三纲五常而禁止同姓婚姻。同姓之间的婚姻不仅会使人类退化，而且无论是从生物学的角度还是从道德的角度都是不好的。所以还是按照习惯法维持同姓之间禁婚为好。"这样从政治上一定程度地诱导了国会的审议。[②] 结果"同姓同本禁婚"的意见以绝对的赞成票通过。

（三）其他

在民法典的审议过程中，还有民事法学会、韩国律师协会、法

[①] 金炳鲁：第26次《国会速记录》30号第4页，（再引自郑钟休前揭论文第608页）。

[②] 参考第26次《国会速记录》33号第1页；《韩国日报》（1957.11.19）报道（再引自郑钟休前揭论文第610页以下）。

官界、妇女界等都提出了修改意见和建议。

由汉城各大学的民法、商法、国际私法学者24人组成了"民事法研究会",对民法案的财产篇提出了《民法案意见书》。其修正意见和追加规定的意见作为《玄锡镐修正案》被递交国会。在国会审议中不少意见被采纳。韩国学界在未能参与民法草案的起草的情况下,他们对国会的法律制定表示了积极的关注,而且发表了他们所集中的意见,对民法典内容的形成起了一定的作用。[1] 大法官为首的高等法院和地方法院的在职法官的意见是关于民法理论体系会不会由于各种修正案的连续推出以及修正个别条文的状况而被打乱。二是对于不动产的物权变动和婚姻的成立是否采取形式主义或意思主义的问题上,认为不必拘泥于现实,应制定出具有进步性的规定。但是这些意见似乎并没有反映到具体的审议中。

韩国妇女团体联合会给法典编纂委员会的委员长提交了《关于制定民法典中亲族继承篇的建议》;对已准备好的编纂纲要也展开了激烈的反对运动。主要是对成年子女的分家自由问题;主要是以男女平等原则为根据提出的废除户主制度、缓和形式婚主义等内容。但是被采纳的只是极少一部分。

三 韩国民法典的性质

(一)历史性

从制定过程和历史条件看,1947年6月美国军政时期成立朝鲜法制编纂委员会到1958年2月民法典的正式公布整整经历了11年。可以说韩国民法典是在国情非常复杂而且困难重重的条件下做出的独立之壮举。首先,它表现为韩国国民在独立后制定出适合本国实际的民法典的强烈愿望。其次,在当时的历史环境下还能够力求借鉴和仿效世界先进各国的立法例,并在东亚圈里制定出了一部具有近代意义的民法典,它是一个历史的比较法的伟业。但是在诸

---

[1] 梁昌洙:《韩国民法学五十年回顾》,《第一次韩国法学者大会论文集》,第668页。

多历史条件制约下,难免具有只能依赖"依用民法"的局限性。

(二)比较法性质

(1)参考和仿效了大陆法系中具有代表性的诸民法的特征

韩国是位于东亚的一个半岛国家,在文化和地理上都处于与大陆相隔离的地理位置。但是与它们的地理位置无关地让世界上代表最先进的民法流入本国而得到升华。它比较平均地接受了法国民法、德国民法、瑞士民法/债权法等大陆法系最典型民法体系的内容;而且韩国民法也受到英美法系不少影响(如判例法)。另外一个很重要的事实就是不管它情愿还是不情愿地受到了日本民法的特殊影响。世界上还没有一个像韩国一样以这种形态步入西欧现代法行列的国家。韩国民法的立法者确实是出色的比较法的折衷者(Rechtsvergleichender Eklektiker),韩国无疑是一个世界法的交叉路口(intersection of world laws)。

(2)各种法制交叉重叠的混合型法制

从韩国民法编纂的过程看,民法典的编撰并不是因为民法本身内在逻辑上的要求和邀请,而是法本身以外的政治和情势的需要。因此,可以说在继受外国法的方向移转问题上是不够彻底的。由于韩国所依用的日本民法学说深受德国民法学说的影响,所以民法典编纂时期的民法学说也几乎倒向了德国民法学一边。但是在另一方面又会发现民法典中还有不少法国民法、英美法以及其他国家法制的因素。韩国民法典在属于法典性的继承的同时,也比较全面地概括性地接受了日本民法学在一定时期里所形成的继受法学说。可以说韩国民法典是混合性地、有选择性地进行法律承受的典型例子。

(3)韩国在能够独立自主地编纂民法典之前,已有半个世纪以上的被日本强制承受法律的历史。传统的民事习惯大多数被否定、被歪曲甚至被强行消灭。这种状况成了民法典编纂中难以克服的一大历史性制约。因此,日本民法典所持有的不均衡状态也毫无折扣地遗留在了韩国民法典中。就算独立自主地编纂的民法典也未能使韩国的习惯很好地渗透于西方式的法律制度之中,韩国固有的法律术语也未能很好地反映出来。

(4)实际上和其他的亚洲国家一样,韩国也是在受殖民统治的过程中承受了西欧的法制。但是韩国与其他亚洲国家所不同的是其他国家因直接受西方国家的侵略,所以承受西方法律是直接的;但韩国是被一个世代以前还和韩国一样不懂西方法律的日本强制推行和接受西方法律的,因而是间接的。在日本强占期间引进的近代法,也许因为是同样的汉字国家,才有可能在韩国强制推行。以日本民法典和日本民法学的土壤为基础的韩国民法典,实际上没有多少可以称为日本固有的法律制度。当时韩国民法的起草者也并没有把日本民法典和日本民法学认为是日本所固有的东西。也就是说,被韩国民法典所承受的并非是日本固有的民法。

总之,韩国民法典是"以日本民法典的形式出现并在日本民法学中展开的西欧各国的民法的承受"。也就是说,韩国民法在承受西欧的民法学的时候需要以日本民法学作为媒介。从这一特点来说,韩国民法中所表现出的近代法律制度的条文化现象可称为"媒介继受"(Vermittelte Rezeption),在世界民法类型中可以说是一个很特别的存在。

紧急状态制度的宪政之维[*]

李宝奇[**] 金 庆[***]

摘要：紧急状态与民主、法治和人权之间都存在着冲突，而要解决冲突的紧张关系，必须建构在紧张状态制度中的宪政路径。因此，只有从民主、法治和人权方面构建应对紧急状态制度的宪政理念，才能应对各种紧急状态下可能引发的宪政危机。

关键词：宪政；紧急状态；民主；法治；人权；宪政路径

当今社会屡屡遭遇种种自然或社会原因造成的危机，无论是突发的自然灾害，还是环境的持续恶化，抑或流行病毒的横行，甚至恐怖主义活动的猖獗，局部战争的爆发都极有可能威胁到国家或其局部的社会稳定与人民安居乐业，乃至生存。这些情况下产生的社会紧张状态往往无法用常规的手段来克服，政府在面对这种紧急状态的时候，经常需要超越现有的法律制度框架甚至宪法的约束，采用一些非常规的甚至是极端的途径行使政府权力，以期集中力量克服或控制影响社会稳定与生存的紧张情况，恢复正常的社会秩序。但是，在这种极端情况的巨大权力运行之下，人们为宪法所宣示及保护的权利难免会受到影响甚至剥夺。特别是我国宪法之权威远未受到普遍与真正的尊重，政府权力的法律制约机制仍不完善，一旦

---

[*] 本文发表于《延边大学学报》（社会科学版）2010年第6期，收入本刊时略有修订。
[**] 李宝奇，延边大学法学院教授。
[***] 金庆，延边大学法学院硕士研究生。

发生触发上述种种情况的危急状态,对人民法定权利的限制,甚至剥夺与政府权力的扩张都将危及法治至上,权力必须得到法律的限制这样的宪政原则。如果不惜以最坏的情形考量的话,那么就会使宪法成为一纸空文,使社会处于绝对少数成员的无约束的独裁之下(二战之前的德国最终为纳粹党控制正是非常状态下独裁的权力超越法律乃至宪法的权威所酿成的恶果)。那么,怎样来规制这种权力的行使呢?各国只有普遍地将其引入宪法规范体系之中,以制度来限制国家机器权力的过分膨胀,才能避免公民权利被过分损害。因此,以法律将国家在紧急状态下的权力的界限与对公民人权之影响的限度固定与明确化的紧急状态制度,必将成为我们建构宪法法律体系的应有之义。一些学者们也正纷纷呼吁建构我国的紧急状态法律制度,将紧急状态制度这辆疾驰而来的"列车"纳入宪政的理论轨道之中也成为了我们的当务之急。

一 紧急状态的概念及价值基础

追本溯源,"紧急状态"一词最早出现于欧洲中世纪的法国30年战争之际,而自1985年以来,为应付各种危机,世界上已经有80多个国家实施过紧急状态。[①] 虽然我国宪法及多部法律法规、司法解释均涉及紧急状态的概念,但是这些法律文本之间对紧急状态的定义与理解并不统一。即使在早已普遍将其引入立法之中的西方,想要明确界定这个概念也是一件难事,对它的表述也不尽相同。例如,《英国紧急状态法》第一条这样界定,紧急状态是指可能给英联邦境内某个地方人民的福利、环境、英联邦或者英联邦境内某个地方的安全带来严重损害的事件或情况。又如,欧洲人权法院对"公共紧急状态"的解释是"一种特别的、迫在眉睫的危机或危险局势,影响全体公民,并对社会的正常生活构成威胁"[②]。

[①] 顾林生、刘静坤:《国外紧急状态立法的经验》,《法学》2004年第8期。
[②] 王萱:《紧急状态下的公民基本权利保护》,《法制与社会》2009年第1期。

虽然语言表述不同，我们却可以认为：这些定义都包含着这样的意思，即紧急状态是当一国或国内的一部分遭遇到特殊的威胁之时所进入的一种非常规临时性的法律状态。在这种状态下政府权力行使的限度与方式必将呈现与非紧急状态时有所不同的特殊性。

完整的紧急状态制度理所当然地要包括紧急状态下保证政府有效地行使紧急权力，最大可能地保障与恢复社会之正常秩序以及对政府权力的规制，以求在此强行下对公民权利予以必要限制，这是紧急状态制度的基本价值取向。这种双重价值所构成的体系中的两个价值诉求当然有其相一致的方面——政府在宪法和紧急状态相关法律授权下集中全社会可以动员的全部力量使社会秩序尽快恢复正常，趋于稳定使紧急状态尽快度过，从而大大降低社会中成员的法定权利受到损害的概率与程度。但另一方面，这个体系中的两个价值又有可能互相矛盾，而无法使这个价值体系达成自洽——政府如果企图用最有效的方式保障与恢复社会的秩序行使紧急权力，往往会对某些社会成员的权利产生负面影响，甚至严重的损害，这种损害甚至有可能是针对社会成员为宪法及法律所赋予的权利。从最理想的状态来说，假设政府紧急状态下实施一切权力都是为了稳定与恢复社会秩序的目标也难免因为对较为紧急、较为重要的公共目的的实现而对各种利益和价值进行判断和取舍，从而舍弃某些个体乃至群体的利益。这一切都使得紧急状态自然就建构在一个充满冲突感的价值基础之上，一头是追求"效率"，另一头是人权的保障，我们会发现两者有时很难兼顾，因为无法使这杆天平保持平衡，从而陷入一种痛苦的两难境地之中。

二　紧急状态制度与宪政的紧张关系

宪政是法学、政治学中最重要的概念之一，人们对它下过无数种定义。有人认为，宪政是一种状态；有人认为，它是一种过程。美国制度党派的代言人戈登认为，"宪政是为控制国家的权力和保护公民的自由而设定的统治形式，比民主的内涵更为宽泛，宪政的主导要素在于控制国家"①。有的学者认为,"按宪法所建立的国家政权体制,被人们称之为宪政"②。又如,毛泽东在1940年发表的《新民主主义宪政》一文中写道:"宪政是什么呢?就是民主的政治","世界上历来的宪政,都是革命成功有了民主事实之后,颁布一个根本大法,去承认它,这就是宪法"。③ 其实这些概念在其立足的视角上都是可以成立的,我们很难说其中哪个是错误的,因为它们的视角各不相同。

然而,宪政毋庸置疑包括这样三个基本要素:民主、法治与人权。④ 宪政是以宪法为前提,以民主政治为核心,以法治为基石,以保障人权为目的的政治形态和政治过程。其中,民主和法治都服务于相同的价值——保障人权,仅是发挥作用的功能不同而已。宪政是发展人权的手段。如果说宪法是从应有人权向法定人权转变的手段,那么宪政则是从法定人权向实有人权的转变。⑤ 宪政以对人权的关怀为其终极目的,要求以法律的制度框架规制国家权力的运行,即以宪法的存在及权威为前提,以公民通过民主政治制度赋予政府以为公民所普遍接受且可预见的形式施行国家权力,而且尽量限制政府拥有过大的权力以违纪影响公民的安宁,尽可能地形成对权力的制约以防止滥用。

然而,世界上不存在完美的一成不变的制度体系。正如有学者指出的那样:"紧急状态是一种民主宪政之下的国家权力的行使状态"。它的存在本身正是"对民主宪政内在局限性的承认与克服"。⑥ 正因为宪政自身有这样的基本要素,所以在紧急状态之下难免会受到冲击,从而形成紧张的关系。

---

① [美]戈登:《控制国家——西方宪政的历史》,应奇、陈丽微、孟军、李勇译,江苏人民出版社2001年版,第462页。
② 王鲁青等:《宪法与宪政研究》,中国法制出版社2007年版,第3页。
③ 蔡定剑:《半世纪修宪沧桑路》,《南方周末》2004年3月18日第1版。
④ 李步云:《什么是宪政》,《法学》2008年第3期。
⑤ 周叶中:《宪法》,高等教育出版社2000年版,第177、179页。
⑥ 郭春明:《紧急状态法律制度研究》,中国检察出版社2004年版,第132页。

（一）紧急状态制度与民主的冲突

宪政基本内涵之中的民主要求政府的权力来源于人民，国家权力的行使尽可能通过广泛化确定化的民主程序，并且政府权力在行使中也得到有力的规制与监督。总之，就是使国家权力尽量为大多数人参与行使的保障权力，不被少数人专断，如西方许多国家采取的代议制政府及三权分立架构就是为了这个目的。然而宪政的这个基本内涵却明显地与紧急状态制度的"效率"这个价值基础无法"安然共处"。对"效率"的追求往往使得国家机器需要尽量用最简明的决策机制，命令通过最少的层级去动用尽可能大的公共力量。因此在紧急状态之下，我们很难要求政府的命令由民主机构或通过民主程序制定，也很难用"限权""分权"的"紧箍咒"始终捆绑着行使紧急状态下行使公共权力机关的手脚，因为这种对"民主"原则的无条件的贯彻最后会极大地降低紧急状态下国家机器的效率，从而对人们的利益和社会的安定产生可怕的负面影响。这就使得原本理所当然地对"民主"的追求变得有些"苍白无力"。

（二）紧急状态与法治的冲突

"法治"要求国家权力在宪法和法律的框架限制之内运行，使权力不会被随意行使，国家的权力运行尽量变得可以预测。然而，紧急状态作为一种国家权力运行的非正常状态本身就充满了不确定性。尤其是突发与偶然事件根本不会给予我们建构相应完善的法律制度的时间，而我们提前制定的紧急状态法律制度，只能针对我们经历过的多发的引起紧急状态的情况，而不可能涵盖所有的情况，特别是我们预见的或未曾经历的状况。因此在紧急状态下，我们往往是在无法可依、无规矩可循的状况下"摸着石头过河"。政府经常需要采用一些"制度外"的"非常规"手段超越已制定的法律框架行使权力，从而形成了与宪政法治内容的紧张关系。

（三）紧急状态与人权的冲突

着眼于个人权利，强调对人权的保障，对活生生个体而不是符号的人的关怀越来越成为宪政乃至整个宪法理论体系的重要趋势。对人权的主张与保护，使人们的权利免受蛮横的剥夺是宪法最重要的价值所在。但是，作为社会组成最小单位的人的利益之所在，很难始终与相对来说处于绝对多数的"他人"的利益保持一致。当个人的权利自身或个人与群体，或者较小的群体与较大的群体的利益发生冲突时，就难免要做出让步，自愿或非自愿地放弃自己的某些权利，以保护更大的或更多人的权利，即许多学者所说的为实现"公共利益"而对人权进行克减——"打个折扣"。人权作为宪政的最终目的指向在宪政体系中的地位不言而喻，却不得不在紧急状态下为"公共利益"低下自己高贵的头颅，从而使紧急状态下的国家权力动摇了人权宪政理念的支柱，使得紧急状态制度似乎必然与人权保障发生激烈的冲突——正如许多国家在紧急状态下发生过或正在发生的那样——使人权在某种程度和某种意义上被否定了。[①]

三 紧急状态制度建构的宪政路径

正因为紧急状态下宪政面临着上述的危机，才使得我们必须尽量努力地将紧急状态下的国家权力运行制度问题，在宪政框架内找到合理的路径。因为宪政作为我们整个政治制度建构的基础和目的，作为宪法学的终极追求是不容被否定和质疑的。脱离了宪政，我们的宪法将只是一纸空文，民主法治的旗帜将永远无法被我们高高举起。

如何设计这一路径必将是一个非常宏大的长远规划，它不可能一举而成为一劳永逸之事。社会和自然环境的变迁必将使这一条长

[①] 顾绍梅：《中国"无直接利益冲突"现象探析》，《延边大学学报》（社会科学版）2009年第4期。

路变得更加曲折而充满变数。在这里，笔者只能略尽绵薄之力，试图勾勒这一宏伟路径中的几个"路标式"的原则和制度设想，以求能起到抛砖引玉之功用。

（一）紧急状态的民主路径

"911事件"之后，紧急状态对西方传统的民主理论和民主政治法律体系形成的冲击就成为了西方学者的热门话题，而这些讨论的基础却往往建立在前人的政治与法律学说的基础之上。笔者在这里无意讨论各种学说的优劣，这是因为笔者认为资本主义民主与社会主义民主从本质上是有区别的，因此我们很难将西方的民主理论学说引入以解决我们的问题。

"中国的民主是由最广大人民当家作主的民主。人民当家作主是中国社会主义民主的本质"[1]。社会主义民主是社会成员中绝大多数人享有的民主，我国通过人民代表大会制度、多党合作政治协商制度与基层民主制度建构起了一个独具特色的社会主义民主制度体系。在中国共产党的领导下，我国既具有统一的国家政权、统一的领导力量、统一的指导思想，又能够保障广大公民通过直接或间接的途径广泛地行使民主权利。党和国家在紧急状态下不仅能够高度集中地行使权力与职能，同时又能够始终保持与人民利益的一致性，以"权为民所用、情为民所系、利为民所谋"为权力观、地位观和利益观。这就避免了西方民主分权政治体制在紧急状态下产生的与效率的矛盾，也避免了西方资本主义社会中政府往往为了自己的某些利益站在公众立场的反面，从而使公权力在紧急状态下往往无法有效率地保障人民利益的情况。[2] 当然，我国的民主建设还存在着许许多多的不足，具体到紧急状态之中的民主，特别是基层尽可能地实现民主决策和民主监督，笔者认为与宪政的要求相比需要在以下几个方面予以加强：其一，建立在紧急状态下的民主决策制

---

[1] 国务院新闻办：《中国的民主政治建设白皮书》，2005年10月。
[2] 毛振军：《胡锦涛的政治稳定论探析》，《北京工业大学学报》（社会科学版）2009年第2期。

度，特别是基层政府和基层自治组织要建立相应的应急机制；其二，形成制度化体系化的舆论信息通道，使政府能够广泛地迅速地听取民意，了解民情，同时在紧急状态下坚持信息公开，以安定民心，并使政府行使的紧急权力能得到公众舆论的批评；其三，加强紧急状态下各种对政府权力行使的监督机制，赋予人大、政协、媒体和其他社会团体和个人等各种主体在紧急状态下对紧急状态权力行使的监督权，使其成为人民权利的有力保障。

（二）紧急状态的法治路径

自从2004年全国人大通过宪法修正案将宪法中的戒严相关条文更改为紧急状态并将紧急状态法列入立法规定之后，学界关于制定紧急状态法律制度的讨论就一直不绝于耳。综合来看，笔者认为紧急状态立法路径不外乎三种：一是将紧急状态制度作为宪法的组成部分；二是单独制定一部统一的紧急状态法典；三是不制定统一的"紧急状态法"，而是通过一系列既独立又互相关联的法律法规构建紧急状态法律体系。

笔者认为，我们应兼采众家之长形成这样的一个体制：首先，在宪法中明确界定紧急状态的概念及哪些机关拥有决定和宣布全国或部分地区进入紧急状态的权力，并且明确在紧急状态下宪法对公民的哪些基本权利诸如生命权予以保留。其次，制定一部单独的统一的《紧急状态法》，主要明确紧急状态法的立法宗旨、紧急状态中行使国家权力的原则和基本运行机制、紧急状态法及相关法律制度在法律体系中的位阶，即与相关法律如《刑事诉讼法》的关系和衔接问题，具体明确紧急状态在不同范围内的启动条件、决定程序及必须结束紧急状态制度的条件与程序。还包括公民的权利在得不到有效保障和被公权力非法侵害时的救济途径与程序。最后，进一步完善我国已初具规模的紧急状态相关法律法规体系，这一体系包括戒严法、突发事件应对法、防震减灾法等法律法规，以求与紧急状态法一起形成一个内部不互相冲突的，并且面对新的情况能够日益完善的自洽的灵活的紧急状态法律制度体系。其理由主要有四：

其一,"紧急状态"虽已入宪,但决定机关仍缺少相应的法律规定。而上述事项因其作为紧急状态法律制度基础并且对国家权力结构有举足轻重的作用,显然具备最高效力的宪法较为合适。而宪法作为对人权保障最重要的文件,理应对紧急状态下的公民基本权利作保留,为公权力的行使划定底线。

其二,宪法限于其最高的效力等级和严格的制定程序可谓"字字千金",宪法显然不可能对紧急状态的所有方面作规定。而紧急状态中行使国家权力的原则和基本运行机制、紧急状态法律制度在法律体系中的位阶及紧急状态在启动条件、决定程序等问题,散在于各个法律法规之中,显然不利于将紧急状态纳入宪政框架中形成有效的规制。因此,我们需要一部统一的"紧急状态法"对紧急状态制度作一个系统而又具备普适性和权威性的规定,以有效地规范国家在紧急状态之下的权力,从而保障公民的权利。

其三,因为造成紧急状态的起因多种多样,紧急状态中,我们也往往面临着各种各样复杂的情况,因此以一部《紧急状态法》将紧急状态的所有问题都囊括其中显然是奢望,而层出不穷的新的引发条件也是我们无法预见的,这也使得立法在某种意义上始终会被现实甩在后边。而众多完善的不同层次的法律法规,可以在相当程度上解决前面的问题。一个内部融洽的富有弹性的不断更新并且覆盖广泛的紧急状态法律规范体系会是我们克服立法滞后性的有力武器。[①]

其四,笔者认为制定一部紧急状态法是可行与必需的,然而,我们必须摆正它在法律体系中的位置,万不能将其作为紧急状态时期的"临时宪法"而越俎代庖。需明确"紧急状态法"的效力是而且只能是在宪法之下而不是平行的,更不可以超越于宪法之上。这也是笔者提议在宪法中明确紧急状态的概念界定和发布主体,并且对紧急状态中的公民权利做宪法保留的原因之一。"紧急状

[①] 郇兴艳:《法的确定性与法治的实现》,《延边大学学报》(社会科学版)2009年第6期。

法"虽然可以对其他法律作变通性补充性的规定，但是这种规定的时效当然要限定于紧急状态的情况之下；同时可以对一些紧急状态相关法律法规所共有的制度和立法理念做原则性的表述，但是这些表述都必须被保证不与宪法理念及宪法明文保留的条款相违背。否则，"紧急状态法"只能成为宪政的"破坏者"而不是紧急状态下维持宪政的手段。

（三）紧急状态的人权路径

宪政以保障人权为目的，构建紧急状态法律制度的最终价值诉求也是在紧急状态下有效地保障人权，因此人权的保护在紧急状态的宪政路径中有着非常重要的作用。我们应力求以完善而贯彻始终的制度追求将紧急状态下对人权的损害减少到最小程度，只有这样，才能使紧急状态法律制度符合宪政的要求与精神。紧急状态下对人权的保护有以下几点。

第一，在宪法和法律中明确在紧急状态下对人权的必要保留，防止行政权力的滥用对公民人权的践踏，对其予以必要的限制。明确紧急状态立法的宗旨与原则，特别是明示紧急状态制度的根本目的是保障人权，即使在某些情况下不得不对某些人权予以克减也是为了保障比较而言更为重要的利益并且非必要而不可为，且保持最小损害即对比例原则在紧急状态制度中的坚持。第二，坚持法治原则，政府行使权力必须保持在现有法律制度规范下，即使无法可依时也不能与法律确立的原则相抵触。不得无法律授权无法定原因无限制地对人权进行克减，并且给予公民当自己的人权受到非法侵害时的救济途径，建立紧急状态下立法与司法机关对行政权、公民人权产生影响时的监督机制。总之，就是尽量以紧急状态法律制度编织一张尽可能严密的"法网"，避免权力的过分扩张对人权的非法侵害。

在紧急状态结束之后，首先，当公民的权利为了公共利益，在自己无过错且政府行使权力合法时而被克减的程度非常严重以至于影响其恢复先前的正常生活时，对其应予以必要的补偿或救济；其次，当政府在紧急状态下非法行使权力致使人权受到直接损害时，应由国家予以相应的赔偿。笔者认为，这种国家赔偿的要件中对人权损害程度的要求应尽量把门槛降低，以尽量弥补受害人受到的伤害或损失，并且促使政府在行使权力时树立更强的人权意识。

总之，从民主、法治和人权的角度出发去解决与紧急状态相关的种种理论与制度问题，是当前我们在通往宪政漫漫长路之中上下求索时所应依赖与必须坚持的原则。只有站在宪政的立足点之上，我们才能建构起完善的紧急状态制度，以应对各种纷沓而来的紧急状态危机。

韩国概括遗赠与特定遗赠的分类研究

姜海顺[*]

摘要：韩国政府早在1960年就颁布施行《韩国民法典》所确立的遗赠制度。几经修改的现行的韩国遗赠制度在法律体系和具体的内容方面都具有自己的特色。比较中韩两国的遗赠制度，在遗赠的有效条件等方面的规定具有一定的共性，但是韩国法律具有根据不同种类的遗赠分别规定其受遗赠人权利义务等方面的特色。所规定的给予受遗赠人法定继承人的地位；规定遗赠义务人的范围、催告权与费用偿还请求权、物的担保责任；遗赠的承认和抛弃名称、方式和撤销制度等内容，对我国遗赠立法的修改与完善都具有较好的借鉴意义。

关键词：韩国；遗嘱继承；概括遗赠；特别遗赠；遗留份

遗赠是遗嘱继承制度的重要内容，是继承人根据自己的意愿，用生前立遗嘱的方式，将自己财产的一部或全部赠送给法定继承人以外的自然人和法人，其死亡后发生移转效力的制度。我国的遗赠制度主要体现在1985年制定的《中华人民共和国继承法》（以下简称《继承法》）第十六条第三款规定的受赠人范围的规定。1960年1月1日开始施行，并几经修改后的《韩国民法典》中的遗赠制

---

[*] 姜海顺，延边大学法学院教授，中国法学会婚姻法学研究会理事，吉林省法学会婚姻法学研究会副会长。

度的亮点除了条文规定宽泛细致外，根据遗赠的法律关系将遗赠分为概括遗赠和特别遗赠。这种分类化的规定因有利于把握其遗赠的性质、当事人的权利义务关系及其法律效力，具有较好的操作性。本文通过介绍与分析韩国概括遗赠与特定遗赠制度，探寻我国遗赠制度的具体改革方向。

一 韩国的概括遗赠制度

概括遗赠是遗嘱人通过遗嘱将遗产的全部或一定的比例，赠与他人的遗赠。概括遗赠不仅受赠遗嘱人的积极财产或利益，且按比例受赠遗嘱人的义务。受赠全部遗产的称全部受遗赠，按比例受赠部分遗产的称比例受遗赠。概括遗赠的最大的特色在于其规则与继承相似。

（一）概括受遗赠人的法律地位

《韩国民法典》第一千零七十八条规定，概括受遗赠人与继承人具有同等的权利义务。遗嘱人指定给概括受遗赠人的份额与遗嘱继承份额相似。因此，这种概括遗赠具有与遗嘱继承相同的功能，成为遗嘱继承的替代行为。但是，概括遗赠从严格意义上属于遗赠，与继承有一定的区别。

1. 遗赠的效力发生之前

遗赠原本就是以遗赠人将其财产受赠给受遗赠人的最终意思表示为基础。根据遗嘱生效之前遗赠人随时可以撤销遗嘱的立遗嘱的原则，遗嘱生效之前受遗赠人不享有任何权利。在这种意义上，遗赠类似于附条件的法律行为，但是受遗赠人不能得到《韩国民法典》第一百四十八条"附条件的法律行为的当事人，在不能确定条件成立与否的时间内，不能危害相对方的利益"的规定和第一百四十九条"不能确定条件成立与否的权利义务人，根据一般规定可以处分、继承、保存、担保财产"规定的保护。另外，概括遗赠没有生效，即没有遗嘱能力的人立遗嘱、受遗赠人在遗嘱人死亡前或停

止条件成立前死亡、受遗赠人抛弃受遗赠的,作为遗赠标的物的财产归继承人。(《韩国民法典》第一千零九十条)[①]

2. 遗赠发生效力之后

(1) 权利的取得方面。根据概括遗赠,遗产移转给受遗赠人,即遗赠人死亡时受遗赠人与依继承份额继承被继承人财产一样,按遗赠份额取得相应的权利义务。遗赠权利义务的移转,是属于物权性还是债权性方面,学界有不少的争议,但是有关概括遗赠的效力为物权性的问题上的意见是统一的。[②] 概括受遗赠,在取得财产的登记方面与继承的登记是有区别的。继承登记,只需携带证明继承的书面材料,由登记权利人即继承人提出单独的申请;概括受遗赠,则必须由登记权利人即受遗赠人和登记义务人即遗嘱执行人、继承人,共同提出申请。(2) 对继承债务偿还责任的选择权。对于债务,法定继承人承担无限责任,但法定继承人同时具有单纯继承、限定继承、抛弃继承等选择权。概括受遗赠人也受赠债务,也对受赠的债务承担无限责任,因此,应当给予其与法定继承人相同的选择权。概括受遗赠人自知道遗赠发生效力之日起3个月内,作出单纯承认、限定承认或抛弃遗赠的意思表示,3个月之内没有做出限定承认或抛弃的意思表示的,视为单纯承认受遗赠。概括受遗赠人无重大过失不知继承的债务超过继承遗产的事实,而做出单纯受遗赠的表示或拟制为单纯受遗赠的,自知道其事实之日起,做出限定受遗赠的表示。(3) 参加遗产的分割。继承开始后,共同继承人之间消灭遗产共有关系的方法,有遗产分割的协议和家庭法院的审判。概括受遗赠人和共同继承人以同样的资格参加财产分割。受遗赠人可以向继承人提出参加遗产分割协议的要求,也可以请求法院审判。本来遗产分割不仅具有继承人通过继承对取得的权利进行细化的含义,还具有清算遗产的意思,所以,没必要把当事人限

[①] [韩] 韩凤熙:《家族法》(改正版),首尔绿色世界出版社2007年版,第514、519页。

[②] [韩] 李庚熙:《家族法》(第2全订版),首尔法元社2012年版,第571、573、511、581、577、580、583、567—568页。

定为继承人，可以扩大到受遗赠人。（4）继承恢复请求权的行使。对概括受遗赠人也应视为享有行使继承恢复请求权的人。继承人明确否定概括受遗赠人权利的，概括受遗赠人只能通过行使继承恢复请求权，取得自己应有的权利。《韩国民法典》第九百九十九条规定的概括遗赠，可以准用继承恢复请求权及其除斥期间的规定。

（二）概括受遗赠人的权利义务

概括遗赠与继承有很多相似之处。本文通过概括遗赠与继承的共性与差异的比较分析，解释概括受遗赠人的权利义务。

1. 概括遗赠和继承的共同点

（1）概括遗赠与继承一样，除专属于遗赠人自身的权利以外，不管知道遗赠事实与否当然地接受其受遗赠份额。这说明概括遗赠的效力是物权性的。另外，概括受遗赠人既可以承受遗赠人的债权也可以承受遗赠人的债务，因此，有特定受遗赠人的，概括受遗赠人就成为遗赠义务人。概括受遗赠人没有做出对遗赠的抛弃或限定承认的前提下，对超过所受遗赠积极财产范围的消极财产也要与继承一样承担无限偿还责任。（2）除了概括受遗赠人以外，遗赠人有其他继承人的，概括受遗赠人和继承人的关系与共同继承人之间的关系相同。不管有继承人还是没有继承人或有其他概括受遗赠人，概括受遗赠人与他们之间的关系与共同继承的关系相同。上述的关系因遗产的分割而消灭。（3）对概括受遗赠人，也同样适用《韩国民法典》第一千零一十九条至第一千零四十四条的关于继承的承认或是抛弃等规定。因此，对概括受遗赠人也适用限定承认。所以，自知道遗赠事实起的 3 个月内没有作出抛弃或限定承认意思表示的，应认定为是单纯承认。概括受遗赠人作出限定承认的，在所受遗赠的范围内承担偿还债务的责任。对不知道债务超过遗产而做出概括承认受遗赠表示的，可以从知道事实之日起 3 个月内重新做出限定承认的意思表示。同样对不知道债务超过遗产而进行概括承认受遗赠后，做出处分受赠财产意思表示的或因没有做出限定承认或抛弃的意思表示并已过考虑期限，而自然成为概括受遗赠的，也可以从知道事实之日起 3 个月内重新做出限定承认的意思表示。（4）财产分割方面，概括受遗赠人与继承人的地位相同。接受了全部财产的受遗赠人抛弃其受赠财产权利的，如果没有遗嘱人的继承人就按无继承人的程序处理，有其他继承人的，被抛弃的遗产就按继承份额归继承人继承。接受了部分财产的概括受遗赠人抛弃权利的，如果没有其他概括受遗赠人或继承人的，与继承一样按无继承人的程序处理。但是，除抛弃权利的受遗赠人以外，有其他概括受遗赠人或有其他受遗赠人和继承人的，抛弃的遗赠份额应按其他受遗赠人和继承人的份额归其所有。①

2. 概括遗赠和继承的差异

（1）受遗赠人是从遗赠人那里无偿获得财产利益的人，因此，受遗赠人有权利能力即可。因此，无论是自然人、法人、团体和组织，只要有代表人或财产管理人，就能成为概括受遗赠人。这与受遗产的主体只局限于自然人的继承是有区别的。（2）概括受遗赠人与继承人的另外一个区别是不享有特留份权。既是有超过遗留份额的 1/2 的特定遗赠，概括受遗赠人也不能行使遗留份返还请求权，找回其受遗赠的份额。（3）概括遗赠生效之前受遗赠人死亡的，不发生遗赠的效力。遗赠不具有继承的代位问题，只是基于遗赠人的意思表示，可以将受遗赠人的继承人指定为补充受遗赠人。另外，遗赠可以对受遗赠人附加负担（《韩国民法典》第一千零八十八条），而继承是不能随便附加负担的。②（4）共同继承人中的一人，将自己的继承份额让与第三人的，其他继承人享有对这一份额的受让权，但概括受遗赠人不能享有让与权。（5）遗嘱人的指定与特殊财产的移转问题上，继承人被指定为保险受益人的，继承人享有其保险收益，而概括受遗赠人不能享有保险收益。农地的继承不需要履行特殊的手续，但是概括受遗赠农地，需要农地所在地

---

① ［韩］李庚熙：《家族法》（第 2 全订版），首尔法元社 2012 年版，第 571、573、511、581、577、580、583、567—568 页。

② ［韩］金畴洙、金相瑢：《亲族相续法——家族法》（第 11 版），首尔法文社 2013 年版，第 763、762—763、765、766、768、769 页。

官署的证明。(6)对于不法行为的赔偿请求权,即使成为继承的对象,概括受遗赠人也是不能受赠。遗嘱人作出概括遗赠的表示,通常考虑的是自己财产上的权利,而不是人身上的权利。

(三)概括遗赠的承认与抛弃

《韩国民法典》规定的有关遗赠的承认和抛弃的规定,总体上有利于保护受赠人的合法利益,防止受赠人承担所得利益之外的债务。对概括遗赠的承认,抛弃应适用第一千零一十九条至第一千零四十四条的有关继承的承认,抛弃的规定;关于遗赠的承认,抛弃为小标题的第一千零七十四条至第一千零七十七条的规定只适用于特殊遗赠。概括受遗赠人自知道遗赠生效之日起3个月内,可以做出单纯承认或限定承认或抛弃的意思表示。3个月内没有做出限定承认或抛弃的意思表示的视为做出了概括遗赠的单纯承认。根据第一千零一十九条的规定,概括受遗赠人在规定的期间内,不知道受赠债务超过受赠财产的事实,而做出单纯承认受遗赠意思表示的,自知道其事实之日起3个月内改作限定承认的意思表示。这样的观点符合概括遗赠的受遗赠人对遗赠的债务负无限责任的现行法律规定。从立法理论上看,受遗赠人因遗赠而受益,不能就其怠于作出对遗赠的意思表示而受损,因此,这种情况应视为其作出抛弃的意思表示的更为妥当。①

二 韩国的特定遗赠制度

特定遗赠指的是在遗产中特别指定某一项或某几项财产为目的的遗赠。"特定"是相对于遗产的全部或一定比例的与"概括"相对应的概念,是指财产的数量及种类等的具体指定。因此,可以是以特定物为标的物的特定遗赠,也可以是以不特定物为标的物的不

---

① [韩]金畴洙、金相珑:《亲族相续法——家族法》(第11版),首尔法文社2013年版,第763、762—763、765、766、768、769页。

特定物遗赠。特定遗赠的标的物可以是有体物，也可以是债权的无偿转让权、抵押权等担保权的设定、用益物权或租赁权等的设定、债务免除、受遗赠人财产上设定的物权的抛弃等。[①]

（一）特定遗赠的效力

特定遗赠中首先应该明确的是遗赠的标的物何时转移给受遗赠人的归属时期问题，即遗嘱发生效力时转移给受遗赠人，还是遗赠义务人履行遗赠义务时转移给受赠人的问题。《韩国民法典》采用物权变动的形式主义，因此应认为特定遗赠具有债权的效力。[②] 这是因为，特定遗赠的标的物作为遗产，首先应归属于继承人所有，受遗赠人享有的是标的物的转让请求权。因此，作为遗赠标的物的特定财产权，随遗赠义务人履行义务而移转给受遗赠人。特定遗赠的这种债权效力与概括遗赠是完全不同的，但是特定遗赠与债务免除相同的是不具有遗赠义务人的履行，只有遗嘱人意思表示也可以发生效力。

特定遗赠发生债权效力的根据除了上述的物权变动的形式主义之外，还包括：（1）在特定遗赠方面的规定中使用"遗赠义务人"（第一千零七十七条等）、"请求履行遗赠"（第一千零七十九条）等词汇，因此，可以推定特定遗赠物归属于遗产，受遗赠人有权请求继承人履行遗赠，特定物通过继承人的履行移转给受遗赠人。动产的转让，不动产的移转登记之后，财产的所有权最终移转于受遗赠人。[③]（2）在限定继承的情况下，继承的债权人可优先于特定受遗赠人受偿债权（第一千零三十六条），其结果特定受遗赠人有可能不能受到遗赠。但是如果给特定遗赠赋予物权的效力，则会发生

[①] ［韩］李庚熙：《家族法》（第2全订版），首尔法元社2012年版，第571、573、511、581、577、580、583、567—568页。

[②] ［韩］韩凤熙：《家族法》（改正版），首尔绿色世界出版社2007年版，第514、519页。

[③] ［韩］金畴洙、金相珞：《亲族相续法——家族法》（第11版），首尔法文社2013年版，第763、762—763、765、766、768、769页。

与其相反的情况。(3) 在遗产分割的情况下，按《韩国民法典》第一千零五十一条第三款的规定，准用《韩国民法典》第一千零三十五条、第一千零三十八条的规定，可以拒绝或按比例偿还债务。(4) 继承本来形态与本质就是继承人作为被继承人的概括继承人继承其一切权利义务，履行遗赠的义务。

（二）特定受遗赠人和遗赠义务人的权利义务

1. 遗赠履行请求权

特定遗赠的受遗赠人有权请求遗赠义务人按照遗嘱的内容履行遗赠。请求遗赠义务人履行遗赠义务的诉讼是针对全部遗赠义务人进行的共同诉讼。特定遗赠人与受遗赠人的权利义务有以下特点：(1) 孳息取得权。受遗赠人自可以请求履行遗赠之时起，取得其特定物的孳息（第一千零七十九条）。这里的"可以请求履行遗赠时"是指单纯遗赠时的遗赠人死亡；附有停止条件遗赠时的停止条件成立时；附开始期限遗赠时的开始期限到来时。一般情况下，可以请求履行遗赠时，就可以取得标的物的孳息，不问现实中是否已经请求履行与否。因此，遗赠义务人经过"可以请求履行遗赠时"而取得孳息的，有转让给受遗赠人的义务，而且要承担《韩国民法典》第三百八十七条规定的迟延履行责任。遗赠义务人隐瞒遗嘱或受赠人因不能归责于受赠人的原因而没有请求孳息的，遗赠义务人应返还获得或应获得的全部孳息。但是自受赠人请求履行遗赠之日起，遗赠义务人应承担迟延履行遗赠的责任。孳息包括天然孳息和法定孳息，但遗赠人对孳息做出相反内容遗嘱的，按遗嘱执行孳息。[①] (2) 费用偿还请求权。遗赠义务人于立遗嘱人死亡之后，在标的物转让之前支出必要费用的，可以向受赠人请求偿还其费用。《韩国民法典》在费用偿还方面有两种规定。一是遗赠义务人在遗嘱人死亡之后为收取遗赠标的

[①] [韩] 金畴洙、金相瑢：《亲族相续法——家族法》（第11版），首尔法文社2013年版，第763、762—763、765、766、768、769页。

物的孳息而支出必要费用的，在孳息的价格范围内，可向取得孳息物的受遗赠人要求偿还（第一千零八十条）。二是遗赠义务人在遗嘱人死亡后对遗赠标的物支出了相应费用的，准用第三百二十五条的规定，请求偿还支出的费用（第一千零八十一条）。遗赠标的物支出的相应费用指的是必要费用，即为了按原来的方法和适当的状态维持标的物所支出的费用和为增加标的物的经济价值而支出的必要费用。依据受遗赠人的请求，家庭法院可以给予义务人一定的偿还费用期限。

2. 不属于遗产的权利遗赠

特定遗赠为标的的权利，于遗嘱人死亡时不属于的遗产的，该遗赠无效。即，遗赠的内容以遗嘱发生效力为基准，最后确定其遗产的范围。不属于遗产的权利遗赠有几种情况：一是立遗嘱的当时本来属于遗嘱人所有，但由于权利变动，遗嘱发生效力时不属于遗嘱人的财产；二是遗嘱人认为是自己所有而立遗嘱，但从一开始就不属于遗嘱人所有的财产；三是遗嘱人立遗嘱时希望取得而死亡时为止未能取得，但在遗嘱中处分的他人所有的财产。上述几项财产都不可能发生权利的移转，当然其遗嘱也不能发生效力。但也有以下几种例外情况：（1）不属于遗产的权利遗赠的例外。遗赠人死亡时该标的物还不属于遗产，但遗嘱人明确表示该遗嘱应发生效力的，其遗赠有效。这种情况下，遗赠义务人有义务先取得该权利后移交给受赠人（第一千零八十七条第一款但书）。但是遗赠义务人无法取得该权利或取得该权利需要支付昂贵费用的，可以依该价额赔偿（第一千零八十七条二款）。①②（2）权利消灭请求权的否认。《韩国民法典》规定，遗赠标的物或权利在遗赠人死亡时已属于第三人所有的，受遗赠人不能请求遗赠义务人消灭其对第三人的权利（第一千零八十五条），特定遗赠是遗赠人把标的物保持其死亡时的状态留

---

① ［韩］李庚熙：《家族法》（第 2 全订版），首尔法元社 2012 年版，第 571、573、511、581、577、580、583、567—568 页。
② ［韩］金畴洙、金相珗：《亲族相续法——家族法》（第 11 版），首尔法文社 2013 年版，第 763、762—763、765、766、768、769 页。

给受遗赠人的遗赠，所以上述的规定是理所当然的。作为第三人权利的时期，不问其遗嘱成立前后与立遗嘱人是否知道其权利属于第三人的事实。[1]但是在上述情况下如果遗赠人用遗嘱表示其他意思表示的按遗嘱执行（第一千零八十六条）。如，立遗嘱人要求遗嘱执行人排除第三人拥有的一切权利，将完整权让给受赠人的，应按照遗嘱执行。[2]（3）遗赠义务人的担保责任。《韩国民法典》规定，不特定物作为遗赠标的物的，遗赠义务人对标的物享有与出卖人相同的担保责任（第一千零八十二条第一款）。以不特定物作为遗赠标的物的，遗嘱人的本意应该是，将没有瑕疵的标的物的完整权转让给受赠人，如果遗赠义务人将不属于遗嘱人的标的物转让给受赠人的不能说是完全尽到了其义务。因此，标的物有瑕疵的，遗赠义务人应转让没有瑕疵的物来承担遗赠义务人的担保责任（第一千零八十二条第二款）。这款规定与种类物的出卖人所承担的担保责任（第五百八十一条）相似，但应该注意的是在责任内容上是有所不同的。种类物出卖人的担保责任内容包括契约解除、损害赔偿、完全物给付请求权等三种。但是在种类物遗赠的担保责任中，遗赠是单独行为，不可能存在契约解除的情况。因此只有损害赔偿和完全物给付请求权两种。在买卖契约方面，《韩国民法典》第五百八十一条规定，买受人可以在契约解除，损害赔偿请求权和安全物给付请求权中，选择行使其请求权，而遗赠方面，第一千零八十二条第二款又规定，当标的物有瑕疵时先请求完全物的给付。这就是不特定物遗赠人的担保责任与买卖合同担保责任的区别。作为不特定物的瑕疵担保责任，一次性认可完全物请求权的理由，应该是尽可能满足遗嘱人死后的意愿。遗赠的标的物为第三人所有，遗赠义务人不能转让没有瑕疵的标的物的，遗赠义务人应承担损害赔偿责任；[3]遗赠的标的物

---

[1] ［韩］李庚熙：《家族法》（第2全订版），首尔法元社2012年版，第571、573、511、581、577、580、583、567—568页。

[2] ［韩］金畴洙、金相珞：《亲族相续法——家族法》（第11版），首尔法文社2013年版，第763、762—763、765、766、768、769页。

[3] ［韩］吴始暎：《亲族相续法》，首尔学现社2006年版，第658页。

为特定物的，遗赠义务人不具有瑕疵担保责任。

(三) 特定遗赠的物上代位权
1. 损害赔偿请求权遗赠
《韩国民法典》第一千零八十三条规定，遗赠人因遗赠标的物的灭失、毁损或占有的侵害，而有向第三人请求损害赔偿权利的，可以认为该权利就是遗赠的目的。遗赠标的物灭失，是指标的物自身的灭失或失去所有权的情况。如，可以请求保险金的情形、因第三人的违法行为而请求损害赔偿金的情形、因土地征用请求征用保证金的情形等。遗赠的标的物因不可抗力的原因而灭失的其损失也应由受赠人承担。毁损大部分是指标的物价值毁损的行为，但也不限于此，标的物与其他物的附合、混合、加工而引起的灭失而发生的补偿请求权也包含在此。

2. 债权的遗赠
遗赠的标的为金钱以外的债权的，会发生一系列的问题。（1）债权于遗嘱人生前消灭、灭失、变更的应该如何处理的问题。（2）债权为附有利息的债权的，该利息是否也是遗赠的标的物的问题。如果利息为遗赠的标的物，当遗赠发生效力，何时开始的利息成为遗赠的标的物的问题。（3）遗嘱人在生前已经受领了债权，其债权已经消灭的如何处理等问题。前面的两个问题，应依债权法的一般原理与遗嘱人的意思表示来解决，但对第三个问题《韩国民法典》是有特别规定的。即以金钱以外的债权作遗赠标的的，遗嘱人因偿还而取得的物，包括在遗产范围，在遗嘱人没有其他意思表示的，该物成为遗赠的标的物（第一千零八十四条一款）。根据此规定，债权为遗赠的标的，遗赠人受领之后性质变为有标的物的遗赠。债权的种类物作为给付的对象，遗嘱人受领后，转让、处分其标的物的，应认定为立遗嘱人的生前处分行为。如果生前行为与遗嘱内容相抵触的，应视为撤回遗赠。

3. 金钱遗赠
遗赠的标的为金钱债权的，该偿还的债权中相当一部分金额不包括在遗产范围的，该金额也应视为遗赠的标的（第一千零八十四条第二款）。金钱是指没有个性的纯观念性的价值，受偿的债权中有没有受偿的货币是很难判断的。所以价值权的金钱视为遗赠标的的，不管遗赠人接受的货币是不是在遗产当中，该债权额视为遗赠的标的。金钱作为遗赠标的的，即使该金钱不在遗产中也可以依其他财产的交换价值而取得，遗赠人无法以交换价值取得金钱的，遗赠也是有效的。①

上述具有物上代位性的三种情况都属于任意规定，所以遗赠人有其他遗嘱表示的，应随遗嘱的意思表示（第一千零八十六条）。

（四）特定遗赠的承认与抛弃

遗赠本来就是给受赠人一定利益的，但是不能因为是利益而忽视受赠人的意愿，而让受赠人强制接受。因此应给予受赠人接受遗赠或抛弃遗赠的权利。《韩国民法典》规定概括遗赠的承认或抛弃适用继承的承认与抛弃的规定。因此有关遗赠的承认和抛弃的规范专用于特别遗赠。

1. 遗赠的承认与抛弃的自由

（1）特定的受赠人于遗嘱人死亡后，随时都可以作出遗赠的承认或抛弃的意思表示（第一千零七十四条第一款）。但是受赠人在遗嘱发生效力前是没有取得受遗赠权，因此在遗嘱人生前是不得作出承认或抛弃遗赠的意思表示的。（2）特定遗赠生效后，受赠人随时都可以做出承认或抛弃受遗赠的意思表示。遗赠的标的物为可分物的，可以允许受赠人进行部分承认与抛弃的意思表示。对于特定遗赠的抛弃方式是没有任何限制的，不同于必须向家庭法院申告的继承或概括遗赠的抛弃程序，受赠人只向遗赠义务人或遗赠执行人表示接受或抛弃即可。（3）特定遗赠的承认或抛弃属于意思表示，应受能力与权限上的限制。即未成年人、限制民事行为能力

---

① ［韩］李庚熙：《家族法》（第2全订版），首尔法元社2012年版，第571、573、511、581、577、580、583、567—568页。

人，只能单独行使取得权利、免除义务的行为，而不能行使取得义务、免除权利的行为。因此，未成年人和限制行为能力人可以单独承认特定遗赠但不得抛弃特定遗赠。（4）特定遗赠的承认或抛弃的效力溯及到遗嘱人死亡时（第一千零七十四条二款）。如不承认其溯及效力，会产生遗嘱人死亡时到抛弃受遗赠的一段期间内，实际取得权利的受益人，要从抛弃受遗赠的人处取得权利的不合理的现象。受赠人抛弃遗产权利，遗嘱人没有做出其他表示的，其遗赠的标的物应归于法定继承人。

2. 遗赠义务人的催告权

《韩国民法典》没有特别规定特定受遗赠人承认或抛弃遗赠的期限，但是遗赠的承认或抛弃对于继承人、概括受赠人等利害关系人的影响是最大的。所以规定，遗赠义务人或利害关系人应确定一定的期限，要求受赠人或继承人作出承认或抛弃的意思表示，也可以向受赠人或继承人行使催告权。在此期限内，受赠人或继承人没有作出意思表示的，可以视为承认遗赠（第一千零七十七条第二款）。

3. 禁止撤销对遗赠的承认与抛弃

《韩国民法典》规定，受赠人表示承认或抛弃特定遗赠的，不得任意撤销其原来的意思表示（第一千零七十五条第一款）。遗赠的承认和抛弃之后的撤销也包括撤回的意思表示。禁止撤销制度是为了保护遗赠义务人和其他利害关系人的利益而设立的。当然禁止撤销只限于合法而有效的意思表示，因欺诈，强迫而作出承认，抛弃的意识表示或无能力人的单独承认、抛弃的意思表示等有瑕疵的意思表示，是基于民法总则的规定当然可以撤销的（第一千零二十四条第二款）。撤销权行使的期限是从追认开始之日起3个月，承认或抛弃之日起1年内，如在此期限内没有行使撤销权的，其撤销权则消灭（第一千零七十五条第二款、第一千零二十四条第二款）。[①]

[①] ［韩］李庚熙：《家族法》（第2全订版），首尔法元社2012年版，第571、573、511、581、577、580、583、567—568页。

4. 受遗赠人的承认与抛弃

《韩国民法典》规定，受遗赠人对遗赠没有进行承认或抛弃的意思表示而死亡，其继承人继承受遗赠人的地位，在自己继承份额的限度内可以作出承认或抛弃的意思表示（第一千零七十六条）。继承人为数人的几位继承人可以各自做出自己继承份额限度内的承认或抛弃的意思表示。受遗赠人的继承人承认或抛弃受遗赠的最长期限，应准用继承的承认和抛弃的期限，从继承人知道继承开始之日，知道承认、抛弃的催告之日起计算。但遗嘱人以遗嘱作出其他意思表示的，遵循其遗嘱（第一千零七十六条但书）。

三　韩国遗赠制度的借鉴

通过上述的介绍和分析发现，韩国的遗赠制度和中国的遗赠制度在遗赠的有效条件等方面有一定的相同点，但是在具体的规范上有不少区别。相比之下，中国法律的规定内容少、较为原则、缺乏可操作性。因此我们应该借鉴韩国法律的规定，进一步完善我国的遗赠制度。从韩国法律规定中可借鉴的内容有以下几个方面：

（一）区分遗赠的类型

中国《继承法》规定的遗赠制度没有按遗赠的具体类型来规范遗赠当事人的权利义务关系，而《韩国民法典》对遗赠进行分类，根据不同的特色分别规范其法律关系，这种类型化的规定更有利于规范与调整遗赠当事人间的权利义务关系。其中，概括遗赠与特别遗赠的分类体现了韩国法律的最大特色。

《韩国民法典》根据遗赠的内容对概括遗赠与特别遗赠当事人的权利义务关系，进行了分别规定。从我国《继承法》的规定来看，虽然遗嘱人通过遗赠的方式将自己的遗产，概括或特别的遗赠给受遗赠人，但对概括遗赠和特别遗赠中当事人的不同的权利义务关系，也就是概括受遗赠人的地位等同于继承人、而特别受遗赠人的地位区别于继承人等方面没有做出具体的规定。因此，《韩国民法典》中，将遗赠进行分类，根据其受遗赠人的不同法律地位，分别规定其权利义务、遗赠的效力及遗赠的承认及抛弃等方面的相关规定，对我国立法具有一定的借鉴意义。

（二）确定受遗赠人继承人的地位

我国《继承法》对遗赠人与受遗赠人、受遗赠权的代理行使等问题，进行了原则性的规定，但是对受遗赠人的继承人的转遗赠等事项没有做出具体的规定。相比之下，韩国法律对遗赠主体方面的规定比我国法律的规定更为详细，在法律实践中具有较好的操作性。

根据《韩国民法典》第一千零七十六条的规定，受遗赠人对遗赠没有承认或抛弃而死亡的，其继承人继承受遗赠人的地位。也就是说，受遗赠人的继承人可以转继承受遗赠人应该接受的遗赠人的遗产。既然受遗赠人的继承人取代受遗赠人的地位，应该在自己继承份额的限度内可以作出承认或抛弃的意思表示。继承人为数人的几位继承人可以在各自继承份额的限度内做出承认或抛弃的意思表示。受赠人的继承人承认或抛弃受遗赠的最长期限，应准用继承的承认和抛弃的期限，从继承人知道继承开始之日或知道承认、抛弃的催告之日起计算。但是遗嘱人表示受赠人死亡时，其继承人不能做出承认或抛弃的意思表示或继承人中的特定人才能做出承认和抛弃的意思表示的应该遵循遗赠人的遗愿。受赠人的继承人不能代位受遗赠人接受遗产，[①] 但可以转接受遗赠人应该得到的遗产。

（三）规定遗赠义务人及其权利义务

我国《继承法》没有具体规定遗赠义务人及其权利义务关系。但是《韩国民法典》第一千零七十七条、第一千零八十一条和第一

---

① 吴国平、吴锟：《论我国大陆地区遗赠主体制度的立法完善——以海峡两岸法律制度的比较为视角》，《海峡法学》2013年第3期。

千零八十二条规定的遗赠义务人的范围与权利、义务的相关规范值得我们借鉴。

1. 设立的遗赠义务人的范围应包括：（1）遗赠义务人原则上是继承人；（2）有遗嘱执行人的，遗嘱执行人可以视作继承人的代理人，有遗嘱执行人的，因继承人不具有财产处分权利，因此遗嘱执行人成为遗赠义务人；（3）概括受遗赠人具有与继承人相同的地位，可成为遗赠义务人；（4）没有继承人的，遗产的管理人成为遗赠义务人；（5）有数位继承人的，包括概括受遗赠人在内的数位成为共同的遗赠义务人，各位继承人按照自己的继承份额分担受遗赠义务，各自分担的份额，遗嘱没有特别指定的按各自继承的份额执行。①

2. 遗赠义务人的权利可以设立催告权和费用偿还请求权。遗赠义务人或利害关系人应确定一定的期限，要求受赠人或继承人作出承认或抛弃的意思表示，也可以向受益人或继承人行使催告权。在此期限内，受赠人直接请求遗赠义务人履行遗赠或向他人表示接受遗赠都视为承认遗赠，受赠人或继承人没有作出意思表示的，可以视为承认遗赠。关于催告的意思表示方式没有其他的形式要求，但催告的意思表示应向遗赠义务人做出。催告到达受赠人就可以发生效力。另外，遗赠人死亡后遗赠义务人对其标的物支出相关费用的，可以向受赠人、受益人等请求偿还费用。

3. 遗赠义务人的责任方面应设立标的物的担保责任。遗赠的标的为特定物的，遗赠义务人是没有瑕疵担保责任，应转让其现物。但不特定物作为遗赠标的物的，遗赠义务人对标的物享有与出卖人相同的担保责任。以不特定物作为遗赠标的物的，遗嘱人的本意应该是，将没有瑕疵的标的物的完整权转让给受赠人，如果遗赠义务人将不属于遗嘱人的标的物转让给受赠人的不能说是完全尽到了其义务。因此，标的物有瑕疵的，遗赠义务人应转让没有瑕疵的

---

① ［韩］李庚熙：《家族法》（第 2 全订版），首尔法元社 2012 年版，第 571、573、511、581、577、580、583、567—568 页。

物来承担遗赠义务人的担保责任。种类物遗赠人的担保责任与种类物的出卖人所承担的担保责任相似，但其内容上是有区别的。种类物的出卖人的担保责任内容包括契约解除，损害赔偿，完全物给付请求权等三种。但是在种类物遗赠的担保责任中，遗赠是单独行为，不可能存在契约解除的情况。因此只有损害赔偿和完全物给付请求权两种。作为不特定物的瑕疵担保责任，一次性认可完全物请求权的理由，应该是尽可能满足遗嘱人死后的意愿。遗赠的标的物为第三人所有，遗赠义务人不能转让没有瑕疵的标的物的，遗赠义务人应承担损害赔偿责任。另外，遗产中的其他物，也都有瑕疵的不存在担保责任。但是对无瑕疵的物已作了处分的应承担损害赔偿责任。

（四）完善遗赠的承认与抛弃制度

1. 遗赠的承认和抛弃的名称方面，我国法律是称为继承的接受和放弃，而韩国法律称为继承的承认和抛弃。因"接受和放弃"与"承认与抛弃"的含义不同，学界也有人主张，《继承法》在应将"遗赠的接受和放弃"改为"遗赠的承认和抛弃"。①② 本人同意相关观点。其主要理由是遗赠为单方法律行为，至继承开始也就是遗赠人死亡后遗赠物也该由受赠人所取得，无须接受，但可以做出承认或抛弃的意思表示。另外，承认和接受的含义区别还在于接受遗赠应该是实际取得财产利益，而承认是一种权利效力。

2. 遗赠的承认和抛弃的方式方面，韩国法律接受遗赠必须在规定期限内表示接受遗赠，对没有表示接受或明确表示放弃的应认定为放弃受遗赠。韩国的规定与我国的规定相似。《继承法》第十五条第二款规定"受遗赠人应当在知道受遗赠后两个月内，作出接受或者放弃受遗赠的表示。到期没有表示的视为放弃受遗赠。"韩

---

① 吴国平:《海峡两岸遗赠制度的比较及大陆地区遗赠立法之完善构想》,《广西大学学报》2013 年第 3 期。

② 吴国平、吴锟:《论我国大陆地区遗赠接受与抛弃制度的立法完善——以海峡两岸法律制度比较为视角》,《福建行政学院学报》2013 年第 1 期。

国法律和中国法律的最大区别是韩国法律根据遗赠的分类对概括遗赠和特定遗赠分别进行了其承认和抛弃的相关规定。这种分类化的规定，对我国立法具有较好的借鉴价值。（1）概括遗赠很多方面与继承相似。所以韩国对概括受遗赠的承认与抛弃应适用民法有关继承的承认和抛弃的相关规定。概括受遗赠人自知道遗赠生效之日起 3 个月内，作出单纯承认或限定承认或抛弃的意思表示。3 个月内不作出限定承认或抛弃的意思表示的视为作出概括遗赠的单纯承认。（2）遗赠的承认与抛弃的规定只适用于特殊遗赠。根据特定遗赠的性质，特定受赠人，除了遗嘱人生前表示受赠人不得做出承认或抛弃遗赠的意思表示之外，于遗嘱人死亡后，随时都可以做出遗赠的承认或抛弃的意思表示；特定遗赠的承认与抛弃，没必要必须是无条件、无期限，遗赠的标的物为可分物的，也可以允许受赠人进行部分承认与抛弃的意思表示；特定遗赠的承认或抛弃受能力与权限上的限制并其效力溯及到遗嘱人死亡时。

3. 我国法律没有规定有关遗赠的承认和抛弃的撤销问题，因此立法时可以借鉴韩国的相关规定。《韩国民法典》为了保护遗赠义务人和其他利害关系人的利益而特别规定，受赠人不得撤销对遗赠的承认或抛弃的意思表示。这里的禁止撤销只限于合法而有效的意思表示，因欺诈，强迫而作出承认、抛弃的意思表示或无能力人单独承认、抛弃的意思表示等有瑕疵的意思表示，应基于民法行为能力的相关规定当然可以撤销的。但是这种撤销权的行使，不可能是无限制，其行使期限从追认开始之日起 3 个月或承认、抛弃之日起 1 年内为宜。在规定期限内没有行使撤销权的，其撤销权归于消灭。

综上所述，1960 年 1 月 1 日开始施行的《韩国民法典》第一千零六十五条至一千一百一十八条的有关遗嘱的规定，将遗赠进行分类化，根据其不同的特点进行了较为详细的规定。特别是概括遗赠和特别遗赠的分类化规定，对我国的立法具有较好的借鉴意义。其内容按法条的顺序包括，遗赠的承认与抛弃、遗赠义务人的催告权、概括受遗赠人的权利义务、受赠人的孳息取得与收取孳息费用的偿还请求权、遗赠义务人非常偿还请求权与特定物的担保责任、遗赠的代位性、不属于遗产的权利遗赠、附负担遗赠和受赠人责任、遗赠生效前受赠人的死亡、遗赠的无效与失效等多项规定。相比之下，我国《继承法》第三章对遗嘱和遗赠进行了概括性的规定。其基本内容不具体，缺乏可操作性。因此我们应该借鉴韩国法律的规定在遗赠的分类、受遗赠人的法律地位、遗赠义务人的权利义务、遗赠的承认和抛弃等方面进行改革，使之成为具有中国特色的遗赠制度。

清末新政背景下张之洞对留学日本的影响[*]

何云鹏[**]

摘要：张之洞是清末重臣、洋务派的重要代表人物之一，同时也是一位宗旨宏达、新旧杂糅的著作家、思想家和颇有影响的教育活动家。在张之洞40余年的从政经历中，始终没有中断过对兴学育才教育活动的倾心与关注。尤其是在清末新政的背景下，张之洞对清末留学日本教育的展开，在理论与实践两个方面都起了积极的促进作用。

关键词：张之洞；清末新政；留学日本；影响；教育

张之洞成为办理洋务重臣以后，在举办实业、创建新军的过程中，深感极度缺乏具有国际视野和通晓近代事务的各方面人才。早在1898年，张之洞所撰著的《劝学篇·外篇》中，主旨就是强调"益智""兴学"，提倡"游学"，即派留学生出国学习和派考察团出国考察，培养各领域所急需的专门人才。光绪二十六年十二月初十日（1901年1月29日），慈禧太后以光绪皇帝的名义发布了一道新政改革上谕，开启了清末新政与十年变法改革的序幕。在清末"新政"的背景下，张之洞在与两江总督刘坤一联衔上奏的《江楚

---

[*] 本文发表于《法制与社会》2016年第30期，收入本刊时略有修订。
[**] 何云鹏，男，延边大学法学院教授，硕士研究生导师。

会奏变法三折》的第一折，即《变通政治人才为先遵旨筹议折》中，把"兴学育才"作为新政的首要措施。"奖劝游学"则是其中的重要内容之一。尤其是1905年清廷决定废除科举取士制度之后，更是掀起了留学日本新的浪潮。对清末留学日本教育的展开，无论在理论阐发，还是在组织实施这两个方面，张之洞都起了积极的促进作用。

一 兴学重教是儒臣张之洞仕宦生涯的重要特征之一

张之洞（1837—1909年）字孝达，号香（芗）涛，晚年自号抱冰老人，直隶南皮（今属河北）人。清道光十七年八月初三生于贵州。咸丰二年（1852）顺天府解元，同治二年（1863）探花，入翰林院授编修。1867年后历任浙江乡试副考官，湖北学政，四川学政，内阁学士兼礼部侍郎，山西巡抚，两广总督和湖广总督等职。光绪三十三年（1907）起任军机大臣，兼管学部。慈禧太后和光绪皇帝死后，他以顾命重臣晋太子太保，死后被清廷谥为"文襄公"。张之洞政治法律思想和教育思想的核心是维护封建纲常礼教，所以被追随其多年的幕僚辜鸿铭称为一代"儒臣"[①]。张之洞在忙于公务的同时，还勤于著述，其著作有后人整理出版的《张文襄公全集》行世。其中，特别是张之洞于1898年4月出版的代表作——《劝学篇》，更是把他的"儒臣"本色发挥得淋漓尽致。

张之洞作为晚期洋务派思想的代言人，在《劝学篇》中最全面最充分地阐述了"中体西用"思想，使它成为洋务派的总纲领。张之洞的《劝学篇》是在戊戌年间变法维新的过程中产生的，一般认为它有调和顽固派反对变革与激进的改良派主张彻底改革之间矛盾的用意。《劝学篇》分内篇和外篇两个部分，共由二十四篇独立成

[①] 辜鸿铭语。人或问追随张之洞20余年的辜鸿铭曰："张文襄比曾文正何如"？辜氏答曰："张文襄儒臣也，曾文正大臣也"。"三公论道，此儒臣事也；计天下之安危，论行政之得失，此大臣事也。国无大臣则无政，国无儒臣则无教"。《张文襄幕府纪闻·清流党》，参见冯天瑜标点《辜氏文集》，岳麓书社1985年版，第7—8页。

章的文章构成。内篇的目的是"务本以正人心",张之洞担心"邪说暴行,横流天下",故起而卫道。他把三纲五常称作"万古不变之常经"。外篇的目的是"务通以开风气",他主张在维护"圣道"即封建专制统治和封建纲常礼教的前提下,学习西方先进的社会科学与自然科学知识,改变"法制""学制"等,即所谓"旧学为体,新学为用"或"中学为体,西学为用"[①]。企图以西方的知识技艺(即张之洞所谓的"西政"和"西艺")来维护清王朝的封建统治,达到挽救危亡及最终捍卫"圣道"的目的。

张之洞认为"中国不贫于财而贫于人才,不弱于兵而弱于志气。人才之贫,由于见闻不广,学业不实;志气之弱,由于苟安者无履危救之远谋,自足者无发愤好学之果力。保邦致治,非人无由。"[②] 培养人才是国家的头等大事,而人才又出于教育。为了"兴学求才",开通风气,张之洞在为学政时先后创设了经心书院(湖北)和尊经书院(四川),为督抚时则在大力改革江汉书院的同时,又开办了涉猎领域更为广泛的各种学堂(其范围包括军事、农工商实业和外国语言等),为洋务活动培养所需的各种专门人才。他虽主张通经学古,但反对空疏繁琐的学风、文风。奏陈整顿试场积弊,主张要治民心必须先治士,法不贵严,贵在必行。

辛丑条约签订之后,为迎合清廷新政需要,1901 年张之洞与刘坤一会奏"变通政治人才为先"等三折,建议对教育进行一系列改革,如设立文武学堂,酌改文科、停罢武科的科举制度。积极倡导奖励留学,多译洋书等。他在《变通政治人才为先遵旨筹议折》中写道:"盖非育才不能图存,非兴学不能育才,非变通文武两科不能兴学,非游学不能助兴学之所不足。"[③] 1903 年张之洞受命会

---

① 张之洞:《劝学篇·序》。参见陈山榜《张之洞劝学篇评注》,大连出版社 1990 年版,第 2—3 页。喻大华认为,张之洞《劝学篇》中的旧学等同于中学,新学等同于西学,因此,"旧学为体,新学为用"也就等同于"中学为体,西学为用"。参见喻大华《晚清文化保守思潮研究》,人民出版社 2001 年版,第 38 页。

② 张之洞:《劝学篇·序》,陈山榜《张之洞劝学篇评注》,大连出版社 1990 年版,第 176 页。

③ 转引自李细珠《张之洞与清末新政研究》,上海书店出版社 2009 年版,第 99 页。

同张百熙、荣庆厘定学堂章程；博考日本等国学制，在1902年制定的学制基础上，制定了中国第一个正式颁行的近代学制——《奏定学堂章程》即癸卯学制。张之洞非常重视师范教育和留学教育，并强调教学内容的近代化，所有这些都对清末教育改革影响很大。

二 张之洞对清末留学日本的理论与实践

1894年的甲午战争，泱泱大国的大清王朝惨败于蕞尔小国近邻日本，宣告了由洋务派经营了30余年的洋务运动的破产。国人始猛然觉悟，日本明治维新后的迅速崛起，原因是勇于向西方学习。故甲午之后，举国上下，莫不视游学东瀛为富强之要径。从现有的史料看，张之洞对清末留学日本教育的展开在理论与实践两个方面都起了积极的促进作用。

姚锡光著有《东瀛学校举概》一书。张之洞曾派姚氏赴日本考察学校教育等情况，这本书就是姚氏的考察报告。该书分门别类地介绍了日本各级各类学校的概况，出版后颇受欢迎。所有这些，正可显示留学的准备工作逐渐完成。此前，日本国的一些文武大员基于某种可告人或不可告人的动机与目的，曾不时游说中国地方督抚张之洞、刘坤一、岑春煊及袁世凯等人，极力陈述学习日本新式教育对中国致力于富强的助益和作用，历陈派遣学生留学日本学习陆军和政治法律制度等的必要性。毋庸讳言，这对张之洞的教育思想势必会产生一定的影响。

张之洞在《劝学篇·游学》篇中大力倡导留学日本之效："出洋一年，胜似读西书五年，……入外国学堂一年，胜于中国学堂三年……游学之益幼童不如通人，庶僚不如亲贵。"张之洞认为日本能够迅速崛起的一个重要原因，就在于其重视通过留学西洋，培养了改革所急需的各种人才。中国也必须效仿日本重视留学教育，积极推进留学教育的展开，并选择日本为主要留学对象国。张之洞派遣游学生的方针是"西洋不如东洋"。即主张多向日本派遣留学生，并分析阐述了其理由："一则路近省费，可多遣；二则离华近，易考察；三则东文近于中文，易通晓；四则西书甚繁，凡西学不切要者，东人已删节而酌改之，便于学习。中东情势风俗相近，易仿行，事半功倍，无过于此。"① 因此，于19世纪90年代和20世纪初叶，身为湖广总督的张之洞选派了大批湖北籍学生留学日本，据粗略统计，达数千人之多，为留日学生数量最多的省份之一。使湖北的新式教育一度走在全国的前列，成为各省争相仿效的典范。湖北留学日本的学生中多有后来成为著名人物者，如吴禄贞、蓝天蔚、刘成禺、张继煦等。②

《劝学篇·广译》篇则力言翻译日本书籍之必要，并且指出依赖西洋人寻求新学有两种弊端：若先从西洋教习学习，因语言不通，错误百出；又西洋人教学特别缓慢，使学期延长。张氏因而力陈翻译日文的必要："大率商贾市井，英文之用多；公牍条约，法文之用多；至各种西学书之要者，日本皆已译之，我取径于东洋，力省效速，则东文之用多。"③ 从实用和快速见效及学习者自身情况等方面考虑，张之洞强调指出："学西文者，效迟而用博，为少年未仕者计也。译西书者，功近而效速，为中年已仕者计也。若学东洋文，译东洋书，则速而又速者也。是故从洋师不如通洋文，译西书不如译东书。"④ 可见，张之洞强调派遣留学生和翻译外文书籍的实用性。

张之洞的《劝学篇》不啻为留学日本的宣言书。《劝学篇》问世一年之后，各方反应热烈。梁启超在《大同译书局叙例》中称："联合同志，创为此局。以东文为主，而辅以西文，以政学为先，而次以艺学。"在政治上，张之洞与梁启超意见往往相左，互相攻击，但对于翻译日本书一事，意见完全相同。由此推之，日本书籍

---

① 张之洞：《劝学篇·外篇》，陈山榜《张之洞劝学篇评注》，大连出版社1990年版，第98—99页。
② 张之洞：《劝学篇·序》，陈山榜《张之洞劝学篇评注》，大连出版社1990年版，第194页。
③ 冯天瑜著：《张之洞评传》，河南教育出版社1985年版，第112页。
④ 冯天瑜著：《张之洞评传》，河南教育出版社1985年版，第113页。

清末新政背景下张之洞对留学日本的影响

翻译及日本留学两事确是当时有识之士的共同呼声。

留日学生的激增，固然能为清政府的新政改革提供所急需的一定数量的各方面的人才，但是留学生在国外接受了新的思潮，不少人逐渐走向革命道路，不时给清政府制造麻烦。光绪二十八年（1902）留日学生的成城入学事件和次年的拒俄运动，在国内外引起了强烈的反响，使清政府意识到加强留学生管理的紧迫性和必要性。1903年，慈禧太后在召见张之洞时命其制定留学政策，筹议防范办法。因留学生事务涉及所在国的关系，经慈禧太后同意，张之洞与日本驻华公使内田康哉多次往返商榷，拟定了章程清稿。并呈请庆亲王奕劻和军机大臣审阅。其后，经过与日本驻华公使内田康哉和军机处王大臣的反复商议，张之洞最终完成了约束与奖励留学生章程的起草工作。

在张之洞上奏清廷的《筹议约束鼓励游学生章程折》中，强调对留学生加强管理和约束的重要性，主张对那些"年少无识，惑与邪说，言动嚣张者"必须加以惩处，对严重违纪违规且"无悛改之望者，即行饬令回国，不准稍有逗留"。而对"循理守法潜心向学者"，特别是对那些安分用功学成回国的学生，必须给予奖励，即"视所学等差，给予奖励"，根据学业程度及毕业文凭等情况，分别给予拔贡、举人、进士、翰林出身，对"得有博士文凭者（在学前后通计十六年）除给以翰林出身外，并予以翰林升阶"，以期使留学生有羡慕之心，真正达到约束和鼓励的目的。[1]

1903年，清廷颁布了新学制（《奏定学堂章程》）。日本学者实藤惠秀指出："这份章程名义上是当时管学大臣张百熙、荣庆及张之洞三人合作的，其实是张之洞参考日本学制及《钦定学堂章程》写成的，长期地成为清末教育制度的基本方针。"[2] 在这一章程的"学务纲要"项下，有下列一条："各省办理学堂员绅，宜先派出

---

[1] 陈学恂、田正平：《中国近代教育史资料汇编》，上海教育出版社1991年版，第53—57页。

[2] [日]实藤惠秀著：《中国人留学日本史》，谭汝谦、林启彦译，生活·读书·新知三联书店1983年版，第34页。

洋考察",又指定"日本断不能不到"。

　　同年,张之洞奏定《约束鼓励游学生及自费生立案章程》,主张鼓励自费留学生。张百熙、荣庆及张之洞又奏订《奖励游历游学章程》。此后,官费、自费留日学生的奖励、考验和管理的规章制度不断完善。

结　　语

　　综上所述,张之洞在清末教育制度变革过程中发挥了重要作用。张之洞不仅在湖广总督任上身体力行,调入军机处作为军机大臣之后更是对朝廷决策有着重要影响。对教育事业的毕生关怀,是晚清重臣张之洞区别于其他同僚的显著特点,晚清新政时期张之洞的言论与行为,恰是他一生中的闪光点。在《江楚会奏变法三折》中,张之洞对学制改革和留学教育提出了切实可行的方案。稍后,张之洞参与制定的学制和关于各类留学生教育的奖惩规章制度等,对中国近代教育和留学生教育的发展奠定了基础。

　　毋庸讳言,基于特定的时代背景,作为晚清重臣的张之洞,其思想是新旧杂糅的,基本上体现了"中体西用"的精神。在其倡导与推进的留学日本教育方面大体上也没有跳出这一窠臼。一方面,清末新政上谕中明确规定了三纲五常是不可变的,即"中体"是不可变易的;另一方面,要达到"自强雪耻"的目的,就必须变法,要推行新法就急需通达中外的人才,而留学日本则是作育这种人才的一个重要途径。这样,推进留学教育也就成为新政中应有之义。不论其效果如何,张之洞为此所做出的贡献我们是应当铭记的。

儒家思想对韩国刑事司法模式的影响研究

尹茂国[*]

摘要：在儒家思想的影响下，古代朝鲜形成了特色鲜明的儒家刑事司法模式，现代韩国虽然深受西方法制的影响，但其司法制度依然折射出浓浓的儒家刑事司法模式的色彩，以促进社会和谐为刑事司法的终极价值取向，刑事司法不仅具有教化职能、浓厚的伦理化色彩、恤刑主义的特点，而且还具有可调和化及"原心定罪"的倾向。以韩国为启示，我国刑事司法模式转型要保持一种传承关系，要以自我为立场，还要注重司法价值取向的层次化及多元化。

关键词：儒家刑事司法模式；司法教化；司法伦理化；原心定罪

儒家思想不仅对中国古代社会影响巨大，形成了独具特色的儒家刑事司法模式，而且对东亚各国也都产生了深远的影响，尤其是对朝鲜半岛的法律制度影响较大。从传说中的箕子时期开始，中国历朝历代的法律制度都对朝鲜半岛产生了实质的影响，尤其是《唐律》和《大明律》对古代朝鲜法制的影响最为显著，形成

---

[*] 尹茂国，1968年出生，男，汉族，吉林抚松人，延边大学法学院教授，法学博士，刑事诉讼法学专业。

了与中国古代一脉相承的儒家刑事司法模式。1910年日本实施了所谓的"日韩合并",朝鲜王朝也随之宣告结束。1948年,朝鲜半岛形成了北部的"朝鲜民主主义人民共和国(简称朝鲜)"及南部的"大韩民国(简称韩国)",在刑事司法制度方面,朝鲜和韩国也走向了不同的路向,韩国采取的是混合式诉讼模式。韩国虽然受日本及西方法制影响较大,但在思想层面却并未摆脱儒家思想的影响,相反在儒家思想的引领下,较好地实现了法制现代化的转型,其刑事司法制度中,依然折射出浓浓的儒家刑事司法模式的色彩。

一 韩国刑事诉讼立法进程概要

从刑事诉讼立法进程来看,韩国刑事诉讼模式经历了由职权主义诉讼模式到混合式诉讼模式的演进过程。在日本殖民统治时期,日本的《刑事诉讼法》被强行植入了朝鲜半岛,从总体上来看,日本的《刑事诉讼法》也不是自我创制的,而是更多地借鉴了德国的《刑事诉讼法》,因此,该时期的刑事诉讼模式呈现的是职权主义刑事诉讼模式。二战结束后,韩国又经历了3年的美国军政管理时期,在此时期,通过美军政令的方式,在刑事诉讼中融入了部分当事人主义因素,尤其是在人权保障及被告人参与权等方面有所强化。1954年《刑事诉讼法》出台过程中,一方面对日本殖民时期的法律进行清理,但同时又对原有法律进行了沿用,就1954年《刑事诉讼法》的基本架构和内容来看,基本上还是沿用了日本殖民统治时期的《刑事诉讼法》,而并未采用日本1948年融入诸多当事人主义元素的《刑事诉讼法》,因此,刑事诉讼模式总体上仍然呈现出了以职权主义诉讼模式为主的特征。1954年《刑事诉讼法》出台以后,陆陆续续对其进行了数次修改,分别是:1961年9月1日【法律第705号】;1963年12月13日【法律第1500号】;1973年1月25日【法律第2450号】;1973年12月20日【法律第2653号】;1980年12月18日【法律第3282号】;1987年11月28日

【法律第3955号】；1994年12月22日【法律第4796号】；1995年12月29日【法律第5054号】；1997年12月13日【法律第5435号】；1997年12月13日【法律第5454号】；2002年1月26日【法律第6627号】；2004年1月20日【法律第7078号】；2004年10月16日【法律第7725号】；2008年1月1日【法律第7427号】；2006年8月20日【法律第7965号】；2007年5月17日【法律第8435号】；2007年6月1日【法律第8496号】；2007年12月21日【法律第8730号】；2009年6月9日【法律第9765号】；2011年7月18日【法律第10864号】；2011年8月4日【法律第11002号】；2012年12月18日【法律第11572号】；2013年4月5日【法律第11731号】；2014年5月14日【法律第12576号】；2014年10月15日【法律第12784号】；2014年12月30日【法律第12899号】；2015年7月31日【法律第13454号】；2016年1月6日【法律第13720号】；2016年1月6日【法律第13722号】。从数次修改的趋势来看，修改的目的总体上是逐步彰显人权保障理念，修改的内容也是逐渐融入当事人主义元素，由此形成了现行的职权主义与当事人主义相结合的混合式诉讼模式。正如金炳权所认为："韩国刑事诉讼法在日本殖民地时代适用日本的旧刑事诉讼法，在1945年解放以后过渡政府时期以美军政令为基础采纳吸收了英美法系的当事人主义因素，尤其是在人权保障方面力图修改职权主义和官僚主义色彩浓厚的日本旧刑事诉讼法，而在刑事诉讼程序上力图民主化。此后经过9次的部分修改产生了现在的刑事诉讼制度。考察现在的刑事诉讼法的职权主义及当事人主义的因素，职权主义的因素中有法院的审问被告人职权、依靠职权调查证据、审判长依职权审问证人及审问程序变更权、向检察官要求公诉状变更权、自由心证主义、法院的诉讼指挥权、对于检察官的公诉状变更法院的许可等；当事人主义的因素中有公诉事实的特定、公诉状一本主义及公诉状变更、检察官和被告人的公判庭出席权、当事人的证据申请权、传闻法则等。综合考察现行刑事诉讼法的全部，可以看出它是以大陆法系的职权主义为基础，吸收英美法系的长处并加强当事人主义、公判中心主义的一种折衷构造。"① 虽然在《刑事诉讼法》发展过程中，也曾出现过波折甚至是后退，但总体上的发展趋势并未改变。"在 1973 年 1 月 25 日的第三次修改中人权保障的宗旨虽有些后退，但从整体上看，人权保障仍向扩大的方向发展着。"② 因此，"目前韩国的刑事诉讼法是以职权主义的诉讼构造为根基，但也采取当事人主义被大幅引入的折衷主义的诉讼构造，特别能够强烈体现当事人主义要素的领域就是公判程序。"③ 比较而言，2007 年 6 月 1 日颁布的《刑事诉讼法修正案》修改幅度最大，修改内容几乎覆盖整个《刑事诉讼法》，更加突出人权保障理念，融入诸多当事人主义刑事诉讼的元素。主要修改内容：（一）原则上允许辩护人参与侦查机关对犯罪嫌疑人的讯问过程，这不仅包括羁押的犯罪嫌疑人，同时也包括未被羁押的犯罪嫌疑人。不仅是律师可以作为辩护人参与讯问过程，甚至是犯罪嫌疑人的法定代理人、配偶、直系亲属或兄弟姐妹等，也都允许以辩护人的身份申请参与讯问过程。（二）更加明确犯罪嫌疑人、被告人沉默权的规定，明确规定检察官或司法警官讯问犯罪嫌疑人时，应首先告知其享有拒绝陈述的权利，即使不陈述也不会对其产生不利的影响；如果放弃不陈述权利，那么其所做的陈述将会成为法庭上的指控证据；告知犯罪嫌疑人在接受讯问时，可以申请辩护人参与并为其提供法律帮助；一定要将犯罪嫌疑人、被告人对于陈述与不陈述权的表态明确记录在卷。（三）强化对辩护权的保障，赋予被告人在诉讼过程中可以查阅或复印有关材料或证据的权利。（四）取保候审形式多样化，由过去单一保证金形式发展到除缴纳保证金之外，还可以视案件具体情况，采取多种担保手段以达到释放被告人的目

---

① 金炳权：《韩国刑事诉讼制度简介》（上），《诉讼法论丛》（第 4 卷），法律出版社 2000 年版，第 235 页。
② 金炳权：《韩国刑事诉讼制度简介》（上），《诉讼法论丛》（第 4 卷），法律出版社 2000 年版，第 235 页。
③ 金炳权：《韩国刑事诉讼制度简介》（上），《诉讼法论丛》（第 4 卷），法律出版社 2000 年版，第 244 页。

的。（五）完善拘留、逮捕是否适当的司法审查制度，将审查对象扩大到令状之外的紧急拘留情况，并对告知义务、审查程序与期限加以明确规制。（六）完善紧急扣押、搜查、勘验制度，对紧急扣押、搜查、勘验加以了限制性的规定，进一步明确了适用的条件。（七）确立以不羁押嫌疑人为侦查原则的规定。（八）完善以审判为中心的审判程序，引入了庭前准备程序、证据开示制度，进一步明确集中审判及即时宣判原则，强化庭审中口头辩论主义。（九）进一步完善证据制度，突出证据裁判主义，更加强调证人出庭作证制度，非法证据排除规则得到了进一步完善，明确规定法官拥有排除非法证据的裁量权，进一步明确庭外笔录的证据能力，侦查过程引入录音录像制度。（十）强化对被害人的权利保障，规定被害人有获得案件进程的被告知权，加强对被害人法庭陈述权的保障。本次《刑事诉讼法修正案》可以说是在先前数次修改的基础上，所进行的一次规模最大的系统梳理，同时也是融入当事人主义元素的系统整合，更加彰显人权保障及程序公正理念。因此，从刑事诉讼立法进程来看，韩国刑事诉讼模式经历了由职权主义诉讼模式到混合式诉讼模式的演进过程。

二 儒家思想对韩国刑事司法模式的影响

作为一种刑事诉讼模式，要以法律制度为基础并通过法律制度表现出来，但法律制度并非刑事诉讼模式形成的唯一因素，除法律制度外，一种刑事诉讼模式的形成还受法律文化、刑事司法政策等诸多因素的影响。韩国刑事诉讼模式从外在方面看，表现的是混合式刑事诉讼模式，但从实质上看，却一直深受儒家思想的影响，带有浓浓的儒家刑事司法模式的色彩。

（一）以促进社会和谐为终极司法价值取向

儒家思想的核心是要实现和谐社会，其他所有一切都要围绕这一目标而展开。在儒家刑事司法模式之下，刑事司法作为惩治犯罪的一种国家活动，其价值取向必然要与整体思想保持一致，从这个意义上来讲，刑事司法并不是单一的惩治犯罪的活动，而是促进社会和谐的一个重要组成部分，因此说，刑事司法的终极价值取向就是要实现社会和谐。对此，韩国沈羲基教授认为："在儒教社会中刑事司法不是自成一体的，而是作为促进社会和谐的一种手段，属于全部社会体系的一部分。刑者弼教、刑者辅治是儒家刑事司法的代表思想。这里的'治'和'教'指的是在刑事司法的帮助下（弼、辅）使得全体社会没有矛盾和冲突，营造出一种和谐的社会氛围。对于扰乱（达、犯）平稳和谐社会关系（道、德、礼、治、教）的人施加的制裁方式就是儒教社会的刑事司法（刑）。由于刑事司法是维持社会和谐稳定的一种手段，所以当整个社会体系都平稳运行时就没有必要动用刑事司法。同样地，刑事司法的最终目的就是使社会不需要刑事司法（刑期于无刑）。因此，刑事司法绝不是一国政治的根本，而是一国政治的最下策。"① 在古代朝鲜时期，就一直将儒家思想作为治国思想，刑事司法就是典型的儒家刑事司法模式。虽然在刑事法律制度方面，古代朝鲜基本上仿效了中国古代时期的法律制度，但在对儒家思想的尊重方面，古代朝鲜较中国更为坚持，甚至在明朝时期，儒家思想对中国刑事司法影响相对弱化的情况下，古代朝鲜在借鉴《大明律》时，也并未一味地摹仿，而是采取了以儒家思想为统领的选择性借鉴，在刑事立法与司法实践中，将儒家思想贯彻到底，形成了典型的儒家刑事司法模式。步入近现代社会以后，近代朝鲜虽然深受日本殖民统治及西方法律制度的影响，刑事司法制度在外在形式上发生了较大变化，但在思想层面上，儒家思想却从未退出，一直影响着刑事司法制度的价值取向。正如沈羲基教授所言："近代朝鲜的新儒学刑事司法的基调500年中几乎没有动摇地流传下来了，现代韩国的刑事司法虽然融合了许多西方和日本的刑事司法制度，但儒家刑事司法制度的影响

---

① 沈羲基：《韩国文化和刑事司法制度：新儒学的刑事司法制度的功过和对其将来的展望》，《韩国刑事政策研究院——刑事政策研究》第28卷0号（1996），第55页。

力也一直持续着。"① 儒家思想对韩国刑事司法制度的影响并非没有遇到挑战,进入现代社会以后,随着韩国社会的工业化、信息化和国际化进程的不断加快,刑事司法问题渐渐成为了国家政治所主要关心的本务,而儒家刑事司法模式的思想就变得有些不合时宜,以儒家刑事司法这种消极的姿态去解决现代社会中激增的抢劫和性暴力犯罪问题是很困难的。另外,还有来自个人价值观的冲击。韩国的新生代已经失去了在父权家长制模式中接受监护和保护的兴趣。对这些人来说,就算知道家长制的保护和训诫能给他们自身带来好处,他们也拒绝这种实惠和恩典,而是在个人主义价值观的支配下,选择优先保护个人隐私权。如果家长制干涉了他们个人理想和自我价值的实现,那么他们就已经做好了和家长甚至是与国家战斗的准备,而这无疑对儒家刑事司法模式的有效实施也造成了障碍。上述冲击虽然对儒家思想在韩国社会中的地位产生了一些影响,但从实质上而言,儒家思想已经融入到韩国社会的方方面面,从重家庭伦理到提倡孝文化,从重祭祀文化到弘扬传统风俗节日,从重家训、家风的塑造到注重大、中、小学校中的儒家教育,从威权政治到家庭式经济管理模式,无不折射出以儒家思想为主导的社会管理模式。也正是在儒家思想的统领下,即使在日本殖民统治时期,作为独立的国家虽然消亡了,但作为一个拥有主导思想的民族却从未失去自我。也正是在儒家思想的统领下,即使在西方现代制度全方位涌入韩国的情况下,韩国也从未机械地仿效或照搬,而是在儒家思想的指导下,以我为主地进行辩证的选择和借鉴,在制度层面西方化的同时,却从未失去自我,顺利地实现了现代化的转型。也正是在儒家思想的统领下,即使面临市场经济、国际经济一体化乃至金融危机的冲击,韩国将企业管理、经济经营家庭伦理化,形成了荣辱与共、患难与共的凝聚力,不仅实现了韩国经济的腾飞,而且也帮助其渡过了金融危机,成就了极具凝聚力的韩国社

---

① 沈羲基:《韩国文化和刑事司法制度:新儒学的刑事司法制度的功过和对其将来的展望》,《韩国刑事政策研究院——刑事政策研究》第28卷0号(1996),第66页。

会，这在倡导个人本位、权利本位、契约主义的国度中，是难以理解和接受的一种现象。在儒家思想和文化的影响下，刑事司法并非国家要务，而是促进社会和谐的有机组成部分。

（二）刑事司法具有教化职能

儒家思想以社会和谐为终极目标，而社会和谐的基础是社会关系的和谐，社会关系之所以能够和谐，首先是源于社会个体的和谐，社会个体的和谐造就社会关系的和谐，社会关系的和谐促成和谐社会。儒家倡导义务本位、道德本位，个体只有在义务之中，才能抑制自我欲望，才能胸怀他人与社会，才能实现与人和谐、与社会和谐。也只有在道德之中，个体才会积极实践仁、义、礼、智、信，才能更具社会责任感和使命感。从法律视角来看，犯罪是危害社会的行为，但从道德视角来看，犯罪是失去礼义廉耻的结果，失去礼义廉耻实际上就是个体失去自我的表现。在儒家看来，每个个体本是性善之人，"善"的含义中具有不失去自我之义，不失去自我实际上就是保持个体自我和谐的应有之义，一个不和谐的个体必然导致不和谐的社会关系，进而导致不和谐的社会。因此，从儒家思想出发，刑事司法就不是一个简单的定罪科刑的活动，而是一个如何使犯罪人重新找回礼义廉耻之心、如何重回清明安和的理性状态、如何回归社会的教化活动，刑罚只是一个不得已而为之的辅助手段，并非理想选择。正如孔子所云："子张曰：'何谓四恶？'孔子曰：'不教而杀谓之虐，不戒视成谓之暴，慢令致期谓之贼，犹之与人也，出纳之吝谓之有司。'"[①] 荀子也认为："故不教而诛，则刑繁而邪不胜；教而不诛，则奸民不惩。"[②] 韩国刑事司法过程中，受儒家思想影响较大，刑事司法带有明显的教化功能。"从近代的观点来看，可以把儒学家看作是社会道德规范体系的引领者。儒家刑事司法模式中规定的犯罪行为全部都直接或间接的是违反三

---

① 《论语·述而》。
② 《荀子·富国》。

纲五常的不伦行为。三纲五常是儒家道德范畴中最典型的道德准则，因此刑罚的首要性质就是对违反三纲五常的行为承担道义上的责任。这里所说的道义上的责任是指行为者如果没有'常人所必须的廉耻'就要受到惩罚，因此儒教社会中教育的目的就是要大众都有礼义廉耻。对于不知礼义和道德的无廉耻者第一阶段的刑罚就是要使其身体上受到伤害和胁迫。但是只有这个阶段是无法阻止行为者的恶行的，因为在刑事司法执行力跟不上的地方刑罚是起不到作用的。比起想如何阻止犯罪者再犯，从根本上改变初犯者的内心才是首要任务。因此，刑罚仅仅是给予身体上的惩罚和屈辱感是不行的，由此引出刑事司法的第二个阶段是通过刑罚找回初犯者的廉耻心，使没有廉耻心的犯人重新具有礼义廉耻。儒家刑事司法模式与法家刑事司法模式最根本的区别是，前者的主要观点是'礼主刑辅'，后者的主要观点是强调刑事司法的作用。"[①] 从上述表述可以看出，在儒家刑事司法模式的影响下，韩国在对待刑罚的态度上，不是一味强调刑罚的惩罚功能，而是将注意力放在刑罚的教化功能方面。因为犯罪人失去了礼义廉耻之心，所以要受到惩罚，而惩罚的意义又在于使之重新找回礼义廉耻之心。即使对待不需要惩罚的违法犯罪者，司法者也要对其进行教化，防微杜渐，而不是直接释放了之。除此之外，司法部门不仅负有直接教化犯罪者的职能，同时还承载着对社会进行一般教化的任务，以达到一般预防的目的。正如沈羲基教授所言："法务部对'没有犯罪的村庄'进行表彰等等这些事例都说明了近代朝鲜儒家刑事司法模式在现代韩国的重现。"[②]

（三）刑事司法伦理化色彩浓厚

在儒家思想的影响下，韩国在形式上不断吸收西方法律制度的

[①] 沈羲基：《韩国文化和刑事司法制度：新儒学的刑事司法制度的功过和对其将来的展望》，《韩国刑事政策研究院——刑事政策研究》第28卷0号（1996），第56页。

[②] 沈羲基：《韩国文化和刑事司法制度：新儒学的刑事司法制度的功过和对其将来的展望》，《韩国刑事政策研究院——刑事政策研究》第28卷0号（1996），第65页。

同时，又在实质上维护儒家的伦理纲常，无论是刑事实体法、《刑事诉讼法》，还是在刑事司法实践中，都体现出了伦理化的特征。

1. 注重对亲情的维护

无论是个体和谐还是社会和谐，其最终都是以情感为基础，表现为情感的和谐，因为只有在感情当中，人们才能忘却自我，而去关心他人。在诸情感关系当中，首要的就是亲情关系，人与人之间的和谐首先从亲属间的和谐开始，由近到远，由小到大，逐渐向外推展出去，形成了层层的和谐关系圈，进而形成和谐社会。因此，对亲情的维护不单是个人之间的事情，而是一个国家的要务。刑事司法作为国家重要活动之一，其价值取向中必然要突出对亲情的维护。

（1）对尊亲属的特殊保护

"尊尊亲亲"构成了儒家伦理思想的核心，在家、国一体的状况下，对尊亲属的维护既是家庭和谐的基础，同时也是社会和谐的前提。韩国在儒家思想的影响下，在刑事立法、司法中，均彰显了对尊亲属的特殊保护。首先，从刑事实体法的规定来看，在同样的犯罪行为面前，如果对尊亲属实施犯罪行为，那么，其处罚要重于对其他主体实施同样的犯罪行为。如《韩国刑法典》第二百五十条【杀人、杀害尊亲属】、第二百五十七条【伤害、对尊亲属的伤害】、第二百五十八条【重伤害、对尊亲属的重伤害】、第二百五十九条【伤害致死】、第二百六十条【暴行、对尊亲属的暴行】、第二百七十一条【遗弃、遗弃尊亲属】、第二百七十三条【虐待、虐待尊亲属】、第二百七十五条【遗弃等致死伤】、第二百七十六条【逮捕和监禁、尊属逮捕和尊属监禁】、第二百七十七条【重逮捕和重监禁、尊属重逮捕和尊属重监禁】、第二百八十一条【逮捕、监禁等的致死伤】、第二百八十三条【胁迫、尊属胁迫】都规定了对尊亲属的特殊保护，这虽然看似与"法律面前人人平等"原则不相一致，但在韩国看来，平等并不意味着毫无差别，这种差别对待恰恰是维护一个社会和谐的基础，只有尊卑有序、长幼有序，才能进而实现社会的和谐有序。

(2) 对亲属间犯罪行为的包容

同样的犯罪行为如果是发生在亲属之间，则会进行区别对待。如《韩国刑法典》第三百二十三条【妨害权利行使】："拿走、隐匿或损坏由他人占有或成为他人权利标的的自己物品或电子记录等特殊媒体记录妨害他人行使权利的，处5年以下惩役或700万元以下罚金。"但上述行为如果是发生在亲属或有着特殊关系的人之间，就会有所区别对待。如第三百二十八条【亲属间的犯行与告诉】："（一）直系血亲、配偶、同居亲属、同居家属或其配偶相互之间实施第三百二十三条犯罪的，免除其刑罚。（二）第（一）款之外的亲属之间实施第三百二十三条犯罪的，只有告诉才能提起公诉。"同样的情形还表现在第三百二十九条【盗窃】、第三百三十条【夜间侵入住居盗窃】、第三百三十一条【特殊盗窃】、第三百三十一条之二【非法使用汽车等】、第三百三十二条【常习犯】规定当中，如果上述犯罪是发生在亲属之间，那么处理就会完全不同。根据第三百四十四条【亲属之间的犯行】："第三百二十八条的规定，准用于第三百二十九条至第三百三十二条的犯罪及其未遂犯。"上述犯罪行为因为是发生在亲属之中，所以会得到免予处罚的对待，表现出了对亲情的一种特殊维护。类似的规定还表现在第三百六十二条【赃物的取得、斡旋等】、第三百六十三条【常习犯】、第三百六十四条【业务上过失、重过失】，上述情形根据第三百六十五条的规定，同样可以适用第三百二十八条的规定，如第三百六十五条【亲属间的犯行】："（一）实施前3条犯罪的人与被害人之间具有第三百二十八条第一款、第二款的身份关系的，准用同条规定。"

(3) 对亲属间包庇犯罪的宽容

为了维护亲属或家属之间的亲情，韩国刑事司法过程中，还表现出了不以亲情作为惩治犯罪的成本和代价，对亲属或家属间的互相包庇行为采取了宽容的态度。如《韩国刑法典》第一百五十五条【毁灭证据与亲属间的特例】："（一）销毁、隐匿、伪造、变造有关他人刑事案件或惩戒案件的证据或者使用伪造或变造证据的，处5年以下惩役或700万元以下罚金。（二）隐匿或帮助逃匿有关他人刑事案件或惩戒案件的证人的,其刑罚与前款规定相同。(三)以谋害被告人、犯罪嫌疑人或惩戒嫌疑人为目的实施本条前2款行为的,处10年以下惩役。(四)亲属或同居的家属为了本人实施本条之罪的,不予处罚。"与之相适应地,《刑事诉讼法》中也规定了亲属免证权,如《韩国刑事诉讼法》第一百四十八条【近亲的刑事责任和拒绝作证】:"任何人可以拒绝作出有可能暴露自己或属于下列各号之一的关系人被刑事追诉或被提起公诉或受有罪判决事实的证言。(一)亲属或有过亲属关系的人;(二)法定代理人、监护人。"上述立法规定表明,司法的目的是促进社会和谐而不是相反,司法过程中的和谐是整个社会和谐的一个组成部分,这种规定折射出浓浓的儒家"亲亲相隐"思想。

(4)对直系亲属或配偶告诉的限制

为了强化对直系亲属关系的维护,《刑事诉讼法》中明确了对直系亲属不得告诉的内容。如《韩国刑事诉讼法》第二百二十四条【告诉的限制】:"不得告诉本人或配偶的直系亲属。"这个条款虽然备受质疑,并一度被要求废止,但却一直延续下来,也从另一个视角表明了儒家思想在韩国的重要影响。另外,为了维护配偶间的亲近关系,无论是《刑法》还是《刑事诉讼法》,都对配偶间的关系予以了特别保护。如《韩国刑法典》第二百四十一条【通奸】:"(一)有配偶的人与人通奸的,处2年以下的惩役。与之相奸的,处以相同的刑罚。(二)前款犯罪有配偶告诉的,才能处罚。但是配偶怂恿或宽恕通奸的,不得告诉。"从刑法典中的规定来看,似乎只要是配偶没有怂恿或宽恕,就可以对通奸行为进行告诉,并进而使通奸者得到处罚。但从《刑事诉讼法》的规定来看,事情并非如此。根据《韩国刑事诉讼法》第二百二十九条【配偶的告诉】:"(一)刑法第二百四十一条情况下,如果不是解除婚姻或提起离婚诉讼之后,不得告诉。(二)前项情况下,如果恢复婚姻或撤回离婚诉讼时,视为撤回告诉。"《刑事诉讼法》的规定表明,即使是配偶想告诉通奸,即使是配偶没有怂恿或宽恕通奸行为,也不是想告诉就可以告诉的,必须是在解除婚姻或提起离婚诉讼之后,方可进行告诉，而一旦恢复婚姻或撤回离婚诉讼，就视为是撤回告诉。这种立法规定表明，维护直系亲属或配偶关系是法律的重要价值取向，只要上述关系存在，就不允许互相告诉，以保证亲近关系人之间的和谐。

2. 注重对礼俗的维护

在儒家思想当中，礼不仅是道德的重要表现形式，同时也是使人道德的重要路径，人之有礼是道德的一种表现，而道德之人本应是有礼之人。儒家倡导德主刑辅，以道德为指导并要对道德加以维护，这是儒家刑事司法模式的内在要求。而在诸道德要求当中，对礼的维护是法律的重要价值所在。韩国刑事司法中，突出了对礼俗的维护，尤其是对葬礼、祭礼以及与之相关的内容进行了特别保护。如《韩国刑法典》第一百五十八条【妨害葬礼等】："妨害葬礼、祭祀、礼拜或说教的人，处3年以下惩役或500万元以下罚金。"第一百五十九条【侮辱尸体等】："侮辱尸体、遗骨或遗发的人，处2年以下惩役或500万元以下罚金。"第一百六十条【挖掘坟墓】："挖掘坟墓的人，处5年以下惩役。"第一百六十一条【窃取尸体等】："（一）损坏、遗弃、隐匿或窃取尸体、遗骨或遗发以及棺材内装置物品的，处7年以下惩役。（二）挖掘坟墓实施前款规定犯罪的，处10年以下惩役。"与上述规定相适应，《刑事诉讼法》中也对礼俗做出了规定。如《韩国刑事诉讼法》第一百四十一条【检查身体的注意事项】："……（四）解剖尸体或挖掘坟墓，应当注意礼俗并事先通知其遗属。"

（四）刑事司法的可调和化

犯罪既是对被害人合法权益的侵害，同时也是对国家权威的挑衅，这也正是国家要对犯罪加以惩罚的原因之一。但在儒家刑事司法模式视野中，国家与个人之间并非是完全不可调和的敌对关系，一旦犯罪人真诚悔过，对给被害人所造成的损失进行了最大化的补偿，并进而获得了被害人谅解的情况下，国家会对犯罪者予以宽恕处理。因为在国家视野中，犯罪者如同一个犯了错的孩子，如果其已经认识到了自身过错,并能真诚悔过,就应当予以宽大处理,而不是一味惩罚。沈羲基教授对此认为:"在现代韩国刑事司法的实践中,国家和个人之间不是不可调和的敌对关系。但是不能否认现代韩国也可能存在潜在的个人和国家的对立状态。然而现代韩国的刑事司法中个人和国家能够和解的条件已经摆在那里了。能够调解个人和国家关系的契机中最显著的就是个人对自身所犯的错误毫无保留的自首以及发自内心的悔悟反省。如果个人对自身所犯错误毫无保留的自首以及发自内心悔悟反省的话,现代韩国刑事司法程序中刑事司法的权威人士就会对其进行训诫继而施与恩典,这样个人逃开刑事司法程序的可能性就大大增加了。另外还有一个显著的事例就是'对于思想上转变者破格给予特惠的惯例'。"① 当向国家真诚悔过后,就容易得到宽大处理,而如果犯罪嫌疑人向被害人真诚悔过,尽力弥补给被害人造成的损失,并进而得到被害人谅解的,则国家也同样予以认可并给予充分考虑,比较典型的是韩国刑事诉讼中的刑事和解制度,韩国刑事和解制度主要是根据 2010 年 5 月 14 日通过的《犯罪被害人保护法》【法律第 10283 号】而确立的。根据该法规定,负责刑事和解的是刑事和解委员会,刑事和解既可以由公诉人依职权提交,也可以通过当事人申请方式启动。如第四十一条【刑事和解的提交】:"①公诉人为了圆满而公正地解决犯罪嫌疑人与被害人之间存在的刑事纷争,认为采取刑事和解可以恢复被害人遭受的损害的,可以通过当事人申请或者依职权提交刑事和解。②可以提交刑事和解的刑事案件的具体范围由总统令决定。但是,下列各种情况下不能提交刑事和解。1. 犯罪嫌疑人有可能逃走或者隐匿证据的;2. 临近公诉时效的;3. 符合不起诉处分的事由。"刑事和解的程序则主要是依据第四十三条及第四十四条,如第四十三条【刑事和解的程序】:"①刑事和解委员会应当为达成当事人之间公正而圆满的和解与恢复被害人遭受的损失而努力。

---

① 沈羲基:《韩国文化和刑事司法制度:新儒学的刑事司法制度的功过和对其将来的展望》,《韩国刑事政策研究院——刑事政策研究》第 28 卷 0 号(1996),第 46—47 页。

②提交刑事和解之后，刑事和解委员会应当马上进行刑事和解。③刑事和解委员会认为有必要时，可以通过与刑事和解结果有利害关系人的申请或者依职权允许利害关系人参与刑事和解。④前3项之外的有关刑事和解程序的事项，由总统令决定。"刑事和解程序结束后，如果达成了和解，刑事和解委员会应将结果移交检察部门，供检察部门处理案件时考虑。如果达不成和解，也应将结果告知检察机构，其结果不能作为对犯罪嫌疑人不利的因素来考虑。刑事和解制度推行以来，应该说收效良好并得到了社会的普遍认可。"根据韩国2014年1月大检察厅公布的数据显示，刑事调解从2006年试点实施到2007年在全国范围内广泛实施，至2013年刑事调解案件为33064件，同比2012年21413件增长迅速，比2009年增长了近2倍。这样的成绩表明刑事调解在韩国已经得到了广泛的认可，并在解决被害人与犯罪行为人之间的矛盾以及因犯罪行为导致的损失恢复均起到了可观的效果。"[①] 韩国虽然在起诉方面实行的是"起诉独占主义"，但在诉讼过程中并不过于彰显刑事司法权的刚性，允许犯罪嫌疑人、被害人进行刑事和解，某种意义上可以视为是国家司法权的适度让渡，因为双方一旦达成了和解，就会对司法结果产生实质影响，这也表明了刑事司法并不是一个简单的作出裁判的活动，而是负有促进社会和谐的重要功能，突出了儒家以社会和谐为目标的价值取向。

（五）有明显的"原心定罪"倾向

虽然现代韩国刑事司法模式受到各种力量的冲击，外表已经披上欧美和日本的外衣，但不可否认的是，究其实质还是有相当一部分是朝鲜时代儒家刑事司法模式的体现，带有明显的原心定罪倾向。"儒家刑事司法模式中也把犯罪行为看作是有形性和有意性的结合，但是在这种模式下有意性比有形性更是犯罪行为的中心。

---

① 《韩国检察厅被害人人权科报道资料》（2015），第4页，载韩国检察厅网址：http：//www.spo.go.kr/site/spo/main.do。

'原心定罪'就是儒家刑事司法中有意性的体现。这里所说的'心'是指'有道义的人都必须具有的廉耻'。'心'在现代刑法学中指故意或者比故意更窄的概念范围。儒家刑事司法模式中，假如犯人犯的是意外的罪行或者犯人没有'人格上的恶意'则犯人会得到尽可能宽大的处理。这种模式的观点就是'眚灾肆赦，怙终贼刑（对于过失和意外事故给予宽宥，对于有所恃而不知悔改的处以死刑）'、'宥过无大，刑故无小（一时过失，虽大也可以宽恕；明知故犯，虽小也要惩罚）'。在儒教犯罪理论中，共犯中的首犯和主犯会受到更多的惩罚。在这种模式下，犯人如果毫无保留的自首以及真心悔过的话，因为看起来还知道礼义廉耻所以会得到最大限度的宽恕。相反，在儒家刑事司法模式下如果行为者被认为有人格上的恶意，那么这个行为者就会受到严厉的处罚。初犯可以得到宽大的处理，但是对于再犯者来说不管是又犯了同种还是异种罪行都要不可以原谅。这是因为对于初犯者要给予他们反省和悔悟的机会，而对于再犯者来说就被认为是行为者没有礼义廉耻。"[1] 因此，从总体上看，行为人主观恶性有无及大小是是否及如何对其进行处罚的基础，这是比较典型的"原心定罪"的体现，同时也是儒家刑事司法模式的内在要求和外在表现。

（六）恤刑主义

儒家倡导"三纲五常"、家国一体，家是缩小的国，国是放大的家，在举国一家的状况下，个人与国家不是敌对关系，而是家庭成员之间的关系，对待家庭成员的过错自然就不能一味地惩罚，而是教化为先，惩罚只是不得已时的一种辅助手段，由此导致刑事司法具有恤刑的特点。正所谓："自身正直，则百姓都正直，自身不正直即使施与刑罚也不会变正直。自有天地以来，这个道理就一直存在，怎么能够胡乱说呢？儒教刑事司法制度中如果有家族成员不

---

[1] 沈羲基:《韩国文化和刑事司法制度：新儒学的刑事司法制度的功过和对其将来的展望》,《韩国刑事政策研究院——刑事政策研究》第28卷0号（1996），第63页。

幸违反了法律，不仅仅是这个家族成员本人要承担责任，没有正确的教导他道德和礼仪、没能防止他做错事的家长、家族成员、邻居、地方官甚至是君主都要承担一定的责任。例如，如果经常发生违背伦理道德的犯罪行为的话这个家族的信誉就会暴跌，连周边社会的品格也会降级。君主也必须要反省自身的不德，严重的情况还可能诱发政变。因此，在儒家刑事司法模式下，法官在审理案件时要把犯罪嫌疑人看作是自己家人或者子女一样，站在怜悯他们的角度审判。更进一步说就是法官站在怜悯犯罪嫌疑人的立场，就要在查找对嫌疑人有利的证据方面多倾注心血。近代社会中大多都强调刑罚的谦抑性和最后手段性，儒家刑事司法模式中的刑罚行使也受到最后手段性的影响。但是近代社会中刑罚的谦抑性和补充性是以尊重个人自由的人权保障为追求目标的，与此不同的是，儒家刑事司法模式中刑罚的最后手段性是因为'家族主义中家长制教化的原理'。这里的宽刑主义和恤刑主义是儒家刑事司法模式的标志之一。同样地道理在这种模式下君主经常进行赦免，把监狱清空是君主善政的一种表现。如果君主或者法官不积极地履行这一义务，会被百姓评价为暴君或酷吏。"[1] 虽然现代韩国刑事司法制度大量借鉴了欧美及日本的元素，但在实质方面仍难以摆脱儒家刑事司法模式的影响，慎刑罚、常赦免等恤刑主义做法仍是现代韩国刑事司法的常态化表现。

三　对我国的启示

尽管随着社会的发展，新近韩国刑事司法模式不断融入大量英美法元素，儒家文化色彩逐渐淡化，但这种变化本身就是在作为一种立场与方法的儒家文化的支撑下，以主体视角审视其他文化，以包容态度吸收其他文化，在文化发展的同时，也促进了刑事司法制

---

[1] 沈義基：《韩国文化和刑事司法制度：新儒学的刑事司法制度的功过和对其将来的展望》，《韩国刑事政策研究院——刑事政策研究》第28卷0号（1996），第61页。

度的不断完善，韩国的做法无疑对我国具有一定的启示意义。

（一）刑事司法模式转型要保持一种传承关系

刑事司法模式转型是法律演进的重要组成部分，"'法律演进（Evolution of Law）'意指某一个国家或者社会之中的法律制度，在整体上从落后状态向先进状态的不间断却是长期而缓慢的发展或者进步过程。"[①] 由落后到先进虽然意味着是对过去的一种否定，但这种否定是否定之否定，而不是与过去的彻底决裂。韩国在由传统向现代转型过程中，曾遭遇了外来势力的强行干预，甚至一度失去了独立主权国家的地位，但韩国在制度上遵从西方的同时，却并没有彻底否定传统思想文化，而是将刑事司法模式转型作为文化传承的重要组成部分，这不仅未造成文化传承上的断裂，反而在传统思想文化的引领下，较好地实现了社会现代化的转型。我国也是在外来势力的干预下，被动地开启了近现代化历程，这种被动性导致了对自我传统思想文化的怀疑，甚至是最终地彻底否定。这种彻底否定既未让我们直接步入西方式的近现代社会，也未产生从实质上彻底与传统断裂的社会效果，反而使我们陷入了制度建设与社会现状相脱节的迷茫状态。

（二）刑事司法模式转型要以自我为立场

刑事司法模式转型既是文化传承的组成部分，更是在思想文化引领下的发展过程。儒家思想文化虽然在近现代中国出现了传承上的断裂，但对于韩国而言，不仅未出现传承上的断裂，反而对儒家思想进行了系统整合，以整合后的儒家思想为指导，较好地实现了社会现代化的转型。尽管欧美文化制度也不断涌入韩国，对韩国民众的思想、观念及行为影响较大，但在儒家"和而不同"思想的引领下，韩国遵从西方政治模式的同时，却并没有从根本上否定传统文化的主导地位。相反，在对西方政治、经济、科技进行有意兼收

---

① 张文显主编：《法理学》，高等教育出版社2011年版，第159页。

并蓄的同时，却"无意识"地保留了传统文化，这种保留也得到了涵盖儒家文化各个价值系统的默许和共融。这种共生并没有让当今的韩国走出传统儒家文化的涵养，也并未造成精神世界的价值分离，反而在全球化的冲击和多种文化碰撞的背景下，韩国以更加开放的姿态，将儒家文化的宽容和精深发挥到了极致。即使是20世纪以来，在外来势力与基督教文化强有力的冲击下，甚至传统儒家文化与基督教文化在民主化转型过程中，也曾发生了激烈的冲撞，但结果仍形成了以儒家伦理为主、西方基督教伦理为辅的整合状况。在对儒家思想文化母体深深认同的同时，以悠然的姿态应对着西方文明的急速引进，理性地做着鉴别与吸收，从而更好地增加了儒家思想文化的弹性，很好地实现了传统文化与现代社会转型的衔接。韩国刑事司法模式的转型也是如此，不论是法律继承、法律移植还是法制改革，都是以自我为立场，准确把握自身需要，合理承继传统元素，科学审视外来制度文化，既不彻底否定传统，也不刻意追求传承；既不排外，也不盲目跟从，而是在主流思想文化的引领下，实现了自然顺畅的现代化转型过程。这对于要么全盘否定、要么全盘西化的中国式做法，无疑具有重要的启示意义。

（三）刑事司法模式转型要注重司法价值的层次化及多元化

从总体价值取向来看，法律及刑事司法的意义在于实现和谐社会。在儒家看来，法律存在的意义不在于其自身，而是为了达到"以刑去刑"的目的，"刑期于无刑"既是一种理想状态，也是一种理想追求，通过法律的作用，最终实现无法而能治的和谐社会状态。司法从直观上表现为法律适用活动，但法律的价值取向决定了司法的价值取向，司法不是一个简单的法律实施活动，而应成为促进和谐社会生成的重要组成部分。刑事司法的价值取向也应如此，不应只是单纯的定罪量刑活动，而应通过刑事司法来教化犯罪人，最终使之回归社会，达到不再犯罪的地步。韩国在刑事司法的价值取向上，一方面，从总体上将刑事司法定位于促进社会和谐的重要组成部分，强调刑事司法的教化功能，而不仅仅局限于简单地定罪量刑，彰显了刑事司法价值的层次性；另一方面，在刑事司法的具体价值取向上，注重刑事司法价值取向的多元化，在强调对实体公正与程序公正追求的同时，突出对伦理纲常及礼俗的维护，这种对家庭及亲情关系的特别维护，从形式上看，背离了平等保护原则，但从实质上看，这恰恰是维护一个家庭乃至一个社会和谐的基础，契合了刑事司法的总体价值目标。我国在刑事司法价值取向上，更加突出对犯罪的惩罚及对社会秩序的维护，而相对淡化对伦理亲情的维护，例如我国刑法中规定了近亲属之间的包庇罪，《刑事诉讼法》中规定了近亲属之间并不享有免证权，这都表现出了为了打击犯罪而不惜牺牲包括亲情在内的态度和做法。但亲情是诸情感之中最为亲近也是最为重要的，如果近亲属之间可以互相出卖，那么，人与人之间就会失去信任感，当亲人之间都不能建立信任关系时，社会就将陷入尔虞我诈的关系中，和谐也就无从谈起。因此，在刑事立法与司法实践中彰显对伦理亲情的维护，并不是要纵容或肯定犯罪，而是对诸项冲突的价值进行平衡后，所做出的一种无奈的选择，从这个意义上而言，韩国的做法无疑具有积极的启示意义。

东北亚各国之间交往过程中的法庭翻译的重要性、问题及解决方案

吴东镐[*]

摘要： 随着我国"一带一路"倡议在东北亚地区的推进，将来这一地区的人员往来会更加频繁，各种法律纠纷也会不断增加。为了有效解决涉外法律纠纷，我国应当建构法庭翻译制度。其中核心机制之一是法庭翻译人员认证体系。从韩国、日本的经验来看，法律翻译人员不仅要具备多种语言能力，而且要有法律素养。在翻译人员的认证上，国外都建立了系统的考核制度。为此，我们首先应在国家层面上建立统一的法庭翻译人员认证考试制度。同时，应当建立保持并提升口译、翻译人员能力的制度、保障翻译人员身份的制度、确保法庭庭审中的口译质量的制度。

关键词： 东北亚各国；法庭翻译；问题与对策

目前，东北亚各国之间的交往日益密切，不仅是各国公民之间的交流越来越频繁，而且国家机关之间、社会团体之间的交流也日益增多。在各种各样的人员交流过程中不可避免地会碰到一些法律问题。这些法律问题有可能是：遵守对方国的法律制度的问题；也

---

[*] 吴东镐，延边大学法学院教授。

有可能是各国之间的法律制度的冲突问题。要解决这些问题很重要的一个前提是——准确理解和认识对方国的法律体系和法律制度。达到这个目的的一种重要手段就是——法律翻译。比如,现在有很多中国人在韩国生活,他们当中有些人在韩国被控犯罪,面临韩国的司法审判。此时,即使他们懂得韩语,在生活上用韩语沟通没有任何问题,在法庭上仍需要借助法律翻译。因为他们不一定熟悉韩国的法律术语。本文聚焦于司法领域中的翻译问题。考察中日韩三国的法庭翻译制度现状,并基于延边的实际情况,探索建构具体法庭翻译制度的方案。

一 中日韩朝交往过程中的法律纠纷情况及法庭翻译的重要意义

(一) 中日韩三国之间的人员交往情况

首先,从韩国的统计资料来看,根据韩国总统府下属的智库——北方经济合作委员会发布的一份报告,① 2017 年居留于中国的韩国人为 254 万人;居留在日本的韩国人为 81 万人。而根据韩国法务部做出的统计资料,至 2017 年末,居留在韩国的中国朝鲜族为 69 万人,② 居留在韩国的中国人为 101 万人,③ 居留在韩国的日本人为 5.3 万人。④

其次,从日本的统计资料来看,根据日本法务省的统计资料,2017 年度在日本常住的中国人人数为 730890 人;韩国人人数为 450663 人。从居留在日本的外国人数量的国别排列顺序来看,这

---

① 韩国"新北方政策""新南方政策"与中国的"一带一路"倡议对接方案 2018 年 4 月发布。
② 韩国《东亚日报》,2017 年 11 月 24 日,http://www.dbanews.com/news/articleView.html?idxno=20787,访问时间:2018 年 8 月 14 日。
③ http://chinese.yonhapnews.co.kr/allheadlines/2017/06/21/0200000000ACK20170621002700881.HTML,访问时间:2018 年 8 月 17 日。
④ https://blog.naver.com/parkyy55/221193174948,访问时间:2018 年 8 月 17 日。

两组人数分别排在前两位。① 而在中国居留的日本人约为14万人。②

这些数据资料说明：三国之间的人员往来很密切，尤其是大量的韩国人居留在中国；有大量的中国人生活在韩国和日本。这也从一种侧面反映：三国之间的社会文化交流持续增加，以地缘性、历史性、经济互补性及战略共识为基础，在政治、经济、社会、文化等所有领域都保持着密切联系。

（二）中日韩三国之间的经济往来情况

首先，从中韩贸易情况来看，中国商务部网站上发布的数据显示：2017年度中韩之间的贸易额达到2800多亿美元；中国是韩国的第一大贸易伙伴国；韩国是中国的第三大贸易伙伴国。2017年度，韩国对中国的投资项目达到1627个项目；实际投资额约723亿美元。同年，中国对韩国的非金融类直接投资额达4亿美元。③

其次，从中日贸易情况来看，中国商务部网站上发布的数据显示：2016年度中日贸易总额达到2747亿美元；日本是中国的第二大贸易对象国；到2017年7月，日本累计在中国投资设立企业达50745家；实际投资金额达1067亿美元。中国所利用的外资比率来看，日本资金排第一。到2017年7月，中国对日本的直接投资存量达36亿美元。日本是中国最大的海外劳务市场。到2017年7月，在日本的中国技能实习生总数为14万人。④

最后，从中朝贸易情况来看，根据媒体整理出的数据来看，2016年度中国对朝鲜的贸易额达到53亿美元；（中国向朝鲜出口

---

① https：//ja. wikipedia. org/wiki/%E6%97%A5%E6%9C%AC%E3%81%AE%E5%A4%96%E5%9B%BD%E4%BA%BA，访问时间：2018年8月14日。
② https：//www. guancha. cn/Neighbors/2014_08_17_257475. shtml，访问时间：2018年8月17日。
③ http：//www. mofcom. gov. cn/article/tongjiziliao/fuwzn/ckqita/201804/20180402730424. shtml，访问时间：2018年8月14日。
④ http：//yzs. mofcom. gov. cn/article/t/201709/20170902651392. shtml，访问时间：2018年8月14日。

28 亿美元；中国从朝鲜进口 17 亿美元）据韩国央行的数据，2013 年度，中朝贸易规模占据全朝鲜贸易规模的 89%。① 可见，中国是朝鲜唯一的外贸窗口。

这些数据资料说明：中日韩朝之间的经济往来非常频繁，互相依赖性、互利性持续增长。各国之间形成一种不可分的经济纽带。

（三）中日韩三国的涉外法律纠纷情况及法庭翻译的需求

首先，根据最高人民法院向全国人大提交的工作报告，近几年各级法院审理的涉外民商事案件呈现逐年增加趋势，比如，2013 年为 5364 件，2014 年为 5804 件，2015 年为 6079 件，2016 年为 6899 件。

其次，根据韩国新闻报道资料，2017 年度韩国审理的外国人为被告的刑事案件数量为 4469 件。②

最后，根据日本最高法院的统计资料显示，平成 27 年度（2025）刑事案件中被告人为中国人，并且因其不懂日语而为其提供法庭翻译的案件数量为 878 件；被告人为韩国人，因其不懂日语而为其提供法庭翻译的数量为 125 件。③ 平成 27 年的刑事案件中，因犯罪嫌疑人为外国人而提供法庭翻译的案件总数为 2688 件。其中，犯罪嫌疑人为中国人并为其提供法庭翻译的案件为 878 件，占提供翻译案件总数的 33%；犯罪嫌疑人为韩国人并为其提供法庭翻译的案件数为 125 件，占提供翻译案件总数的 5%。

这些数据资料说明：随着东北亚各国之间的人员交流和经济往来的增加，中日韩三国都面临着大量的涉外法律纠纷。可以预见，随着交往的扩张，这种趋势很有可能持续增长。

---

① https://www.secretchina.com/news/gb/2018/04/27/856913.html，访问时间：2018 年 9 月 5 日。
② http://news.mt.co.kr/mtview.php?no=2018071010548298917，访问时间：2017 年 5 月 6 日。
③ http://www.courts.go.jp/vcms_lf/db2017_p55-p62.pdf，访问时间：2017 年 5 月 6 日。

东北亚各国之间交往过程中的法庭翻译的重要性、问题及解决方案

那么,在这些法律纠纷进入司法程序之后,在审理过程中都将会面临一个重要的问题——法庭翻译问题。因为,一般而言,外国人并不通晓本国语言,也不了解本国法律,即使会一些本国语言,也很少懂得法律术语。因为法律术语及法律条款具有高度的专门性。比如,韩国人、日本人在中国生活过程中,遇到各种法律纠纷——民事、刑事纠纷,那么,就要涉及接受中国法院的审判。如果韩国人、日本人不懂中文,或者他对中国的法律缺乏了解,也不知道法律术语,那么,在庭审过程中就需要法庭翻译。同样,在韩国,中国人、日本人会卷入法律纠纷,此时也需要法庭翻译。在日本,中国人、韩国人也会卷入法律纠纷中,那么,在司法诉讼中也会借助法庭翻译。

问题在于,法庭翻译是一种高度专业化的技术性活动。它需要一系列详细的规则操作的支撑。比如,翻译人员如何选择?资质如何保障?费用如何计算?如何防止错误翻译?等等。基于这些问题,下面首先概观中日韩三国的法庭翻译制度,然后,分析延边的涉外案件审理中的法庭翻译实践情况及存在的问题,最后,提出解决问题的对策方案。

二 中日韩三国的法庭翻译制度概述

(一) 中国的法庭翻译制度
1. 制度概况

关于涉外案件当事人法庭翻译的权利,现有法律法规中只有两处依据:《民事诉讼法》第二百六十二条规定,"人民法院审理涉外民事案件……当事人要求提供翻译的,可以提供,费用由当事人承担";1998年《最高人民法院关于执行〈中华人民共和国刑事诉讼法〉若干问题的解释》第三百一十九条规定,"人民法院审判涉外刑事案件使用中华人民共和国通用的语言文字,应当为外国籍被告人提供翻译。如果外国籍被告人通晓中国语言文字拒绝他人翻译的,应当由本人出具书面声明或者将他的口头声明记录在卷。"

从这两条可以看出，我国现有法律法规中关于法庭翻译只是明确了三点内容：一是"应当"为涉外刑事案件的外国籍被告人提供翻译也可以为涉外民事案件当事人提供翻译；二是法庭翻译费用由当事人承担；三是确认了外国籍被告人放弃法庭翻译权利的具体方式。可见，中国目前关于法庭翻译的规定非常笼统。

2. 存在问题的分析

立法中关于法庭翻译的规定过于抽象，加之法庭翻译难度大、对译者素质要求过高等因素，导致司法实践中出现了许多问题。值得关注的有：第一，法院缺乏稳定的法庭翻译人才储备，翻译人员选用过于随意，遇有需要，法院多是临时出招，从翻译中介机构或高校外语教师中挑选；第二，法院对法庭翻译工作重视程度不够，翻译人员往往是作为形式出现，对需要翻译的当事人权利保障不足；第三，缺乏统一的法庭翻译人员资质认证，法庭翻译人员水平参差不齐；第四，法庭翻译人员的权益得不到保障。[①]

（二）韩国的法庭翻译制度

1. 制度概况

韩国早在 2004 年就制定了有关法庭翻译的法律——《口译、翻译及外国人案件处理例规》。该法就法庭翻译人员的来源渠道、应当具备的资格条件、选定方法、报酬等内容做出了较为详细的规定。

第一，法庭翻译人员的来源渠道。该法的第七条第一款第一项规定了各级法院物色口译、翻译人员候选人的方式。也就是说，法院物色法庭翻译人员候选人的方式有两种：一是，委托公共机关推荐合适人选，这里的公共机关包括教育机构、研究机构等所有合适的机关和公共团体；二是，法院在其网站上发布选定候选人的公布，让具备条件的人们主动申请。可见，候选人的来源有两个渠道：一是，公共机关的推荐；二是，主动报名。

[①] 李克兴、张新红：《法律文衣与法律翻译》，中国对外翻译出版公司 2006 年。

第二，法庭翻译人员的候选人的确定方法。根据法律规定，选定法庭翻译人员候选人的主要途径如下：

①法院的审查。该法第七条第一款第二项规定了各级法院选定候选人的方法。也就是说，法院对公共机关推荐的人选和申请人进行审查后才可确定候选人。审查其是否具备胜任口译、翻译人员工作的外语能力和法律知识、经验。其审查方式是"书面审核、面试等适当方式"。可见，在审查方式上，法律赋予法院裁量权。具体如何审查由法院自行决定。

②进行犯罪记录照会。根据该法第七条第一款第三项的规定，法院经征得被推荐人、申请人的同意后，向有关机关实施照会。同时，法律还规定了一个例外条款，也就是说，在候选人的选定上，如果有特殊情况，可以不受上述限制。那么，这里的特殊情况是什么情况呢？法律并没有做出解释，也就是说，原则上根据具体情况，由各级法院来决定。可见，候选人选定方面，法律赋予了各级法院的广泛裁量权。

第三，对候选人实施专业培训。该法第七条第二款规定了各级法院对候选人实施培训的义务。也就是说，法院定期对候选人进行专业培训，其培训内容包括：诉讼程序方面的素质培训；法律术语的口译、翻译的培训等。

第四，不能担任法庭翻译人的人员。该法第七条之二第一款规定了不能成为候选人的人员。这些人员包括：无民事行为人或限制民事行为人；被宣告为破产而尚未恢复其权利的人；被判过刑罚的人；受到惩戒的公务员等。另外，根据第七条之二第三款的规定，法院对于违反职务义务的候选人，或者实施了不适当行为的候选人，可以在候选人名册中予以删除。

第五，法庭翻译人员的报酬。该法第九条规定了应当支付给翻译人员费用。包括住宿费、日工资、翻译费等。该法第十条规定了计算翻译费的基准。这些基准包括：一是，口译费用的计算基准：以每30分钟为单位计算费用，最初的30分钟的口译费为7万韩元；此后的每30分钟的口译费为5万韩元。如剩余时间不够

30 分钟,就按 30 分钟处理。如果没有按照预定时间进行程序,造成口译人员等候时,可以考虑增加口译费。(第一款)二是,翻译费的计算基准:以 A4 纸为基准,同时以译文为基准,如果是把韩文译成外文,那么,每张翻译费为 3 万韩元;如果是把外文译成韩文,每张翻译费为 2 万韩元。(第二款)另外,根据该条第三款的规定,审判长可以根据口译或翻译的难易度、翻译人员的专业程度或翻译水平,增减其翻译费或口译费。根据该条四款的规定,审判长有权根据上述基准,确定包含住宿费、日工资、翻译费的费用总额。

第六,被告人对口译的异议。该法的第十四条规定了作为外国人的被告人对口译提出异议时的处理方法。如果被告人在法庭,那么,要求翻译人员就提出异议的部分重新做一次翻译,从而比对是否一致。如果被告人不在法庭,就把提出异议部分的录音放给翻译人员,并重新进行翻译,从而对比是否一致。如果经过这个程序仍无法判定翻译的准确性时,指定其他的口译人,进行鉴定。

2. 存在的问题分析

韩国法庭口译人员名册是由各级法院管理。全国大约有 2000 人。但至今无准确的统计材料。有关法庭口译(翻译)的法律是:《口译、翻译及外国人案件处理例规》。但法律并没有明确规定:从侦查到审判全过程的口译方式、范围,口译人员的资格条件。于是,各级法院选拔法庭翻译人员时,也没有统一的选拔标准。只是根据申请人提交的简历,仅仅通过书面审查,确定法庭翻译人员。对于进入法庭翻译人员名册的人,法院只是进行每年一次的形式上的培训。该培训内容也没有全国统一。这就很难保证法庭翻译人员的质量。

有些法官指出,在选拔法庭翻译人员时,并不经过任何伦理和资质上的考核,只是依据留学、居住国外经历选拔法庭翻译人员,因此,很难保证法庭翻译的准确性。并指出,很多法庭翻译人员并没有接受国内的正规法庭翻译培训。有辩护人甚至指出,翻译人员不了解韩国刑事诉讼程序的术语，有时会错误翻译法庭内容。①

3. 日本的法庭翻译制度

根据日本的《刑事诉讼法》第一百七十五条规定，对于不通晓日语者的陈述，（法庭）应当让口译人员提供口译。该法第一百七十八条规定，对于口译及翻译，参照前章的规定。那么，这里的前章指的是日本《刑事诉讼法》的第十二章鉴定。该章有10个条款，专门规定了有关刑事鉴定的规则。包括，鉴定人的要求，由谁来选定，如何进行鉴定，鉴定费用等内容。

可见，日本的法律并没有对于法庭翻译人员的条件、资格认定、身份保障、防止法庭上出现错误翻译的措施、翻译费等内容进行规定。完全委任于法院的裁量。比如，关于翻译人员的报酬，日本的《关于刑事诉讼费用的法律》第七条有所涉及，但该条只是规定，应支付给鉴定人、口译人员或翻译人员的鉴定费、口译费或翻译费，由法院根据情况确定。法院至今也没有公布任何具体的报酬标准。②

三 延边地区涉外案件审理中的法庭翻译实践情况及对策

（一）法庭翻译实践情况

根据延边州法院的统计数据来看，就民事案件而言，案件类型：主要是家事案，占90%以上；其他案件占10%，近三年每年平均受理800件。家事案中的外国当事人包括韩国人、日本人、越南人、美国人、朝鲜人。其他案件中的外国当事人包括朝鲜人、日本人、俄罗斯人等。

法庭翻译情况如下：一般外国人委托中国律师，由律师提供翻译。其他情况下，法院要求外国人自己委托具有翻译资质的人员出

---

① http://news.mt.co.kr/mtview.php?no=2018071010548298917，访问时间：2019年6月4日。

② 日本律师协会：《有关法庭口译立法提案的意见书》，2013年7月18日，第3页。

庭翻译。翻译费用，由当事人与翻译人员商定解决。一般按照翻译公司的收费标准确定。

（二）解决问题的对策方案
1. 应通过立法新设如下各项法庭翻译相关制度
（1）确保口译、翻译人员能力的制度：引入口译、翻译人资格制度，引入口译、翻译人名册制度

如果我们用某种客观标准明确口译人的能力，那么，不仅能够确保被选为法庭翻译的人员的能力，而且，我们也可以根据案件难易度选任口译人。如果要确保能力出众的口译人，实现公正审判，我们必须引入口译、翻译人员资格、名册制度。

第一，制度概要。

我们可以设置口译人分级资格制度，也就是说，根据口译人的能力把口译人分类为不同级别。并以此为依据设置不同的翻译报酬。具体设想如下：第一，在全国实施统一的口译、翻译人员考试，并为考试合格者颁发法庭翻译资格证书，将其确认为具有法庭翻译资格人员。第二，根据上述考试成绩，分成不同级别。第三，把获得资格证书者登记在法院管理的法庭翻译人员名册中。第四，基于案件所要求的口译的难易度等各种情况，法院从上述法庭翻译人员名册中选任口译人员。第五，根据口译人员的级别，设置不同的报酬，对于能力较强的口译人员支付相对较高的报酬。

第二，考试实施机关。

我们可以设置全国统一法庭翻译考试咨询委员会，成员由法学学者、语言学者、口译人、翻译教育专家等构成。这个委员会负责提出试题，并判卷。

第三，对于使用数量较少的语言，设置其他标准。

首先对于英语、韩语、日语等使用比较广泛的语言实施考试制度。对于使用人数较少的语言，很难实施统一考试时，我们可以设置其他的客观标准（比如，获得该语言的翻译硕士；作为该语言同

声传译人员已有三年以上的工作经验等），来确保其质量。

（2）保持并提升口译、翻译人员的能力方面的制度：引入持续性培训制度

通过对于取得翻译资格的人员，进行继续教育和培训，从而确保翻译人员的能力的提升。法院或者上述的翻译资格考试实施机关，定期实施翻译人员培训。其内容包括：有关诉讼程序的素质教育；法律术语的口译及翻译培训；口译人员的伦理；语言理论及口译技巧等。强制要求登记在案的口译人员参加培训，并把接受培训情况记录在翻译人员名册中。法院在选任口译人员时不仅考虑口译人员获得的翻译资格级别，同时还要考虑接受培训情况。

2. 最高法院规则中应规定的事项

（1）保障口译人身份的制度：建构完善的报酬制度

我们如果要确保高水平的口译人员，就有必要确保其稳定的经济收入，并保障其身份。

首先，在规则中规定计算口译费的时间基准、计算翻译费的计量标准，从而明确支付给口译人的报酬标准，确保其透明度。

其次，作为保持并提升其翻译能力的一种激励机制，应当建构级别化的翻译报酬制度，从而确保取得高级别的翻译资格者能够获得相对较高的报酬。

（2）确保法庭庭审中的口译质量的制度

①防止错误翻译的制度。原则上，一个庭审中选任多个口译员。一般认为，如果审理时间过长，口译人容易陷入疲劳，其注意力就会下降，很容易出现错误翻译。为了减轻翻译人的疲劳，并防止出现错误翻译，我们有必要规定：对于案件情况复杂、预计所用审理时间较长的案件，原则上安排两名以上口译人员。

②有关实施法庭翻译前的准备方面的制度。法院的事前说明义务。口译人要在法庭上做出准确的翻译，一个有效的做法是：事先把握案件的概要和争论焦点，做出各种口译准备。为此，我们可以规定：法院应在开庭日之前告知口译人：案件的概要、争议焦点、审理日程等口译人进行口译准备所需的各种事项。

③有关事后审核方面的制度。为了能够事后核对口译内容,防止出现错误翻译,并提升人们对口译人员及口译制度的信任度,我们可以规定如下的措施:

第一,录音。我们可以规定:法院应对庭审中的所有口译录音,诉讼当事人有权要求公开其录音内容。从而确保事后核对口译准确性的手段。

第二,异议。我们可以规定:当被告人及其他诉讼关系人对口译内容提出异议时,法院应让口译人员就该口译内容重新进行口译,并进行比对。从而确保口译内容的准确性核对。

第三,鉴定。我们可以规定:经过前述的异议程序,仍无法确认口译的准确性时,法院应选任其他口译人员,委托其鉴定该口译内容。

④诉讼相关人对法庭翻译的照顾义务。为了确保准确的法庭翻译,我们有必要对诉讼相关人赋予一些照顾义务。

第一,一般努力义务。为了确保准确地口译,我们可以规定:诉讼相关人尽可能使用简洁的文章,采用可以做出口译或翻译的表达方式。

第二,事先提交诉讼文书的义务。我们可以规定:诉讼相关人尽可能事先递交口译人——法庭中宣读的陈述、论点、辩论要旨等。

⑤赋予法院照顾法庭翻译的义务。

第一,一般的努力义务。为了确保口译的准确性,我们可以规定:法院尽可能使用简洁的文字,采用可以做出口译或翻译的表达方式。

第二,制作审理计划时的照顾义务。我们可以规定:法院在制定审理计划时,应充分考虑连日开庭而导致的口译人的疲劳、翻译所要时间等因素,制订出时间上较为宽裕的审理计划。

第三,宣判时的照顾义务。我们可以规定:法院在宣判之前,递交口译人员记载判决要旨的书面材料,从而确保口译人员做好充分的口译准备。

另外，我们还可以规定，如果判决主文可能对于被告人造成理解上的困难时，法院应当对此进行说明。从而确保翻译的完整性。

3. 延边大学法学院应加强法律翻译人才的培养

法学教育上，加大培养双语法学人才的力度。（从而确保——高校的造血功能：培养法律翻译人才的后备力量）重点培养学生熟练掌握朝鲜语法律术语，能够使用朝鲜语进行法律表达，撰写法律文书。课程设置：朝鲜语法律术语课程；使用朝鲜语的法律课程（民法、刑法、合同法、婚姻法等司法实践中常用的法律课程）师资队伍：在已有师资的基础上，经过培训和深造，打造使用朝鲜语讲课的师资；聘任有司法经验的法官和律师担任兼职教师。教材建设：在已有的韩国的各种法律教材的基础上，根据中国的法律体系和法律术语，重新编写法律教材实践教学：开设朝鲜语模拟法庭课程，给学生使用朝鲜语进行法庭辩论的机会，使学生掌握使用朝鲜语开展法律实践活动的能力。法律咨询服务课程：在学校设立使用朝鲜语的法律咨询所，让学生参与到法律实践，通过办理实际的法律案件，提升实践能力。

四 结语

随着我国"一带一路"倡议在东北亚地区的推进，将来这一地区的人员往来会更加频繁，各种法律纠纷也会不断增加。尤其是延边地区位于东北亚核心区域，不仅是我国重要的对北开放窗口，也是吉林省对外开放的窗口。因此，延边地区与东北亚各国之间的贸易往来频繁和人员交往密切，出现了各种类型的涉外案件。要合理解决这些涉外案件，有必要建构科学的法庭翻译制度，而其中最为核心的是——要建构法庭翻译人员认证体系。从韩国、日本的经验来看，法律翻译人员不仅要具备多种语言能力，而且要有法律素养。在翻译人员的认证上，国外都建立了系统的考核制度。笔者认为，作为担任法庭翻译人员的资格条件，一方面申请人要具有法律学位，另一方面，要通过外语的法庭翻译认证考试。为此，国家层面上应该建立统一的法庭翻译人员认证考试。鉴于延边大学所具有的语言上的优势和条件，国家可以委托延边大学负责运作和管理相关考试。另外，延边大学法学院应该在培养法庭翻译人员方面发挥积极作用。学院应该设计出科学的"法庭翻译人员培养项目"，配备相关师资，开发相关的教材和课程。通过专业化训练，培养出朝鲜语法庭翻译后备力量。

中国历史上第一部成文国籍法[*]

——纪念《大清国籍条例》颁布 100 周年

严海玉[**]

摘要：国籍法是近代西方法制文明的产物。20 世纪初，受国内外移民潮和局势变化以及《万国公法》影响的清政府，以资本主义国家近代法律为蓝本，参照中国传统律例，制定了中国第一部成文国籍法——《大清国籍条例》。《大清国籍条例》的制定和颁布是中国成文国籍法史的开端。

关键词：《大清国籍条例》；朝鲜移民；"间岛"问题；东南亚华侨；万国公法

国籍是一个自然人与某个国家具有法律关系的重要标志。国籍法是一个国家调整和规范本国国籍问题的法律，是确认本国国民或公民的法律依据。国籍法的制定和公民国籍的确定属于一国内部事务，然而，随着各国间国际交往的日益频繁，一旦处理不好移民所导致的国籍问题，会引起国际上的法律纠纷，更严重的是会引发军事争端。因此，国际社会将国籍问题，尤其是移民导致的国籍问题视为较敏感的问题，采取相应的措施。例如：20 世纪初，朝鲜移民问题所引发的"间岛问题"从中朝两国的外交事件发展成中日焦

---

[*] 本文原载于《中央民族大学学报》（社会科学版）2010 年第 4 期，收入本刊时略有修订。

[**] 严海玉，女，延边大学法学院副教授。

点之一。此时，朝鲜族的前身朝鲜移民的越境以及"间岛"的出现，影响了中国第一部不成文国籍法——"剃发易服、归化入籍"[①]的形成和实施。朝鲜移民的国籍问题以及日本挑起的"间岛问题"，影响了中国的第一部成文国籍法——《大清国籍条例》的制定和颁布。到20世纪初，朝鲜移民问题、"间岛问题"的严峻局势和东南亚的华侨问题以及《万国公法》，对中国走进近代国际法体系，制定和颁布国籍法和对国籍问题的处理产生了深远的影响。《大清国籍条例》于1909年由清政府制定和颁布，其不仅结束了清政府对朝鲜移民实施过的不成文国籍法的历史使命，而且开创了成文国籍法的序幕，是近代中国法制史上的创举。

一 制定《大清国籍条例》的历史背景

人类的基本特征之一是寻找良好的生存环境，从一个地方迁移到另一个地方，或从一个国家迁移到另一个国家。移民的跨国行为涉及国籍问题。国籍是区别本国人与外国人的唯一标准，是自然人作为某一国家的成员而隶属于该国的法律身份。将一国境内的居民分为本国人和外国人在国际法上是非常必要的。因为，一个自然人具有某国国籍，不仅受到该国法律的管辖，也能得到该国法律的保护。如果具有某一国国籍的人正当权益受到侵害时，不管其身处何地，都可以得到本国通过外交手段的保护。国际社会进入近代之后，每个国家制定本国的国籍法都具有一定的历史环境和历史背景。

（一）朝鲜移民管辖权和"间岛"归属问题

清入关之初，曾一度实行辽东招垦政策，鼓励汉人进入辽东地区垦荒。但是，不久之后，清政府出于维护满族统治的根据地，独占东北特产资源，实施民族隔离分治等目的，开始在东北实行封禁

---

① 朝鲜移民穿满族服装，是作为入籍标记和领照的前提条件。

政策。当时，清政府实行的"封禁政策"和朝鲜政府实行的"锁国政策"，使朝鲜流民进入东北地区受到极大的限制。朝鲜王朝到了哲宗时期，社会秩序非常混乱。19世纪六七十年代在朝鲜北关一带相继发生的三次大自然灾害，使朝鲜北部富宁等10邑全部被水淹没，生灵涂炭，饥民丛生。当时，中国的鸭绿江、图们江流域长期地广人稀，尚有大量未开垦的荒地。两江水浅，冬季封江，容易逾越。饥寒交迫的朝鲜灾民置当时清政府实行的"封禁政策"和朝鲜政府实行的"锁国政策"于不顾，冒禁涌入中国的东北地区。朝鲜流民（朝鲜移民——本文作者注）的非法潜入已成为不可阻挡之势，形成了移民高潮。1875年（光绪元年），清政府颁布《盛京东边间旷地带开垦条例》，废除对鸭绿江北东边地区长达240余年的封禁。① 从1890年开始，清政府落实了对朝鲜移民的"剃发易服""领照纳租"的入籍政策。② 之后，清政府对朝鲜移民实施的是"剃发易服、归化入籍"政策，在实施过程中成为处理朝鲜移民国籍问题的习惯法，最后自然成为中国的第一部不成文国籍法。

1894年，中日甲午战争爆发，庞大而虚弱的"大清帝国"被日本打败。1895年4月17日，清政府和日本签署丧权辱国的《马关条约》，这是外国侵略者强加给中国的最苛刻的不平等条约，它使日本获得巨大的利益，使清政府失去了对朝鲜传统的封建宗主国地位。朝鲜则脱离与中国的宗藩关系，于1897年成立了大韩帝国。但是，日本为了实现大陆政策，首先推行了"征韩论"。结果，1905年11月，日本强迫朝鲜签订《乙巳保护条约》，剥夺了朝鲜的外交权，同时宣布朝鲜为其保护国，朝鲜半岛的朝鲜人以及在东北的朝鲜移民均由日本来保护。这一时期又出现了移民高潮。

19世纪后半期，朝鲜移民集中生活在位于中国东北图们江以北的"间岛"（现吉林省延边地区）地区。"间岛"一词本中国所

---

① 衣保中、房国凤：《论清政府对延边朝鲜族移民政策的演变》，《东北亚论坛》2005年第6期。
② 姜龙范：《近代中朝日三国对间岛朝鲜人的政策研究》，黑龙江朝鲜民族出版社2000年版。

无,实系出自清末越界朝鲜移民之口,称为"垦土"或"垦岛",音转为"间岛"。日本非常重视"间岛"地区。因为"间岛"地区是资源宝库、交通枢纽和军事要地,是从朝鲜进入中国东北地区的一条捷径。19世纪80年代,日本"大陆政策"正式形成,对邻国的外交政策已转向以军事手段为主,其野心膨胀,意图侵略并灭亡中国,吞并亚洲,进而征服世界。日本认为大陆是日本的生命线,一直把旅大当作"正门",把"间岛"当作"后门"。他们不加掩饰地说:"经过大连和安东(今丹东)进入满洲,通过奉天(今沈阳)不可,这就必然惹起中国人的注意,会有莫大的阻力。而由延吉道进入,就可免前项不利因素。""从朝鲜清津起铺设铁路,经过延吉直达吉林,就可以大大缩短与日本的距离。因之,'间岛'是获得这一效果的重要立脚点之一。"[①] 早已把"间岛"视为实施"大陆政策",侵占中国东北大陆的桥头堡。到1907年,日本以"间岛问题未解决""保护间岛朝鲜移民的生命、财产"为借口,在龙井村非法设立了"统监府间岛临时派出所",企图控制和统治朝鲜移民,建立新的侵略基地。

通过《乙巳保护条约》剥夺朝鲜外交权的日本以朝鲜移民的保护者身份又开始介入"间岛问题",使朝鲜移民问题更为复杂化。自1907年日本帝国主义设立所谓的"统监府间岛临时派出所"以来,围绕着日本挑起的"间岛问题",中日两国进行了长达三年的交涉。在清政府的授意下,时任东三省总督的徐世昌、吉林边务公署帮办吴禄贞在解决图们江是否中朝两国界河、图们江北岸是否中国领土以及中国境内朝鲜移民"保护权"等问题上,"百端规画,广收证据","讲习边情,究公法"。[②] 19世纪中期开始,随着《万国公法》的翻译和传播,中国国内的一些有识之士对于在西方广泛流行的国际法已经有了较深刻的认识。

[①] 孙春日:《清末中朝日"间岛问题"交涉之原委》,第54—55页;《日本外交文书》第49卷,《间岛之由来》第11页"在韩国国防上看间岛之价值"。

[②] 衣保中、刘洁:《"间岛问题"的历史真相及中日交涉的历史经验》,《史学月刊》2005年第7期;徐世昌:《东三省政略:边务四》,吉林文史出版社1989年版。

(二)《万国公法》的引进和传播

《万国公法》是中国历史上第一部翻译出版的西方国际法原理的著作。《万国公法》是美国著名国籍法学家、律师、外交家亨利·惠顿（Henry Wheaton，1785—1848）于1836年出版的《国际法原理》的译著名称。该书译者是美国传教士丁韪良，1864年冬在总理各国事务衙门资助下，由丁韪良创办的教会学校崇实馆刊印发行。

亨利·惠顿在《万国公法》一书中提出了国际法的三个基本原则：1. 尊重各国主权原则。2. 国与国之间平等往来原则。3. 遵守国际公约和双边条约原则。

国家主权是指独立国家具有的统治权，即对本国成员、领土、领海和在其之上的各种资源的支配权，以及在对外事务中不受他国干涉的独立行使权。封建统治时期，中国既没有"主权"观念，也没有"国籍"意识，自认为中国是世界的中心，其统治权的对外表现形式为帝权和皇权。当时，中国和周边国家之间的外交关系通常被称为朝贡关系。如果周边国家向中国派遣使节并进献贡品，中国就承认该国国王的权位，并回赠礼品。之后，中国对其他国家的内政和外交不再进行特别的干涉。[①] 另外，在中国的国籍理论形成之前，统治者将具有中国血统的人视为中国臣民，其臣民在国籍法上没有独立的地位。一个人不论出生在国内还是国外，只要其父母具有中国血统，就被认为是中国人。不具有中国血统的人在中国的所生子女被视为外国人。

至1863年《万国公法》翻译出版的前夕，中国与西方列强签订的不平等条约已达24个，从这些条约中获得各种特权的国家有比利时、丹麦、法国、英国、挪威、德国、葡萄牙、荷兰、俄国、瑞典、美国11个国家，他们通过不平等条约所攫取的各种特权包括领事裁判权、固定的低关税、租界和租借地、使馆区和使馆卫

[①] 何勤华：《〈万国公法〉与清末国际法》，《法学研究》2001年第5期。

队、驻军、警察、外国人管理海关和邮政、航行、免除直接税、偿付赔款、筑铁路和采矿、发行货币、传教、兴办独立的教育机构等。①《万国公法》传达的西方国际社会规范在一定程度上冲击了当时落后、无能的中国社会。首先，它使长期实行封建制的中国开始认识近代国际社会，改变了中国固有的、传统的世界秩序观，树立了任何一个国家都只是世界的一个组成部分的新型世界秩序观。其次，它使中国人开始了解西方世界和西方的宪政观念，懂得诸如民主、平等、自由、权利、法治、选举等政治观念和法律制度，从而开阔了人们的视野。最后，使中国官员系统地接触到当时西方的国际法规则，为处理国际关系提供了依据，并且提高了他们处理外交事务的能力。②

《万国公法》的翻译出版，对近代中国来说无疑是一个非常重大的事件。西方国家国际法的传入，表明了近代中国对国际公法的认识、适应和接纳，改变了中国的传统世界秩序观，并且增强了中国近代国家的主权意识和人权意识，加快了20世纪初成文国籍法制定的步伐。

（三）东南亚华侨的国籍问题

东南沿海地区是中国人移居海外最早的地区，也是海外华侨最多的地区。"华侨"是持有中国国籍并居住在海外的中国人。东南亚华侨的出生地主要是中国现在的福建省、广东省、海南省等东南沿海地区。从自然条件来看，中国东南沿海地区属于亚热带地区，东南亚地区属于热带地区，两个地区作为近邻，气候上差别不大，东南沿海地区的人很容易适应东南亚环境。在自然资源上，东南亚地区土地肥沃，林、渔、矿资源都很丰富，是世界上最大的热带原料供应地。在清朝刚入主中原时，为了防堵东南沿海郑成功势力的袭扰，便开始实行海禁政策。顺治十三年（1656年）6月，以皇帝

---

① 《东亚三国的近现代史》编写委员会：《东亚三国的近现代史》，社会科学文献出版社2005年版。

② 中国官员妥当处理的普丹大沽口船舶事件。

名义发布了《申严海禁敕谕》。

19世纪初，欧洲开始进入了废除奴隶制的过渡期。鸦片战争后，西方列强的侵略和频繁的战乱使中国国内出现了庞大的剩余劳动力。与此同时，在东南亚的西方殖民者为牟取暴利和掠夺劳动力，在东南沿海地区大规模从事非法贩运劳动力的贸易。为了补充和获得新的劳动力来推动发展生产力，荷兰和英国等国家把目光转向了人口众多的中国福建省、广东省等东南沿海地区，进行苦力贸易。对此，1873年的《中国评论》指出，英国、葡萄牙、美国、荷兰、西班牙等自1833年以来选择了华侨作为废除奴隶制后的替代劳动力，[①]并由此在东南亚形成了一个庞大的移民形态的奴隶劳工群体，即华工群体。这些华工群体逐渐发展成为东南亚的华侨社会。

华工出洋后，到东南亚各地从事最繁重的劳动，并受到极不平等的待遇，处境非常悲惨，不论是工人还是商人都渴望祖国给予保护。但是，中国政府对华侨不闻不问，甚至采取了放弃管辖权和保护权的态度。华侨们经过辛勤的劳动和艰难的创业历程，部分华侨的经济实力逐渐壮大。从华侨资本的形成、发展与变化来看，东南亚部分华侨是通过小贩、小商、中介商以及承包税收等途径，逐步积累了资本，最后，华侨社会中出现了经济实力雄厚而强大的资产阶级，海外华侨聚居地的东南亚成为清政府的重要海外财源。清政府历经内外战争，军费、赔款耗费繁巨，百计筹思，发现华侨乃一大财源，意识到侨资的重要性，失去东南亚华侨势必影响清政府的国库收入。清政府决定吸收侨资，以弥补国库空虚，采取了以下几个方面的措施。

首先，为吸引华侨在国内进行投资，对华侨经济政策进行了重大调整，废除了沿袭200年的海禁政策。[②]

其次，于1899年开始在厦门设立保商局，次年在广州也设立

---

① ［韩］李惠薰：《东南亚华侨的资本积累过程》，南洋资料译，2004年。
② 邱建章：《论晚清政府的华侨经济政策》，《河南大学学报》（社会科学版）2003年第5期。

保商局。同时，商会在东南亚各地也纷纷成立，到 1908 年已有巴达维亚（稚加达）商务总会、泗水（苏腊巴亚）商务总会、三宝垄总会、梭罗（苏腊卡尔塔）商会、日惹商会及客厘商会。①

最后，对东南亚华侨开始实施全面的保护政策，并采取了在华侨居住国设立领使馆、与有关国家签订双边条约等措施。②

一国政府有权通过外交途径保护华侨的正当权益是国际惯例。清政府在华侨的居住国设立领事馆是华侨的身份得到承认，其生命、自由受到祖国法律保护的标志。由此，促进了华侨的民族意识的发展，提高了华侨在国内外的地位，并且加强了华侨对祖国的认同。这引起了荷兰政府对东南亚华侨统治的不安。为了对华侨有效保护，清政府向荷兰提出在荷属东印度设置领事，荷兰为了拒绝清政府的要求，为谈判设置重重障碍，制造了国籍法问题。荷兰在本国于 1892 年颁布了以血统为主出生地为辅的国籍法，而在印度尼西亚却于 1907 年着手搞纯出生地主义的国籍法，规定居留、出生在印度尼西亚的华侨都要加入荷兰籍，妄图以此釜底抽薪，割断华侨与祖国的联系，使清政府在印度尼西亚设置领事的愿望落空。

1908 年 11 月 13 日，出使荷兰的大臣陆征祥给荷属爪哇华侨商学会发了一篇劄文。③④ 陆氏劄文对东南亚华侨带来一片恐慌，华侨协会请求清政府，为了保护华侨，速设领事馆、速定国籍法。

在朝鲜移民的国籍问题和"间岛问题"被提到议事日程之际，修订法律馆曾拟订出一部未经宪政编查馆核议具奏颁布施行的《中国国籍法草案》，这部草案，当时在社会上广为流传，并见诸报章。

---

① 陈翰笙主编：《使和钱恂奏和属华侨工商学务情形折》（1903 年 5 月 9 日），《华工出国史料汇编》（第一辑），中华书局 1980 年版，第 287 页。
② 冀满红：《论晚清政府对东南亚华侨的保护政策》，《东南亚研究》2006 年第 2 期。
③ 劄文云："近闻彼国会中欲定新律，拟将南洋各侨久居彼岛不归本国者，分别收入殖民地籍。此虽不专指华侨而言，而我侨实据多数，即与我有密切联系。我国宪政编查馆暨修律大臣正在商订国籍法，谅不日必可颁行，将来必晓示办法。"为此，爪哇、泗水、三宝垄、日惹等地华侨商会学会代表遂齐集泗水商会，商讨对策，电禀清政府农工商部及外务部等，请求在南洋速设领事，速颁国籍法。
④ 李贵连：《晚清〈国籍法〉与〈国籍条例〉》，《法学研究》1990 年第 5 期。

例如，1907年1月10日，《时报》发表了《论今日中国宜定国籍法》一文，指出："环顾吾国，有明明为内国籍人，而我统治权不能及之者。又有既为内国人，而又入外国籍，一遇有事，人将援国籍问题以难我，而我统治权仍不能及之者。"①

二 《大清国籍条例》的制定与颁布

（一）《大清国籍条例实施细则》与《图们江中韩界务条款》

晚清十年是清政府的国际地位急剧衰退的十年，是领土危机空前严重的十年。1900年，八国联军（英、美、德、法、俄、日、意、奥）的侵华战争，是一次规模巨大、影响深远的战争。1901年，清政府与11个国家签订了不平等条约——《辛丑条约》。②《辛丑条约》是中国近代史上赔款数目最庞大、主权丧失最严重、精神屈辱最大的条约，是中华民族空前的劫难。相反，包括日本的11个列强通过该条约，在中国攫取到政治、经济、军事等各个方面的权益。1904年到1905年，日本与俄国在中国东北的领土上进行了一场大规模的争夺朝鲜半岛和中国东北地区的战争。日俄战争的陆上战场是清朝领土的东北地区，而清朝政府却被逼宣布中立，甚至为这场战争专门划出了一块交战区。结果，日俄战争给中国造成了极为深重的灾难，给中国人的生命财产带来无法计算的损失，而日本利用在东北亚取得的军事优势，以《乙巳保护条约》为借口，开始了对"间岛"的侵略活动。

日本认为：拥有"间岛"意味着获得向中国发展的一个重要跳板，争取"间岛"意味着控制中朝俄东亚三国的权力之源。1907年2月11日，"间岛派出所筹备事务所"在东京秘密成立。

---

① 张静、尹朝晖：《晚清国籍法之由来及影响探析》，《柳州师专学报》2002年第3期。
② 条约规定：清政府向各国赔偿白银4.5亿两；北京设使馆界；拆毁大沽炮台，外国有权在北京到山海关铁路沿线驻军；设立外务部等。条约中涉及的在北京设立的"使馆界"，实际上是"国中之国"，是帝国主义策划侵略中国的大本营。设外务部的规定，便于清政府能够按照外国侵略者的意旨实行丧权的外交政策。

1907年8月19日，日本驻华代理公使阿部守太郎照会中国外交部，第一次公开表明了派兵进驻"间岛"的政治意图。由此，"间岛"交涉揭开了序幕。1908年4月10日，派出所正式发布官制，将"统监府间岛派出所"改称为"统监府临时间岛派出所"，从此，派出所名副其实地成为日本政府在中国领土内设立的"帝国官衙"。

　　在朝鲜移民的管辖权和"间岛"的归属权问题而引发的国家的主权和东南亚华侨的国籍问题所导致的民族权益面临严重侵害之际，为了维护国家的主权和人权，1909年清政府采取了两种举措。

　　第一，制定和颁布《大清国籍条例》。

　　1909年2月7日，清政府制定和颁布了近代中国历史上第一部成文国籍法——《大清国籍条例》。本条例的制定先由修订法律馆拟定《国籍法草案》，经与外务部会商，修改成为《大清国籍条例》，共同奏进，最后经宪政编查核议奏准颁行。起草并制定《大清国籍条例》时，清政府参照了各国的国籍法。

　　《大清国籍条例》共分固有籍、入籍、出籍、复籍、附条五章，共计24条。《大清国籍条例》对外国人的入籍主要有以下几个方面的限制性规定：在中国持续居留已达10年以上；有相当的财产或艺能，能以此自立；入籍后能放弃本国的国籍等。

　　1910年，作为该条例的实施细则，吉林东南路兵备道又制定了有关图们江以朝鲜垦民入籍的《限制细则》《取缔细则》和《入籍细则》等，[①] 对朝鲜移民加入中国国籍作了具体的规定。《大清国籍条例实施细则》共20项，《限制细则》共6项内容，《取缔细则》共4项内容，《入籍细则》共10项内容。清政府通过《限制细则》加大了对新迁入的朝鲜移民的限制力度，利用《取缔细则》严格限制珲春、汪清两地所居朝鲜移民的土地所有权，而通过《入籍细则》中的具体的规定，采取积极的变通措施，以鼓励朝鲜移民加入中国国籍。因为，朝鲜移民大部分是于20世纪初期进入东北的无财产、无艺能的破产农民。

[①] 孙春日：《中国朝鲜族移民史》，中华书局2009年版。

清政府通过《限制细则》和《取缔细则》的制定和颁布，限制了日本以"保护"朝鲜移民为借口所进行的对"间岛"的干涉活动。另一方面，通过《入籍细则》的制定和颁布，清政府把朝鲜移民的入籍程序开始纳入到中国法制的轨道。

第二，签订《图们江中韩界务条款》。

1909年9月4日，清政府在北京与日本签订了不平等条约《图们江中韩界务条款》（间岛协约）。

面对险恶的国际环境，清政府为了保住资源丰富、土地肥沃的"间岛"，为了保住中朝俄三国势力相接触的交通要道和战略要塞，以大量的"东三省权利"为代价而与日本签订该条款。但这一举措挫败了日本对中国的侵略阴谋，最终维护了民族权益和国家的领土完整。《图们江中韩界务条款》签订之后，清政府把入籍与土地所有权紧密联系在一起，劝告朝鲜移民加入中国的国籍，要早日脱离与日本的关系。

中国历史上第一部成文国籍法——《大清国籍条例》的制定和颁布，在我国外交史上也有着十分重要的意义。其中，《限制细则》《取缔细则》和《入籍细则》的颁布对外国人，尤其是对朝鲜人的入籍条件做了具体的规定。通过《图们江中韩界务条款》，清政府以巨大代价，解决了图们江为中朝两国界河、图们江北岸为中国领土以及中国境内朝鲜移民的管辖权等问题。终于以法律形式保证了他们在中国的社会地位。总之，《大清国籍条例》和《图们江中韩界务条款》是中国历史上的两件大事，其为保护朝鲜移民归属和"间岛"问题提供了法律依据。

（二）《大清国籍条例》采用血统主义原则世界各国的国籍法中关于国籍的原则规定各不相同

有的采用出生地主义，有的采用血统主义，有的采用混合主义。在赋予国籍问题上，英美法系国家倾向于以出生地主义为主血统主义为辅的原则，而大陆法系国家倾向于以血统主义为主出生地主义为辅的原则。国际法学会在1895年的剑桥会议和1896年的威尼斯会议上，即已提出了在较大的范围内承认出生地主义的问题。①从此，出生地主义的国籍立法原则逐渐在近代社会的国籍立法上占据优势地位，成为发展的主流。

《大清国籍条例》采用的是以血统主义为主出生地主义为辅的原则，这与当时占主导地位的英美法系国家的国籍立法精神和原则不一致。主要有以下两个方面的原因。

首先，《大清国籍条例》是受中华法系和大陆法系影响而制定的。

一部法律的制定都有自己的立法环境和立法背景。当时，中国是处在中华法系到大陆法系国家的过渡期。中华法系是中国的封建法律和亚洲一些仿效这种法律的国家法律的总称。中华法系在历史上不但影响了中国古代社会，而且对古代日本、朝鲜的法制也产生了重要影响。法系的差异必然会影响国籍法原则的规定。但中华法系和大陆法系之间存在诸多相似之处：二者都重视法典建设，把立法权置于法制体系的中心，崇尚法制统一，法的发展主要受世俗力量的推动，习惯用演绎推理的思维模式操作法律，并由此形成法官主导的司法审判方式。② 这种法制上的相似性为中国从中华法系纳入大陆法系框架提供了基础。1908 年 8 月 27 日清政府制定的《钦定宪法大纲》事实上已靠拢大陆法系。《大清国籍条例》采用血统主义原则，亦属于中华法系和大陆法系的体系。

其次，《大清国籍条例》也亦受大陆法系国家日本的影响。

明治维新以前，属于中华法系国家的日本，主要引进中国的唐律、大明律，实行律令制。通过明治维新，日本摆脱了西方列强的殖民枷锁和沦为半殖民地国家的命运，维护了国家和民族的独立。鸦片战争和"黑船事件"③ 是东西方两大文明的冲突，标志着近代

---

① 李浩培：《国籍问题的比较研究》，商务印书馆 1979 年版。
② 徐祥民、陈晨、刘远征、张宏杰：《大陆法系与中华法系的相近性》，《中国海洋大学学报》（社会科学版）2005 年第 5 期。
③ 1853 年和 1854 年美国海军准将培理柏林柏利两次率舰队武力要挟日本开港通商，德川幕府被迫与之签订了《日美和好条约》和《下田条约》，被迫开港。

史的开始,是中国和日本历史发展的一个转折点。但是,从洋务运动和明治维新的结果来看,中国却远远地落后于自己的邻国。1889年(明治二十二年)2月11日颁布,1890年(明治二十三年)11月29日开始实行的《大日本帝国宪法》(明治宪法)是东亚国家第一部成文宪法。《明治宪法》的主要起草者是伊藤博文。伊藤博文1882年去欧洲考察各国宪政,重点考察了大陆法系国家德国的宪法。从中华法系转入到大陆法系的日本,在1899年制定的《日本国籍法》中采取的是当时大陆法系国家普遍采用的父系血统主义原则。

《大清国籍条例》制定过程中,曾译法国人所著《各国入籍法异同考》万余言及日本人立作太郎所著《比较归化法》万五千余言,以资参考。其时京师法律学堂有商法及国际私法教习日本法学博士志田钾太郎,兼任法律顾问,拟具《制定国籍法意见书》千余言。[①] 当时,清政府在政治、经济、法律、文化等领域开始受日本的影响,而《大清国籍条例》采取的是父系血统主义原则。

国籍对个人和国家都具有重要作用。国籍法是西方文明的产物。法国1791年的宪法和1804年的民法典中都有有关国籍的规定。用单行法规定国籍,创始于1842年12月31日的普鲁士国籍法,这种将国籍问题法典化的方式,在19世纪后期逐渐为其他国家所采用。在近代中国,国籍问题并不是统治者所关注的问题,因此,奉行闭关锁国政策的清朝,并无近现代意义上的国籍法概念。伴随着近代以主权、公民和领土为标志的民族国家体系而出现的国籍法具体内容和基本原则主要以国际、国内状况为基准而制定。《大清国籍条例》所采取的血统主义原则,有利于东南亚华侨,不利于朝鲜移民。但是,朝鲜移民问题对《大清国籍条例》的制定起了关键性的作用。在国家的领土完整和民族的正当权益面临危害之际,清政府制定和颁布的中国第一部成文国籍法——《大清国籍条例》,维护了国家的领土主权和臣民人权,延缓了东北三省殖民地

---

① 曾特:《中日国籍之冲突》,《民族》1937年第5卷。

化的步伐，也为中国国籍法的发展奠定了良好的基础。

参考文献

衣保中、房国凤：论清政府对延边朝鲜族移民政策的演变，载《东北亚论坛》2005年。

姜龙范：《近代中朝日三国对间岛朝鲜人的政策研究》，黑龙江朝鲜民族出版社2000年版。

衣保中、刘洁："间岛问题"的历史真相及中日交涉的历史经验，载《史学月刊》2005年。

徐世昌：《东三省政略：边务四》，长春吉林文史出版社1989年版。

何勤华：《万国公法》与《清末国际法》，载《法学研究》2001年。

《东亚三国的近现代史》编写委员会：《东亚三国的近现代史》，北京社会科学文献出版社2005年版。

[韩]李惠薰：《东南亚华侨的资本积累过程》，南洋资料译，2004年。

邱建章：《论晚清政府的华侨经济政策》，《河南大学学报》2003年。

冀满红：《论晚清政府对东南亚华侨的保护政策》，载《东南亚研究》2006年。

李贵连：晚清《国籍法》与《国籍条例》，载《法学研究》1990年。

张静、尹朝晖：《晚清国籍法之由来及影响探析》，载《柳州师专学报》2002年。

孙春日：《中国朝鲜族移民史》，中华书局2009年版。

李浩培：《国籍问题的比较研究》，商务印书馆1979年版。

徐祥民、陈晨、刘远征、张宏杰：《大陆法系与中华法系的相近性》，载《中国海洋大学学报》2005年。

曾特：《中日国籍之冲突》，载《民族》1937年第5卷。

韩国违宪审查制度研究及启示[*]

金红梅[**]

摘要：韩国宪法法院作为违宪审查机关，为保障宪法权威和国民的人权起了非常重要的作用。实践表明，宪法法院是彰显国家正义和民主权利的最终裁判者，它担负着维系国体政局的重大职责。它对尚处于起步阶段的我国违宪审查制度建设具有很大的启发和借鉴所值。

关键词：违宪审查　韩国宪法法院　启示

违宪审查是指享有违宪审查权的国家机关通过法定程序，以特定方式审查和裁决某项立法或某种行为是否合宪的制度。其目的在于保证宪法实施，维护宪政秩序。韩国于1988年实行的违宪审查制度是在总结宪政经验和借鉴国外合理经验基础上确定的制度，在实践中为保障宪法权威和国民的人权起了非常重要的作用。这对于尚处于起步阶段的我国违宪审查制度建设而言，具有很大的启发和借鉴价值。

一　韩国违宪审查制度

（一）韩国违宪审查制度发展的历史沿革

韩国在1988年创建了宪法法院，作为保障宪法实施的专门机

---

[*] 本文发表于《延边党校学报》2009年第5期，收入本刊时略有修订。
[**] 金红梅，女，延边大学法学院副教授。

构，通过建立特别的宪法裁决程序对有关宪法的问题进行裁决，以保护宪法和国民的基本权利。韩国在不同的历史时期采用过不同的宪法保障制度。1948 年宪法采用司法审查制度；1960 年曾设立宪法法院，1972 年宪法和 1980 年宪法曾规定设立宪法委员会。宪法法院 20 多年经验证明：在维护宪法和保障人权方面，韩国宪法法院起到了重要作用。

（二）韩国宪法法院的性质和地位

韩国宪法法院是宪法保障机关，又是国家主权行使机关之一。宪法法院通过行使违宪审查权对宪法进行解释，以界定宪法的基本原则和原理以及宪法所规定的国家机关权力和国民基本权利。在基本权利的保障上，当议会、政府或普通法院对基本权利问题产生争议时，宪法法院的裁决具有最高效力。它不仅可以裁定议会立法违宪，而且有权命令议会采取立法措施保障基本权利。在等级效力上，宪法法院不仅可以推翻普通法院的违宪判决及其他违宪行为，而且宪法法院的宪法判例对于普通法院的法官审理案件时有约束力。

（三）宪法法院的组成

宪法法院由 9 名法官组成，这些法官当中 3 名由总统任命，3 名由大法院院长任命，另外 3 名由国会任命。法官任期为 6 年，依法可以连任，退休年龄为 65 岁（除法院院长为 70 岁以外）。法官的资格要求是：年满 40 岁以上，从事下列各项中的一项事业 15 年以上者：（1）法官、检察官、律师；（2）具有律师资格的人在国家机关、国家公营企业体、政府投资机关等其他法人中从事法律业务者；（3）具有律师资格的人在公认的大学中具有法学助理教授以上的职称者。宪法规定了作出决议的法定人数：作出法律违宪、弹劾、解散政党或宪法诉愿判决时至少需要九名法官中的六名一致通过，但是关于政府部门之间权限争议的决议仅仅需要简单多数法官意见即可作出。宪法法院的组织体系包括宪法法院院长、法官会议、宪法研究官、宪法法院事务处等。宪法法院院长经国会同意由总统任命，代表法院管理宪法法院事务，指挥、监督所属公务员并行使表决权；法官会议由全体法官组成，主要讨论有关宪法法院规则的制定与修改、预算要求、预算费支出与决策的事项、事务处长的任免提请与宪法研究官3级以上公务员任免事项等；宪法研究官按照宪法法院院长的命令，从事案件审理、审判的调查与研究；事务处长按照院长的指挥，管理事务处的事务。

（四）宪法法院的职权

宪法法院主要有以下权限：（1）违宪法律审判权。违宪法律审判由普通法院提起，其对象包括法律、紧急命令、立法的不作为、条约。对不具备适法要件的违宪法律审判请求，宪法法院驳回审判请求；对具备适法要件的违宪法律审判请求，宪法法院做合宪、违宪裁决或变形裁决。（2）弹劾审判权。宪法法院对国会请求的弹劾案件有最终决定权。国会可以对在册的高级官员提出控告，所有的官员均可受到刑事制裁，法官也不例外。宪法法院罢免被请求人公职，被罢免者自作出罢免决定之日起5年内不得担任公务员职务。（3）解散政党权。当一个政党的宗旨和活动与宪法秩序相违背，经国务会议审议，政府可向宪法法院提起政党解散审判请求。宪法法院接受政府请求后，作出停止被请求人活动至最终做出宣告。政党解散决定由中央选举管理委员会根据《政党法》的规定而执行。（4）权限争议审判权。宪法法院有权审理关于国家机构之间、国家机构和地方政府之间或地方政府之间的权限争议。宪法法院自接受国家机构或地方政府审判请求之日起，可以停止作为审判对象的被请求机关处分的效力。通过审理认定被请求机关的处分或不作为已侵害请求人的权限时可以做出取消或确认其无效的决定。（5）宪法诉愿的审判权。宪法诉愿是指由于公权力的作为或不作为而使宪法所保障的基本权利遭到直接、实际之侵害者，有权请求宪法审判机关对该权力是否违宪加以审查的制度，宪法诉愿的审判包括事前审判和全员审判部的审判。事前审判通过审查宪法诉愿审判请求是否适法驳回审判请求或作出认容的决定。对于事前审判中作出的认容的决定改由全员审判部正式开始审理，作出违宪行为的被请求人必须根据认容决定，作出新的处分。

（五）韩国宪法法院对韩国宪政发展的作用与影响

第一，法律的合宪性审查较为活跃。自从1988年韩国宪法法院建立以来，在它运行的20年内（至2008年12月31日为止），宪法法院共受理了法律的合宪性审查请求595起。其中，确认违宪的案件有126起，约占总数的21%；合宪的案件有234起，约占总数的39%；驳回的案件有30起，约占总数的5%；撤回的案件有106起，约占总数的18%。以上统计数字表明，违宪判决的比例相当高，除了撤回和被驳回的案件外，法院判决违宪的高达126起，这意味着约21%的违宪判决将会导致法律的无效或部分无效。可见，韩国宪法法院在行使法律的合宪性审查权限方面相当活跃，这对韩国社会发展产生了重大影响。

第二，弹劾对稳定国势发挥重要作用。2004年韩国总统卢武铉的弹劾案引起了世人的关注。韩国宪法法院最终对卢武铉总统弹劾案做出判决，宣布驳回国会提出的总统弹劾案，卢武铉总统立即恢复行使总统权力。宪法法院的判决理由充分，体现了宪法精神和民意，终结了政坛乱象，扫除了卢武铉继续执政的障碍，使韩国政治、经济进入了正常轨道。

第三，国家机构之间的权限争议审判呈增长态势。国家机构之间的权限争议主要包括国会、行政机关、法院和中央选举管理委员会之间的权限纠纷。至今，宪法法院仅受理了54起权限争议案件。可见，政府机构之间本质上的争端主要通过政治和解和行政调解来解决。随着法治理念在行政领域的渗透，通过法律解决这些争端的态势正在增长，宪法法院将会有更多的机会来解决这些争端。

第四，宪法诉讼上成绩与问题共存。从1988年宪法诉讼制度实行以来，至2008年12月31日为止，宪法法院共受理了16198起宪法诉讼案件。其中，确认违宪的案件有193起，约占总数的

1%；合宪的案件有915起，约占总数的6%；驳回的案件有7938起，约占总数的49%；撤回的案件有444起，约占总数的3%。可见，宪法法院处理的案件数量相当多，这表明宪法裁判的作用，形成了全社会普遍的宪法信仰与共同的宪法意志。宪法法院所处理的数量仍在增长之中，在这20年中数量增长了53倍（1989年受理了307起案件）。随着公民对法院信任度提升的期望的增长，这种趋势将会持续下去。宪法法院从普通法院中分离出来的最根本的原因在于维持宪法解释和各位阶法律之间的一致性和稳定性，赋予宪法法院在宪法问题解释上的最终权力。由于宪法法院法第六十八条第一款规定将韩国普通法院的裁判排除在宪法诉讼之外，经过普通法院判决的案件就没有其他途径以宪法诉讼的方式将诉讼提交宪法法院。这一点与宪法法院存在的目的相违背。

二 韩国违宪审查制度对我国的启示

（一）我国违宪审查制度存在的问题

20多年来，中国现行宪法在维护国家的稳定，确保法制的统一，促进社会的发展与进步方面发挥了非常重要的作用。但由于宪法在规范违宪审查制度方面存在很多问题，使得宪法在此方面形同虚设，主要存在以下问题：

第一，没有专门的违宪审查主体。在我国，相对于其他国家机关、社会组织和个人来说，全国人大及其常委会是违宪审查机关。其大量工作在于制定和修改法律、决定国家重大问题、选举、决定国家机关的领导人等。虽然全国人大常委会已成立法规审查备案室，专门审查包括国务院所立行政法规在内的全国各位阶法规是否违宪违法，但该工作室隶属于法制工作委员会，而身兼立法与监督二职的全国人大及其常委会总是倾向于认为自己通过的法律是合宪的、周全的，这必然造成法规审查备案室不会重视对全国人大及其常委会颁布的法律进行审查，从而使违宪审查没能真正成为一种专门化的活动，并且法规审查备案室十几个工作人员审查每年1000

多部法规，如此小的规模有碍于违宪审查作用的充分发挥。

　　第二，监督对象具有较大的局限性。我国《宪法》序言和《宪法》第五条虽然规定"一切国家机关和武装力量、各政党和各社会团体、各企业事业组织都必须遵守宪法和法律。一切违反宪法和法律的行为，必须予以追究。任何组织或个人都不得有超越宪法和法律的特权。"《宪法》第六十二条和六十七条虽然也明确规定全国人大和全国人大常委会的职权之一是"监督宪法的实施"，但就宪法规定的全国人大和全国人大常委会的具体监督内容来看，它侧重于对法律、法规的合宪性审查，对其他具体行为的合宪性审查则不够有力；侧重于对国家机关的监督，而对"各政党、各社会团体和各企业事业组织"等其他宪法主体特别是执政党的监督则缺乏明确的规定，具有较大的局限性。

　　第三，违宪审查缺乏专门性。我国现行宪法规定：一切法律、行政法规和地方性法规都不得与宪法相抵触。因此，法律违宪的可能性及其补救措施，理当为完善我国违宪审查的一项重要内容。在立法机关审查制下，法律的合宪性，主要是通过立法机关对法律的立、改、废来保证的。在我国国家权力机关的立法和审查中，实际上也是将法律违宪的可能性排除在外。全国人大及其常委会监督宪法的实施，实际上只对行政法规、地方性法规等规范性文件进行合宪性审查，并不包括全国人大及其常委会制定的法律。立法机关进行违宪审查实质上是排除了法律的违宪，因而是一种不完全的违宪审查。

　　第四，缺乏有力的措施纠正违宪行为的现象。由于我国目前还缺乏各种查究违宪行为的必要措施，所以对大量的违宪行为和现象不能依法严肃有力地予以查究。违反了宪法至多是有关部门指出来纠正，根本不用担心承担任何政治的、法律的或行政的责任。许多违宪事例只有在上级国家机关干预或公诸报端以后才迫不得已予以纠正。由于措施不够有力，尽管全国和地方的人大及其常委会、人大代表、党的组织、社会各方面以及广大人民群众强烈反映纠正某些违反宪法的行为和现象，宪法监督机关、有关的党组织和国家机关也做了大量的工作并采取了不少的措施，但仍然没有取得应有的社会效果。有些违反宪法的现象屡禁不止，结果在很大程度上造成了对宪法权威的损害。

（二）借鉴韩国违宪审查制度的经验，建立我国违宪审查制度

当代世界上有三种宪法监督模式，即议会或权力机关监督模式、普通法院监督模式、专门机构监督模式。宪法监督模式必须与特定国家的政治、经济和文化的具体环境相适应，才能发挥其应有的作用。笔者认为，在专门机构监督模式中，宪法法院是适合我国国情和现实需要的一种最佳模式。具体做法是：在全国人民代表大会下设立独立的宪法法院，由该宪法法院独立行使违宪审查权。这个专门机构即无立法职能，更不参与政府活动。该机构依法独立行使违宪审查权，其活动不受其他国家机关、组织和个人的干涉，以保证违宪审查活动的真实和公正。这个专门机构不能违背我国现行政体，虽然它具有一定的独立性，但是它仍然是国家最高权力机关下的一个独立机构。该宪法法院与其他学者所建议建立的宪法委员会最大的不同点是宪法法院可以对宪法诉讼进行审理。

（三）宪法法院的构成

对于我国在全国人大之下建立的宪法法院的组成，我们可以根据我国现行的司法体制，再参照韩国宪法法院的模式设定。宪法法院可由9名法官组成，这些法官全部由国家主席任命。宪法法院的任期为5年，宪法法院院长连续任职不得超过两届。宪法法院院长与最高人民法院院长级别相同，享受同样的待遇。宪法法院法官的资格要求是：年满40岁以上，从事下列各项中的一项事业15年以上者：（1）法官、检察官、律师；（2）具有律师资格的人在国家机关、国家公营企业体、政府投资机关等其他法人中从事法律业者；（3）具有律师资格的人在公认的大学中具有法学助教授以上的职称者。

（四）宪法法院的职权

根据我国的具体实际，借鉴韩国以及其他国家宪法法院的具体

规定，我国建立的宪法法院应享有以下职权：第一，接受其他国家机关申请，解释宪法。普通法院在审理一般案件时遇到要解释宪法的情况，必须向宪法法院提出申请，然后根据宪法法院的解释再继续审理案件。如果各机关对法律的解释有争议，由宪法法院做出最终的权威解释。第二，对全国人大及其常委会的立法是否违宪进行审查，对国务院和中央军事委员会制定的法规、地方人大制定的地方性法规和行政机关制定的规章是否违宪进行审查。第三，接受一般公民的宪法诉讼案件。在处理这类案件时，任何立法和行政行为一旦被宪法法院宣布违宪，则立即失效。第四，接受并处理国家机关之间发生的权限纠纷。

宪法作为国家的总章程，其贯彻实施直接关系到国家的长治久安。韩国的违宪审查制度在捍卫宪法和国民的基本权利方面取得巨大的成功。我们要从我国的实际出发，同时又要吸取和借鉴其他国家的有益经验，健全和完善我国的违宪审查制度，使我国的宪法发挥应有的作用。

[参考文献]

周叶中：《宪法》，高等教育出版社 2005 年版，第 412 页。

韩大元：《外国宪法》（第二版），中国人民大学出版社 2005 年版，第 343 页。

杜钢建：《韩国宪法审查制度研究》，《求索》2006 年第 6 期。

吴东镐：《论韩国宪法法院的权限及功能》，《延边党校学报》2007 年第 3 期。

《我国首次成立专门机构进行法规违宪审查》，《新京报》2004 年 6 月 29 日。

张庆福：《宪法学基本理论》，社会科学文献出版社 1999 年版，第 946 页。

王瑞：《韩国违宪审查制度研究及启示》，硕士学位论文，东北大学，2006 年。

中朝法律翻译规范化探析[*]

金路伦　曹文吉　金虎哲[**]

摘要：我国司法实务中对法律文本的朝鲜语翻译需求日益迫切。由于法律规范根据其性质与句式呈现出多种内涵，将其翻译为朝鲜语时应注意相关理论问题。具体表现为：在翻译标准的选择上，应坚持符合中国朝鲜语规范的标准，不得混用朝鲜文化语与韩国标准语；翻译时应区分义务性规范、禁止性规范及授权性规范，选择较为准确的朝鲜语法律用语；鉴于法律文本通常采用法律规范专属的特定语句模式，在翻译过程中需要注意区分不同的语句模式，使表达更符合立法宗旨和立法目的。

关键词：立法；朝鲜语；法律语言；翻译；语言规范

近年来，为进一步加强和改进民族地区双语法官培养及培训工作，依法保障民族地区公民的基本权利和诉讼权利，根据《中华人民共和国宪法》《中华人民共和国民族区域自治法》以及《关于加强和改进新形势下民族工作的意见》、《2013—2017年全国干部教

---

[*] [基金项目]吉林省和龙市人民法院"延边地区基层法院双语裁判文书规范化研究"项目，项目编号：2012500-413090010。

[**] 作者简介：金路伦（1981—），男，吉林龙井人，延边大学法学院，副教授，法学博士。研究方向：民法、韩国民法、法律翻译。曹文吉（1970—），男，吉林珲春人，吉林省和龙市人民法院党组书记、院长，四级高级法官，法学学士。研究方向：民事诉讼法、刑事诉讼法。金虎哲（1979—），男，吉林和龙人，吉林省和龙市人民法院副院长，一级法官，法学硕士。研究方向：民事诉讼法、刑事诉讼法、法律文书翻译。

育培训规划》等文件精神，制定了《关于进一步加强和改进民族地区民汉双语法官培养及培训工作的意见》（以下简称《意见》）。《意见》提出双语法官培训应以国家通用语言文字和当地少数民族语言文字对法律法规、审判专业术语的互通互译互用为主要内容，着重提高法官的语言表达能力、文字书写能力和交流沟通能力。当前我国人民法院面临的问题在于翻译成朝鲜语的法律文本数量非常有限，法官在审判案件时，对于朝鲜语法律词汇的把握不到位，经常出现中文术语译成朝鲜语时法律术语的核心内含发生歧义的情况。在裁判中，主要适用的法律文本是法条，因此翻译主要围绕法条展开，其中有诸多复杂的法律用语及句法结构，准确翻译法条对于裁判工作具有举足轻重的作用。本文主要分析汉朝法律翻译原则的基础上，阐述汉朝法律翻译标准的选择问题，并进一步结合汉朝翻译理论与法律语言学的内容，探讨不同类型法条的翻译方法，以此向理论界及实务界提供可参考的建议。

一　法律翻译原则分析

翻译是两种语言体系的接触，而且是两种文化乃至不同程度的文明的接触。[①] 翻译是将一种语言文字的意义用另一种语言文字表达出来，因此在语言转换过程中应注意源语意义的传达。在翻译过程中很难有百分之百的正确转换。因为有可能形式转换了，但是意义转换不了，反之亦然。除了转换，还得考虑目标文本与源文本之间的对等性问题，因此法律翻译应坚持以下几个原则。

（一）应体现专业性

法律翻译是跨文化、跨语种的法律语言交际，具有特殊性。法律翻译不仅仅是简单的文本翻译，还应准确把握法律含义。"意义

[①] 韩东吴：《朝汉翻译理论与技巧》，延边大学出版社1994年版。

既是翻译的出发点,也是翻译的归宿"①。

  法律翻译是具有高度专业性的翻译活动,是彰显法律职业特征的重要手段之一。以跨法律语言转换实现法律意义和法律观念移植的法律专业语言时,更需要一套刚性的专业翻译原则。② 因为法律文本中最为重要的是法条所具有的含义,所以应准确无误地翻译法条,使目的语在其语境中能准确体现源语的意义。因此在翻译法条时应准确翻译字、词、句子及原文法条蕴含的背景内容。因法条具有"规范性",故欲使目的语也呈现规范性,应准确了解源语法条的立法技术与立法语言的特点。横跨法律与语言两种专业的法律翻译需要体现法律的专业性与语言的规范性,以此将法律意义体现在目标语言的文本上。法律语言因采用程式化结构,形成了特殊的表达习惯。在规范性法律文件中,可以看出一些语义发生变异的情况,例如,过错、过失等词语,其语义发生变异后进入了法律语言系统。同时,法律语言具有句法结构的特殊性,即模式性特征。在立法语言与司法语言中模式化用句特征有极为鲜明的体现。将出现在法律文本中的词语译成目标语时应体现专业性。因为法律词语是法律文本的本族语读者在法律语境下可以正常解读出法律意义的语言单位。但是对于目标语言的读者,这些词语具有诸多解读障碍。例如,民事法律行为翻译成朝鲜语时应译成"법률행위",应去掉定语"民事"两个字。

(二) 应注意严谨性

  严谨性是法律用词的一大特点。因为法律语言要求准确、周密,所以在立法语言和司法语言中严谨性体现的非常明显。法律语言要求用词准确,但是不能仅靠单词的准确性来表现严谨性,应综合考虑可借助的语法手段、修辞方法和合理的表达方式来彰显严谨性。如果翻译后的文本,不能准确地传达原文的内容,即使其他的

---

① 许均:《翻译概论》,北京教学与研究出版社2009年版。
② 熊德米、熊妹丹:《法律翻译的特殊原则》,《西南政法大学学报》,2011 (13-2)

翻译原则，也不能弥补严谨性的缺陷。因为规范性法律文件，具有高度的权威性，译者应追求遣词用句的严谨和文本整体结构的严密。译者在法律翻译过程中应把握好原文的法律精神，准确理解原文所要表达的含义，准确地将原文意义传达给译文读者。对于不同语言之间的法律翻译，译者应对翻译方法与翻译行为持有严谨的态度。

（三）应遵循忠实性

忠实性原则的基本要求是译文应忠实地传递原文的信息。因为作为规范性文件的法律文件具有严肃性，译文应准确地被译出来，不能为了追求语篇的通顺及词句的华丽而省略、曲解原文的意思与内容。忠实于原文应该是法律翻译中最基本、首要的标准。

忠实性原则亦包含翻译的等效性。即因为在我国特殊的政治、经济环境下所产生的法律术语，例如农村土地承包经营权、宅基地使用权等法律用语是基于我国特殊的土地所有权制度而产生，这些用语被翻译后较难以产生等值的效果。为达到最佳的等值性效果，译者应熟练掌握法律专业术语，理解原文的基础上再译出符合目标语法律环境的译文。因此应注意保持法律语言的一致性，不要混乱使用法律术语。

（四）应具有规范性

译文应在法律术语的使用和风格上具有规范性。这是法律文本权威性、公正性的内在需求。因为汉语是一种非线性语法结构的语言，所以重文本整体脉络的意义。朝鲜语是一种黏着语，在它的句子里，每个单词之间都有助词和词尾连接，而这些助词和词尾是用来表示词语之间的语法关系，其本身没有任何词汇意义。朝鲜语的语序基本上依次为主语、宾语、谓语，这与汉语语序（主语、谓语、宾语）完全不同。因此在翻译时必须遵守各自语言的结构规律，译者在注意规范性法律文件刚性表达方式的同时应使译文符合朝鲜语的立法语言规律。

二　翻译标准的选择

基于诸多历史原因，原先居住于朝鲜半岛的一部分人迁移到中国后长期居住于中国境内，在新中国成立后未返回朝鲜半岛的朝鲜人取得了中国国籍，此部分人及其后代被称为中国境内的朝鲜族。目前的朝鲜语有三种语言规范，在人类历史上，当使用同一民族语言的语言集团分布于不同国家或不同地域时，原有的同一个语言规范会变成若干个不同的规范。

自从1992年我国与韩国建交之后，大批朝鲜族赴韩国工作与生活，并且受到韩国文化产品输入的影响，中国朝鲜族语言受到了全方位的影响。目前，中国朝鲜语规范的影响力和约束力大幅减弱，甚至一些报纸、杂志、电台及出版社等媒体都不再严格遵守中国朝鲜语的规范，以致给朝鲜语的使用造成了很大的混乱。语言使用上的混乱局面的的确确使中国朝鲜语规范化工作面临了新的挑战。

中国朝鲜语既是世界朝鲜民族的共同语言，又是中国朝鲜族的民族语言。它和朝鲜的文化语、韩国的标准语一脉相承，同时中国朝鲜语植根于中国政治、经济、文化的大土壤中，在一定程度上又融入了汉语的因素。[1] 虽然中国朝鲜语与朝鲜、韩国的语言大体上相同，但是在语音方面、词汇方面及语法和表现手法上均有些区别。对于中国朝鲜语面临的规范问题，学界大体上有以下几种观点：[2]

第一，改正现在的规范，制定新的规范。这种方法是使用中国朝鲜语自己的规范。在中国使用自己的规范只有在闭关锁国的前提下才能实现。在中韩建交以后，韩国语对中国朝鲜语的影响很大。

---

[1] 金永寿：《中国朝鲜语规范化方向与规范原则的思考》，《东疆学刊》2010年第3期。

[2] 金香花、金顺女：《朝鲜语规范化问题探讨》，《延边大学学报》（社会科学版）2015年第3期。

在目前的情况下，完全排除韩国语的影响，中国朝鲜语走自主规范化之路是不可能的。

第二，倒向韩国或朝鲜的一方。现在韩国和朝鲜两国对中国朝鲜族的文化影响更大的是韩国。如果倒向韩国，中国朝鲜语可以避免规范的混乱，但是韩国的规范不是完美无缺的。

第三，使用韩国和朝鲜协商之后的统一方案。但要想使用这一方法，必须要等到统一规范形成之后。在统一规范形成之前，还要持续朝鲜语规范的混乱局面。

对于中国朝鲜语的规范，笔者认为应遵循其原生的独有生态。如上所述，因全世界的朝鲜语大致可以分为三种规范，故中国朝鲜语可以采取朝鲜与韩国两国共同使用的规范，即应坚持使用相一致的部分。对于相异之处，应采纳朝鲜的文化语与韩国的标准语中更为合理的规则。例如，在头音规则上，朝鲜与韩国的规范有相当大的区别。对此应采取与中国朝鲜语相同的使用规范，即采取与中国朝鲜语更接近的朝鲜文化语的规则。此外，可以通过法院的法律文书看出语言规范的选择倾向。例如，吉林省和龙市人民法院的民事裁定书（2017）吉2406民初948号书写为"원고…와피고…부당리득분쟁사건은 2017년 9월 6일에본원에서립건한후법에의해심리하였다."在这个裁定书中，"부당리득"与"립건"是遵照朝鲜文化语规范的写法。如果按照韩国的标准语，应将其写成"부당이득"与"입건"。可以看出，延边州基层人民法院在进行裁判时，遵照本地的语言习惯，采取了符合中国朝鲜语的法律词汇。

三 法律规范的语言表现形式及翻译规则

法律规范按其自身的性质及确定的行为模式性质可分为义务性规范、禁止性规范及授权性规范。体现这三种法律规范的法律条款规定了全部的权利与义务关系。这三种性质的法律规范在语言运用方面具有不同的语言形式，且体现了法律规范的权威性。

（一）义务性规范的翻译规则

义务性规范是指规定法律关系主体做出一定行为，承担义务的规范。义务性规范在遣词用句上一般采取"有……义务"的程式化句式。在词语的选择上，通常使用存现动词"有"、助动词"应当"。有时表现强制性意义的副词"必须"也出现在法条之中。"有……义务""应当"来显示履行法定义务的当为性，并且引出义务性规范的内容，用"必须"来表明履行法定义务的强制性。

将义务性规范翻译成朝鲜语时，其中的"负有……义务"应译成"…의무를부담한다."例如，《民法总则》第二十六条规定："父母对未成年子女负有抚养、教育和保护的义务。"应译成"부모는미성년자에대하여부양,교육과보호의무를부담한다."在《民法总则》中，与"义务"相配套的词汇，除了"负有"外，还有"承担""履行"。在此，"承担""履行"都表明义务人负有一定的义务。例如，《民法总则》第十三条规定："自然人从出生时起到死亡时止，具有民事权利能力，依法享有民事权利，承担民事义务。"以及第一百三十一条规定："民事主体行使权利时，应当履行法律规定的和当事人约定的义务。"这两个法律条文中的"承担民事义务"与"履行……义务"的意义相同，但是使用了两个不同的单词，这应该是立法之不备。在翻译时应将上述三个词汇都译成"…의무를부담한다."

对于"应当"，这一词汇相对应的朝鲜语为"응당"。在法律条文中"应当"主要表现为原则性规定或要求。"应当"与"必须"的含义没有实质区别。法律在表述义务性规范时，一般用"应当"，不用"必须"。翻译时应结合具体语境，将"应当"译成"…하여야한다"，不能因为在法律条文中"应当"作为能愿动词放在一般动词前而将其译成"응당…을하여야한다."例如《民法总则》第五条规定："民事主体从事民事活动，应当遵循自愿原则……"此条文得译成"체는민사활동을함에있어서자원원칙을지켜야한다…"

可以看出，翻译义务性规范时，对于"应当""必须""应该"

等表明义务人承担义务的术语,译成"…여야 한다",因为此语句表明朝鲜语当中的当为性内容。

(二)禁止性规范的翻译规则

禁止性规范是指禁止法律关系主体做出一定行为的法律规范。如果违反禁止性规范,则发生符合违法行为构成要件的后果,应当承担一定行为的责任。禁止性规范的表述应选用与其法律内涵相对应的法律语言。一般使用"不得""禁止"词语的句式。"不得"一般用于有主语或者有明确的被规范对象的句子中,"禁止"一般用于无主语的祈使句中。[①] 例如,《宪法》第十二条第二款规定:"禁止任何组织或者个人用任何手段侵占或者破坏国家的和集体的财产。"这种程式化祈使句具有直接明确禁止主体行为的作用。

将"禁止"译成朝鲜语时,结合法条语境,通常译为"…하여서는아니된다.""不得"译成"…못한다.""…할수없다."例如,《民法总则》第八条的"……不得违反法律,不得违背公序良俗",应译成"법률과공서양속을위반하여서는아니된다"此外,《民法总则》第六十五条的"……不得对抗善意相对人"应译成"선의의상대방에게대항하지못한다"。

总之,在翻译禁止性规范时,对于"禁止""不得"等规范术语,译成"…어서는 아니된다",因为此语句表明朝鲜语中的不为性规范。

(三)授权性规范的翻译规则

授权性规范是指法律关系主体可以自己决定为或不为一定行为的法律规范。一般使用"有……权利"的程式化语句。[②] 将存现动词"有"放在法定权利之前,将能愿动词"可以"放在实施的行为之前,以此表明肯定授权。"有"表示存在权利,"可以"表示

---

① 全国人大常委会法工委:《立法技术规范(试行)》(一),法工委发〔2009〕62号。

② 方琰:《法律程式化语言研究》,《法律语言学说》2011年第2期。

有权选择行使权利或不行使权利，且应在合法范围内根据具体情况予以判断。对于人民法院、人民检察院等的职权，使用"可以"表明其执行方式上的可变性，但职权本身则必须执行。例如，《宪法》第四十一条第一款规定："中华人民共和国公民对于任何国家机关和国家工作人员，有提出批评和建议的权利；对于任何国家机关和国家工作人员的违法失职行为，有向有关国家机关提出申诉、控告或者检举的权利，但是不得捏造或者歪曲事实进行诬告陷害。"《民法总则》第十条规定："处理民事纠纷，应当依照法律；法律没有规定的，可以适用习惯，但是不得违背公序良俗。"

对于"可以""有……权利""有权……"词汇，通常译成"…할수있다"。朝鲜语的"…할수있다"主要用于法律上的权利、能力、权限等情况。例如，《民法总则》第一百四十条规定："行为人可以明示或者默示作出意思表示"，对其应译成"행위자는명시적또는묵시적으로의사표시를할수있다"。

综上所述，三种不同的规范内容决定了相适应的语言表现形式。具言之，用以表述三种法律规范的法律语言，分别用"有""可以""禁止"等作为标志语，并结合"有"字句、能愿动词谓语句及祈使句、陈述句等来表示三种不同行为模式的性质。被选用的关键性词汇与句式是三种不同规范的法定内涵权威性的标志。在翻译时应注意相应的朝鲜语的日常用法与作为法律词汇的特殊用法。

四　法律规范中的特定语句及翻译

法律文本在句型上主要以陈述句、祈使句为基本形式。在语句上以长短句式的辩证选择为原则，不特别强调多用或只用一种句式。能够集中体现法律文本语言句法特点的，是其专属的特定语句模式，不仅规模大，而且反映了立法需求和语言规则。因此特定语句模式在立法表述中根据通用语言中已有的资源，变异和创造出一些超越常规使用的句法形式，赋予它们固定的语言功能，作为法律文本语言的表述常规。①

每个语句都是语言的组织体,它结合多数的语词。② 依使用频率及形式稳定性,立法表述的特定语句模式表现为:"的"字句、"或者"句、"对于"句、"是"字句等。以下按照不同的句式模式分析其在法律语言模式中的应用及其翻译问题。

(一)"的"字短语的表现形式及翻译

以"的"字构成名词性质的语词结构大多充当主语及宾语。法律文本表述中大量采用了这种结构形式,但是在实际运用中又出现了一些变异,形成了法律文本独有的结构。在法律语境中的"的"字结构不同于通常语言环境中的状态,根据立法之需求构造出符合法律文本表述规律的一套用法。通常将此种"的"字结构的综合情形,称为"的"字短语。"的"字短语,虽名为短语,但在法律文本中所承载的部分长短不一,有时包含着较长的复句关系。事实上,不论其结构如何,短语作用非常明显。

法律文本大量使用"的"字短语的目的在于使立法语言庄重、简洁。在语言表达中,表述假定因素的语言形式应使用假设复句,但是因立法语言的特点,通常不使用假设关系的关联词语。一般将假设关系浓缩在一个"的"字短语中,以非常简洁与凝练的语言形式表达复杂的意义。例如,《合同法》第二十三条规定:"……要约没有确定承诺期限的,承诺应当依照下列规定到达……"如果不用"的"字结构,应将本条改成"……如果要约没有确定承诺期限,则承诺应当依照下列规定到达……"这样一改,原本紧凑的法条,变成了一般语法中的假定语句,丧失了立法语言的特点和风格。对于"的"字句,因为其一般表示假定条件,所以翻译成"…경우"或者"…경우에",不能译成日常用语中的"것"或者"적"。

---

① 刘红婴:《法律语言学》,高等教育出版社 2018 年版。
② [德] 卡尔·拉伦茨:《法学方法论》,陈爱娥译,商务印书馆 2003 年版。

（二）"或者"句的表现形式及翻译

作为连词，"或者"在法条语句中被大量使用，具有特定的环境与表意目的。在立法过程中，法律语言在相对封闭的系统里形成了自身独特的语言生态，同时在特定的社会语境之下形成了一系列的语言习惯和规则。这些特有的习惯和规则固定下来后会体现反常的语言特点。这种特点源于领域语言的存在前提及其自身功能。例如，《民法总则》第四十四条第一款规定："财产代管人不履行代管职责、侵害失踪人财产权益或者丧失代管能力的，失踪人的利害关系人可以向人民法院申请变更财产代管人。"本条中的"或者"连接财产代管人的义务与因本人原因发生的情况，这两种本不属于同位句子成分，但是因同属于可归财产代管人因素的情况，因此用"或者"来连接。

在立法语言中经常与"或者"混合适用的是"和"字词。例如，《消费者权益保护法》第七条第一款规定："消费者在购买、使用商品和接受服务时享有人身、财产安全不受损害的权利。"第八条第一款规定："消费者享有知悉其购买、使用的商品或者接受的服务的真实情况的权利。"对比这两个条文可以看出，两个条文所要表达的内容的语句结构是一样的，都是说明消费者的行为与消费者权利的内容。但是第一个条文使用的是"和"，是并列连词，表示联合关系；第二个条文使用的是"或者"，是选择连词，说明选择关系。除非立法者在立法时区别对待这两个条文，否则这两个条文中的"和"与"或者"应该采取相同的词汇。

对于"或者"的翻译，应译成"또는"，不得译成"혹은""…이거나""…든지"。因为作为连词，如果将"或者"译成"…이거나""…든지"，则将追求严谨性的法条被拆成日常用语化的结构，使法条较口语化，有损法条的正确性与严谨性。

（三）"对于"句的表现形式及翻译

"对"字词组是由介词"对"或者"对于"组成的介词结构。

立法语言的用语特点就是使用较多的"对"字词组。"对"字词组在立法语言中与"的"字词组一样,也是用来表述假定因素。"对于"句应译成朝鲜语的"…대하여"。"对"字词组所处理的假定因素主要为人或物,因此这些需要处理的假定因素用介词"对"或"对于"特别提示。特别提示的行为对象就是受体。在这种结构中可以明示或省略行为施体,即可以形成无主句。"对"字句作为无主句出现时,一般置于句首。例如,《民法总则》第四十七条规定:"对同一自然人,有的利害关系人申请宣告死亡……"对此应译成,"동일한 자연인에 대하여 리해관계자가 사망신고를 한 경우…"

(四)"是"字句的表现形式及翻译

"是"作为谓语,表达判断之意。"是"字句在法律文本中起到界定概念与说明一般性内容的作用。例如,《物权法》第二条第二款规定:"本法所称物权,是指权利人依法对特定的物享有直接支配和排他的权利,包括所有权、用益物权和担保物权。"用"是"字句说明了物权的含义及其类型。法律文本中"是"字句的主要形态为前置的形态,即采取的是主谓宾相连的结构。对"是"字句的翻译,因为"是"字句在法律文本中具有功能纯粹及句法简洁的特点,所以对应的朝鲜语就是最基本的谓格助词"…이다"。

五 结语

囿于当前严重缺少朝鲜语法律法规的现实,朝汉双语地区人民法院在制作裁判文书时只能将中文法律文件翻译成朝鲜语使用,对朝鲜语法律翻译提出了较高的要求。将法律文本译成朝鲜语时,应遵循法律翻译原则,坚持翻译的专业性与严谨性,做到准确翻译法律词汇,并且忠实翻译法律文本,注意法律文本的规范性。应充分了解法律规范内容,区分日常语言与法律语言,具体分析规范性法律文本的用词与用句特点,准确翻译成朝鲜语。关于朝鲜语规范,应选择符合中国朝鲜语规范的翻译规则,不得混用和滥用朝鲜文化语和韩国标准语。法律语言因为具有特殊性,所以翻译时应考虑法律语言的变异性及句法结构的特殊性。在准确把握法律规范中的各类句式的表现形式下,确保翻译符合朝鲜语法律条文的语法规范,才能确保裁判文书的内容符合法律的内在逻辑,维护当事人的权益。

论继承的共同正犯

金光虎[*]

摘要：是否承认继承的共同正犯概念，后行行为者是否应当对先行行为者行为所造成的结果承担责任，刑法理论界存在着肯定说、否定说和限定的肯定说。应当承认继承的共同正犯概念，限定的肯定说能够准确界定各行为人的刑事责任。

关键词：继承的共同正犯；成立要件；肯定说；否定说；限定的肯定说

一 继承的共同正犯概念及存在问题

（一）概念

所谓继承的共同正犯，又称相续的共同正犯，是指对某一个犯罪，先行行为者着手实行后，在行为尚未全部实行终了阶段，后行行为者与先行行为者之间产生了共同实施犯罪的意思，此后共同实施犯罪实行行为的情形。例如，甲着手实施盗窃行为，在中途觉得一个人完成犯罪十分困难，于是邀请友人乙参加犯罪活动，乙同意并合作完成犯罪就是这种情况。在这里需要注意的是，继承的共同正犯与共同实行的意思联络形成于实行行为之前的共谋共同正犯、共同实行的意

---

[*] 金光虎，法学博士，延边大学法学院讲师，硕士研究生导师。

思联络在实行行为之时偶然形成的偶然共同正犯是有所区别的。①

(二) 存在的问题

继承的共同正犯存在以下几个问题：第一，能否承认继承的共同正犯概念。一般认为，既然后行者与先行者之间有共同的犯罪意思，并共同实施行为，那么自然成立共同犯罪。所以通说大多数承认继承的共同正犯概念。但是也有学者反对继承的共同正犯这一概念。② 第二，如果成立继承的共同正犯，后行者可以加入的适宜时间成为焦点。第三，后行者承担责任的范围。这是继承的共同正犯的核心问题之一，即后行者在什么范围内对先行者所实施的行为及由该行为所产生的结果承担共同正犯的责任。对于此问题，各国学说与判例都持不同的意见。总的来说，分为三种学说，即后行者对自己介入前的行为结果也要承担责任的肯定说与后行者只对自己介入后的行为结果承担责任的否定说以及限定的肯定说。

二　继承的共同正犯成立可能性

(一) 犯罪共同说与行为共同说

1. 犯罪共同说

犯罪共同说认为共同正犯是数人共同实行特定的犯罪，犯罪故意与共同行为及其构成要件必须一致才能成立共同正犯。既然在此观点下不能承认事后故意，继承的共同正犯的情况下也就不能成立共同正犯，而后行者的实行行为有可能构成对构成要件的帮助行为。③

2. 行为共同说

行为共同说认为共同正犯的本质在于数人共同实施性质相同的行为上，既然共同实施性质相同的行为不管是犯罪故意与构成要件

---

① 马克昌：《比较刑法原理》，武汉大学出版社2002年版。
② 郑盛根：《继承的共同正犯》，《考试界》1981年。
③ 张明楷：《外国刑法纲要》，清华大学出版社1999年版。

及共同行为一致的情况，还是尽管构成要件与共同行为一致但犯罪故意与之不一致的情况，或者虽然犯罪故意与共同行为一致但与构成要件不一致的情况都成立共同正犯。因此行为共同说认为继承的共同正犯也可以成立共同正犯。①

（二）犯罪共同说与行为共同说的修正以及继承的共同正犯

犯罪是主观与客观的结合、责任原则及刑事政策合目的性的观点出发部分犯罪共同说承认在构成要件重合的范围内可以成立共同正犯，因此，不再要求各行为人的最终成立的罪名必须同一。继承的共同正犯问题的学说对立不再直接和犯罪共同说与行为共同说的对立——对应。采取犯罪共同说的立场而同时承认继承的共同正犯的成立可能性也反映了这种倾向的存在。继承的共同正犯如果具备共同正犯的一切条件的情况下也没有理由否定共同正犯的成立，而且既然不要求事前具备共同实行的故意即使在共同实行的故意在途中形成的时候也应该承认共同正犯的成立可能性。②

三　继承的共同正犯的成立要件

（一）一般成立要件

因为继承的共同正犯也是共同正犯，所以继承的共同正犯也必须具备共同正犯的一般成立要件，即作为主观要件的共同实行的意思与作为客观要件的共同实行行为。

1. 主观要件

如果承认继承的共同正犯，先行者与后行者之间的意思联络是不可欠缺的成立要件。但是对于意思联络的范围及其效果，存在着不同的见解。只要有共同加功的意思，即相互谅解就可以认为具备了意思联络，而并不以先行者与后行者之间的意见交换或者合意为

---

① 林亚刚：《共同正犯相关问题研究》，《法律科学》（西北政法大学学报）2000年第2期。
② 陈兴良：《本体刑法学》，商务印书馆2001年版。

必要要件。而且，意思联络只存在于数人相互之间，因而从这种意义上先行者与后行者之间存在相互谅解，就可以视为已经具备了意思联络。① 在这种情况下，共同实行的意思没有必要限定在一个故意犯罪。不管是为了实施一个故意犯罪，具备共同实行的意思的场合（犯罪共同说），还是在数个故意犯之间或者过失犯与故意犯之间，都可以存在共同实行的意思（行为共同说）。由此可以知道，意思联络要具备相互之间的谅解，因而所谓的片面的共同正犯并不成立共同正犯。

因此，后行者单方面加功于先行者的犯罪行为的场合，并不是先行者谅解了后行者的意思，即相互之间不存在意思联络，也就不能够成立共同正犯。② 例如，甲对丙实施抢劫的过程中致使丙昏迷，而被突然响起的脚步声吓跑后，乙正好路过此地，乘机拿走了丙的财物。这时，甲与丙之间并不存在共同实行犯罪的意思联络，不属于是共同实行的行为，不能成立继承的共同正犯。此外，如果先行者在实行行为的途中放弃了犯意，而后行者利用其行为所产生的结果来实施犯罪，也不能成立继承的共同正犯。仍就前例而言，如果甲对丙实施抢劫的过程中致使丙昏迷，而这时甲听到脚步声，误以为警察要来，于是慌忙逃走，而此时乙乘机拿走乙的财物，也不能成立继承的共同正犯。

而且，共同的意思只要求具备共同行为内容的认识就足矣，而并不需要先行者与后行者之间必须认识。因此，以第三者为媒介共同实施的实行行为也有成立共同正犯的可能性。

2. 客观要件

要成立共同正犯，必须有作为客观要件的共同的实行行为。对此，在学界有不同的意见，有的学者认为必须以与先行者共同实行为构成要件，有的学者认为后行者单独实施此后的实行行为也可以。廉政哲教授认为，先行者与后行者之间应该共同实施实行行

---

① ［韩］郑荣锡：《刑法总论》，首尔：法文社1981年版。
② ［韩］李建镐：《刑法学概论》，首尔：高丽大学校出版部，1972年。

为，才能成立继承的共同正犯。① 而金钟源教授认为，后行者即使不亲自分担实行行为，也有成立继承的共同正犯的可能性，因此后行者介入后单独实施实行行为的场合自然成立继承的共同正犯。②

总而言之，笔者认为后行者介入后的行为不以必须和先行者共同实施为必要。因为先行者与后行者既然相互补充、相互利用以实现一个犯罪，且先行者已经有实行行为在前，就没有必要还要求其共同实行。

（二）继承的共同正犯成立的最终时点

一般认为，在犯罪既遂以后，参与事后的处分行为不能成立共同正犯。但是，日本学者认为"也有在犯罪既遂之后仍然承认继承的共同正犯的情况。例如，先行者将被害人监禁以后，后行者基于共同的犯罪意思，继续实施监禁行为的（所谓继续犯的场合）；器物毁坏罪中，毁坏某个财物后，继续毁坏其他财物的（所谓包括一罪的场合）。对此，应该区分犯罪是否既遂与犯罪行为是否还在继续这两个概念。既遂之后只要犯罪行为还在继续，就有可能成立继承的共同正犯。除了继续犯与包括一罪之外，还有学者认为，只要既遂后还有可能对同一法益继续实施侵害或者威胁行为，也可能成立继承的共同正犯。"③

笔者认为及时犯和状态犯的情况下，既遂之前可以成立继承的共同正犯，继续犯的情况下犯罪终了之前可以成立继承的共同正犯。共同正犯的正犯性决定了共同实行行为并不一定是符合构成要件的行为，而必须是为了实现构成要件的行为，因此及时犯或状态犯已经满足了其构成要件要素，而无法实现构成要件的时候继承的共同正犯不能成立。但是继续犯的情况下，构成要件行为在既遂之后仍然持续，因此犯罪终了之前应该承认继承的共同正犯的成立可能性。

---

① ［韩］廉政哲：《继承的共同正犯》，《法政》，1970 年。
② ［韩］金钟源：《继承的共同正犯》，《司法行政》，1964 年。
③ ［日］宫崎澄夫：《犯罪的既遂与实行行为的终了——关于共犯的成立》，《林赖三郎博士追悼"刑事法学论集"》，东京：中央大学法学会，1960 年。

四　后行者的责任范围

关于后行者是否应该对介入之前先行者已经实施的犯罪事实部分也承担共同正犯的责任，即有的观点认为继承的共同正犯的情况下不应该承认事后故意，而且也难以认定后行者的行为与先行事实之间的因果关系，因此后行者负全体责任是否违反个人责任的原则成为一个难点。具体学说有肯定说、否定说与限定肯定说的对立。[1]

（一）肯定说

肯定说强调一罪性·不可分割性，此观点认为实体法上的一罪都是不可分割的一个犯罪，因此后行者只要参加犯罪，就要对全部行为承担责任。在实体法上确实存在着不可能分割的一罪，但是认为实体法上的一罪都是不可分割的，则过于武断。具体理由有以下几种：

1. 主张一个犯罪作为一罪是不可分割的

认为只要是在共同实行的意思支配下，参与了一罪的部分实行，就应该将先行行为者的行为和后行行为者的行为作为统一整体考察，按照共同正犯处理。

2. 根据"共犯成立上的一体性"和"共犯处罚上的个别性"理论

认为对整个犯罪成立共同正犯，处罚上认为对结合犯、结果的加重犯分别认定各共同者的责任。此说的亮点是将共同正犯的成立与处罚分别考察。

3. 由于先行行为者与后行行为者就行为的全部存在"共同意思""共同实行"，全部行为成立共同正犯

认为后行行为者应当对其介入以前由先行行为者实施的行为承担作为共同正犯的责任。因为，法律上是由于在互相了解后而参加

---

[1] 陈家林：《继承的共同正犯研究》，《河北法学》2005年第1期。

实行才对他人的实行承担责任的,其在全体行为的哪一时点进行了解并不重要,因而对全体成立共同正犯。

4. 支持犯罪共同说的学者认为,以为后行行为者既然已经了解先行行为者的意思,并利用其意思,则具有共同的意思联络,故后行行为者对于共同意思成立前的行为,也应该负责。①

(二) 否定说

否定说重视刑法中的个人责任原则,强调后行行为对先行行为及其结果没有因果的影响力或行为支配。但是有的后行者不仅是简单地认识到先行者的行为及其结果,而且还有积极地将其作为自己行为的手段积极地加以运用的意思,这种情况下先行者的行为实质上可以评价为后行者行为的一部分,这时如果仍然不让后行者对先行者的行为结果承担责任,显然有失公平。学者的观点各不相同:

1. 以行为共同说为前提,认为只对共同实行的行为产生共同责任

后行行为者对于先行行为者之前的行为,虽然有所认识,但既未参与,就不能认为其有共同犯罪关系,令其对之前行为负责任,应仅对后行为负共同犯罪之责。即使后行行为者认识先行行为者的行为,由于后行行为者没有加功于先行行为者的行为,所以不应当认为回溯到该行为成立共犯关系。

2. 以目的的行为论为前提的目的行为支配说

认为后行行为者对介入以前的行为没有目的性行为支配,所以后行行为者只应该对其介入后的行为承担责任,对其介入前的先行行为者的行为不承担共同正犯的罪责。

3. 以不具有共犯的因果性为根据的学说

认为由于后行行为者参与以前的先行行为者的行为和后行行为者的行为之间不可能具有因果性。因此,不应该将继承的共同正犯作为共同正犯来处理,也不能对此前的行为承担共同正犯的责任。

---

① 〔韩〕廉政哲:《继承的共同正犯》,《法政》,1970 年。

(三) 限定的肯定说

限定的肯定说认为在一般情况下后行者不能对先行者的行为承担责任，只有在例外的情况下才承认对全部事实承担责任。具体而言，结合犯罪具有持续性效果者、具有相互利用者和对实行行为的重要部分具有因果力者是例外。

在继承的共同正犯上，笔者认为，第一，后行行为者不应就包括先前行为在内的全部行为成立共同正犯，当然也不应该对先前行为所致结果承担罪责；第二，对于共同实行的行为，如果先行行为者与后行行为者的故意不同，则成立不同罪名的共同正犯，如果先行行为者与后行行为者的故意相同，则成立同一罪名的共同正犯。[①]

总之，后行行为者要对先行行为者之前的行为及其结果承担共同正犯的责任，需要其不仅认识到先行行为者的行为结果，而且需要先行行为者行为的效果仍在延续，后行行为者又有积极的利用意思，将其作为自己的手段加以运用，只有在这种情况下双方才能就整体犯罪成立共同正犯。

---

① 陈家林：《共同正犯研究》，武汉大学出版社2004年版。

韩国资本市场法上金融投资商品概念的考察[*]

李鲜花　孙焕琪[**]

摘要：韩国于 2007 年将以往规制资本市场的《证券交易法》《期货交易法》等六部重要法规进行合并，实现了资本市场法的统合规制。其中"金融投资商品"是整部法律的核心概念，它对"金融投资业""金融投资业者"等概念，以及资本市场法的适用范围的确定具有重要的意义。我国尚未进行金融服务法领域的统合立法，但是对金融工具正逐步开放，法律规制的滞后和空白问题已经凸显，金融服务法领域的统合规制已经成为一种趋势。本文将详细论述韩国资本市场法上"金融投资商品"的具体定义，以及作为其具体类型的"证券"和"衍生产品"的概念，并与我国现有立法中的相应概念进行比较，为我国今后的统合立法提供参考。

关键词：金融投资产品；证券；衍生产品；统合规制

一　引言

随着经济发展和金融创新，新的金融工具不断出现，金融服务相关立法的统合规制已经成为一个必然趋势。[①] 在这种背景下，

---

[*] 本文发表于《证券法律评论》2017 年第 00 期，收入本刊时略有修订。
[**] 李鲜花，法学博士，延边大学法学院讲师，硕士研究生导师。
[①] 参见杨东《金融服务统合法论》，法律出版社 2013 年版。

韩国于2007年制定了《有关资本市场和金融投资业的法律》（以下简称"资本市场法"），该法主要采用了功能监管与概括性定义方式，其中"金融投资商品"是整个资本市场法的核心概念之一。韩国资本市场法中的信息公开、内幕交易规制、操纵市场规制等制度，适用于金融投资商品的交易，而且该法中"金融投资业""金融投资业者"的概念，其实也是基于"金融投资商品"而确定的。因此正确把握韩国资本市场法中的"金融投资商品"的概念，为韩国资本市场法的其他金融规范和制度的研究提供了理论基础。

目前我国也对各种金融工具逐步放开，比如近几年开始进行优先股的相关立法允许发行优先股，[①] 再比如央行发布《中国人民银行年报2015》，报告中称"可考虑推出可转换股票存托凭证"[②]，此外还有很多尚未明确定性的理财产品和信托产品。在此背景下，有必要对已经进行统合立法背景下的韩国金融投资商品的概念进行更为深入的研究，[③] 探索我国金融服务法统合规制的具体路径，为其他具体制度的研究提供参考。

二 韩国金融投资商品的概述

（一）韩国旧证券交易法上有价证券概念的界限

如同我国的证券法，韩国旧的证券交易法上的核心概念为"有价证券"，并采用了列举主义的方式。根据有价证券法定主

[①] 国务院颁布的《国务院关于开展优先股试点的指导意见》，证监会发布的《优先股试点管理办法》，为优先股的发行提供了法律依据。

[②] 《央行：可考虑推出可转换股票存托凭证》，网易财经新闻，http://money.163.com/16/0621/16/BQ3L3ILI00252G50.html，访问时间：2017年2月15日。

[③] 目前已有相关论文对韩国的资本市场法及韩国"金融投资商品"的概念、种类进行了概括性的介绍。具体内容参见张珍宝《韩国资本市场法系列之一：金融投资商品概念简析》，《金融法苑》2009年总第79期；赵晟植《韩国法中的"金融投资商品"定义小考》，《金融法苑》2010年第八十辑；杨东、刘磊《证券法的转型：从传统有价证券到金融商品——日韩两国给我们的启示》，《证券法苑》2011年第五卷；南玉梅《韩国资本市场法的制定与动向》，《证券法律评论》2014年第00期。

义，新的金融产品属于证券交易法所列举的证券类型，证券公司才可以对此进行交易，而作为非证券公司的其他金融业者则可以不受证券交易法的该项限制。[①] 另外，随着金融技术的发展，各种形式的金融产品不断推出，有些产品形式上不属于证券交易法所规定的证券类型，但是实质上属于有价证券。此类产品在法律规制上就出现了法律漏洞。为了克服此类问题，资本市场法引入了"金融投资商品"的概念，扩大了旧证券交易法上的"证券"的范围，同时引入了"衍生产品"的概念，并对金融投资产品采用了概括性定义的方式。

（二）金融投资商品的定义

根据韩国资本市场法，金融投资商品是指为了获得利益或者避免损失，在现在或者将来特定时间内，通过约定支付金钱或者其他具有财产价值的物而取得的权利，而且该权利具有为取得该权利而已经支付或者理应支付的金钱等可能超过基于该权利而回收或可能回收的金钱等的总额的风险（第三条第一款）。金融投资商品的定义主要体现了以下四个要件。第一，目的。金融投资商品具有"取得利益或回避损失"的目的。取得利益的主要是通过证券，回避损失主要是通过衍生产品而实现。虽然储蓄或保险产品也具有前面所说的"取得利益或回避损失"的目的，但是它与金融投资产品相比较不具有"投资性"，因此排除在"金融投资商品之外"。第二，金钱等的转移或约定。资本市场法规定"现在或将来的特定时间，约定支付金钱或其他具有财产价值之物"。将时间确定为"现在或将来"，是为了包含衍生产品的将来支付方式。"具有财产价值"之物是为了包含衍生产品交易中的基于金钱的差额结算（cash settlement）和通过现物交付的结算（physical delivery）。第三，权利。需要注意的是权利一般是指取得金钱的权利，但是金融衍生产品可能取得

---

① 参见［韩］金建植、郑顺燮《资本市场法》，斗圣社2010年版，第21页。

的是实物。第四,投资性。它是指支付金额超过回收金额的可能性,是金融投资商品的最重要的特征之一。但是如果将投资性做过于僵硬的理解,有可能将根本不存在本金,或者是保障本金的金融产品排除与衍生产品之外的可能性。[1] 因此要对此有必要进行比较宽泛的解释。

总之,资本市场法将金融投商品的定义进行概括性的规定,符合金融主体的多样的需求,扩大了金融投资业的范围,弥补了法律的空白,同时也确定了银行业、保险业和金融投资业的区分标准。[2]

三 韩国金融投资商品的类型:证券与衍生产品

(一) 证券

根据资本市场法,证券是指本国人或外国人发行的金融投资商品,投资者除了负有在获取该商品时支付相应的金钱等义务外,不负有任何其他支付义务(第四条第一款)。该定义强调的是"没有追加的支付义务"。这一点也是与衍生产品相区别的重要标准之一。资本市场法上的证券分为:债务证券、份额证券、受益证券、证券托管证券、投资合同证券、衍生结合证券。(第四条第二款)。前四种证券类型属于传统的证券类型,而后面的投资合同证券和衍生结合证券是资本市场法所规定的新的证券类型。其实投资合同证券、衍生结合证券的引入是为了体现概括主义定义方式,而韩国资本市场法同时又规定了"与此类似的证券",进一步体现了定义方式上的概括性。

---

[1] 参见[韩]任正夏《资本市场法上金融投资产品概念的考察》,《法学研究》2013年第21卷第2号。
[2] 参见[韩]郑顺燮《金融规制法上概括概念引入的可能性与妥当性——资本市场统合法上金融投资商品的概念为主》,首尔大学《法学》2008年第49卷第1号。

韩国资本市场法对证券的概括性规定方式①

区分	概括性定义	所包含的金融产品	根据
债务证券	表示债务	国债证券、地方债证券、特殊债证券、公司债券、总统令规定的企业票据证券	第四条第三款
份额证券	表示出资	股份、新股认购权	第四条第四款
受益证券	表示信托的收益权	信托受益证券 信托型间接投资机构的收益证券	第四条第五款
证券托管证券	接受证券托管者在该证券发行国以外发行的证券	国内证券托管证券（KDR） 外国股份托管证券（GDR，ADR 等）	第四条第八款

1. 债务证券

债务证券是指国债证券、地方债证券、特殊债证券、公司债券、总统令规定的企业票据债券，以及与此相类似的表示支付请求权的证券（第四条第三款）。具体来说，国债是指国家为了满足财政需要而发行的债券（韩国国税法第三条）。国债虽然保本，但是随着利率的变动而可能发生变动，因此具备了"投资性"。地方债证券是指地方自治团体（相当于地方政府）为满足财政需要而发行的债券，因此简称为"地方债"（韩国地方财政法第十一条第一款）。地方债和国债一样，虽然有投资性，但是不存在债务不履行的危险，因此不适用信息披露的相关规定（第一百一十八条）。特殊债证券是特殊法人②发行的债券。特殊债中的"根据总统令确定的法律而直接设立的法人发行的债券"，可以不适用信息披露的相关规定（第十一条，施行令第一百一十九条第一款）。

---

① 参见［韩］金建植、郑顺燮《资本市场法》、斗圣社 2010 年版，第 34 页；［韩］韩国财政经济部《有关资本市场和金融投资业的法律制定方案》，2006 年 2 月 17 日，第 32 页。

② 特殊法人是指根据特别立法而直接设立的法人，比如韩国土地公社、韩国道路公社等。

关于公司债的概念，资本市场法并没有明确规定，商法上的公司债是指股份公司面向公众而进行集团性的大量的融资而发行的，细分为一定面额的具有一定单位的债务。① 这里的公司债券可以再细分为普通公司债，附新股认购权的公司债、可转换公司债、可替换公司债。根据资本市场法的相关规定，分析公司债的具体属性，它可能定性为债务证券或衍生结合证券，再或者衍生产品。

企业票据证券（Commercial Paper，CP）是指，企业为了融资而发行的本票，具备施行令确定的要件的本票（第四条第三款）。企业本票的主要用途并不是作为支付手段，而是作为融资的手段，实质上与短期公司债相似，而且其发行规模也比较庞大，有必要对此行为进行规制，保护投资者的利益。1997 年曾经对旧的证券交易法进行修改，将企业票据归属于有价证券，但是旧的证券交易法上的企业票据的要件过于严格，② 很多票据不能满足该要件而无法认定为有价证券，从而发生了投资者保护上的问题。资本市场法放宽了企业票据的要件，在施行令中规定：因企业的委托而代理支付的银行进行交付，并且使用标有"企业票据证券"文字的票据用纸，就可以认定为企业票据证券，从而删除了发行人、期限、最低金额、信用等级等严格要件。

2. 份额证券

在资本市场法制定之前，虽然没有"份额证券"一词，但是在旧证券交易法施行令中，将商法上的合资公司③、有限公司的股份也认定为是"有价证券"（韩国旧证券交易法第二条之三第一款三项之五）。资本市场法扩大了原有的份额证券的范围，它包括了股

---

① 参见［韩］韩国商事法学会主编《株式会社法大系》（Ⅲ），法文社 2013 年版，第 41 页。根据韩国商法，有限公司或者有限责任公司不能发行公司债（韩国商法第二百八十七条之四，第六百条第二款，第六十零四条第一款但书）。

② 发行主体（上市法人等）、期限（1 年以内）、最低面额（1 亿韩元）、信用等级（B 以上）等要件。

③ 根据韩国商法第二百六十八条，合资公司是由无限责任股东和有限责任股东组成的公司，韩国商法对于此类公司除了做出一些特殊的规定以外，基本上适用合名公司（无限责任股东构成的公司形式）的相关规定。

票、新股认购权证明，依法直接设立的法人所发行的证券，①《商法》所规定的合资公司、有限责任公司②、有限公司、合资合伙③、隐名合伙的出资份额以及与此类似的标明出资份额或取得出资份额权利的证明（第四条第四款）。④

关于份额证券定义的条文是经过 2013 年修订后的条文，与原来的规定相比较，做了如下修改。首先，原条文将民法中合伙的出资份额也作为"份额证券"的一种，但是根据民法规定，合伙人对合伙债务承担无限连带责任，因此不符合资本市场法的证券的概念。同理，合资公司的无限责任股东的出资份额以及合名公司的出资份额也不属于资本市场法上的份额证券。其次，增加了"标明……取得出资份额权利的证明"，从而将新股认购权、warrant 等，虽然不直接表示出资，但是表示未来取得出资份额的权利也纳入份额证券。

需要注意的是，隐名合伙的出资份额具有两种属性，经营者将其出资的资产投资于证券、衍生产品等金融投资商品时，该出资同时具有份额证券和集合投资证券的属性；如果营业者直接经营事业时，该出资同时具有份额证券和投资合同证券的性质。⑤

3. 信托的受益证券

受益证券是表示信托法上的信托受益人对受托人的信托收益权的证券。信托分为商事信托和民事信托，旧信托业法所规范的是商事信托，民事信托仍然由信托法所调整。资本市场法吸收了旧的信

---

① 这里所说的依据法律而直接设立的法人是指，依据商法以外的法律而直接设立的特殊法人，也就是为国家的特殊政策目标而设立的法人，一般属于公法人。

② 有限责任公司（limited liability company，LLC）是韩国于 2012 年修改商法而引入的新的公司形态。对于有限责任公司的内部治理关系，如果章程或商法没有特殊规定，则准用合伙的相关规定。因此其公司治理与传统的有限公司相比具有柔韧性，特别适用于持有核心技术的创业企业。

③ 根据韩国商法第八十六条之二，合资合伙是指合伙的业务执行人对合伙的债务承担无限责任，而有限责任合伙人以出资额为限，承担有限责任的一种合伙方式。

④ 2013 年资本市场法修改之前的规定为："份额证券"是指股票，新股认购权证明，依法直接设立的法人所发行的出资证券、《商法》的合资公司、有限公司和隐名合伙的出资份额，《民法》所规定的合伙出资份额，以及其他与此相似的标明出资份额的凭证。

⑤ ［韩］任载然：《资本市场法》，博英社 2016 年版，第 43—44 页。

托业法,因此可以认为资本市场法所规范的是商事信托部分。另外,受益证券作为金融投资商品,必须具备金融投资商品的四个要件。因此保本的信托因缺乏"投资性",而管理型信托中受托人没有处分权,因此两者都排除在金融投资商品之外(第三条第一款第二项),不受资本市场法的投资推介规制、不正当交易规制等金融投资商品的规制。

资本市场法上的受益证券主要是指两类:即第一百一十条规定的受益证券和第一百八十九条规定的受益证券,以及与此相类似的表示信托受益权的证券(第四条第五款)。第一百一十条规定的受益证券是指,依据金钱信托合同,信托业者发行的表示信托收益权的收益证券。第一百八十九条的受益证券是指,进行投资信托的集合投资业者所发行的,表示投资信托收益权的证券。该种信托型集合投资将集合投资业者作为委托人,运营信托业的信托业者作为受托人(第九条第十八款第一项),投资的运用、管理由作为委托人的集合投资业者担任(第八十条),作为受托人的信托业者保管信托财产,履行一定的监督作用(第二百四十七条),受益证券并不是由受托公司,而是由委托公司,即集合投资业者发行(第一百八十条第一款)。[①] 以信托方式进行资产证券化时发行的信托受益证书;以及非金钱信托合同而发行的受益证券都属于法律所规定的"其他与此相类似的,表示信托收益权的证券",因此这些也属于受益证券。

4. 证券存托凭证

证券托管证券是指接受债务证券、份额证券、受益证券、投资合同证券、衍生结合证券的托管者,在该证券发行国以外发行的证券,它表示托管证券相关的权利(第四条第八款)。托管证券是指发行国家以外的国家发行的证券,因此包括外国证券的国内托管证券,也包括国内证券的外国托管证券。以前的旧证券交易法中只规定了国内托管证券,但是资本市场法上将国外托管证券也纳入了证券的范围。国内托管证券可托管的证券为国外发行证券,发行主体

---

① 参见[韩]金建植、郑顺燮《资本市场法》,斗圣社2010年版,第41页。

为韩国预托结算院（第二百九十八条第二款），但是对于国外托管证券没有发行主体的限制。

5. 投资合同证券

投资合同证券是指投资者在与他人合作的共同项目上，以金钱等形式进行投资，主要依靠他人经营管理共同项目的结果来分配损益的合同权力凭证（第四条第六款）。韩国资本市场法主要参考了美国联邦大法院的 SEC v. W. J. Howey Co., 328 U. S. 293（1946）判决，引入了投资合同证券的概念。根据 Howey 标准，投资合同证券应该包括：共同的事业（common enterprise）、金钱的投资、只靠经营者或第三人的努力（solely from the efforts of the promoter or a third party）、受益的期待等要件。可以看出 Howey 案件对投资合同证券的要件中，规定必须"只靠"他人，但是韩国资本市场法则规定"主要依靠"他人，允许投资人参与部分事务运行，将此类证券也看作是证券。① 关于收益的期待，资本市场法未作出明确规定，但是在"金融投资商品"的定义中已经包含了利益的取得内容，因此对此要件应该说与美国的"投资合同证券"没有实质上的差异。② 根据以上要件，其实隐名合伙中的出资份额或受益证券等传统证券，以及非典型集合投资份额等也属于投资合同证券，但是资本市场法上的"投资合同证券"作为兜底性的概念，没有必要将所有符合要件的证券都认定为"投资合同证券"。③

6. 衍生结合证券

衍生结合证券是指作为基础资产的价格、利率、指标、单位或者以此为基础的指数等的变动相联系的，按照事先确定的方法而决定支付金额或回收金额的证券（第四条第七款），其涵盖了旧证券交易法上规定的认股权证（Equity Covered Warrant）、股价挂钩证券（Equity-Linked Securities, ELS）、场外衍生结合证券。同时，资本市场法

---

① 参见［韩］资本市场统合法研究会编《资本市场统合法解说书》（2007），第 21 页。
② 参见［韩］金建植、郑顺燮《资本市场法》，斗圣社 2010 年版，第 43 页。
③ 参见［韩］资本市场统合法研究会编《资本市场统合法解说书》（2007），第 21 页。

扩大了衍生结合证券的基础资产(underlying assets)的范围,[①] 规定"其他能够以合理、适当的方法对价格、利率、指标和单位进行核算或者评估的属于自然、环境、经济现象等的风险"也属于基础资产。综上,可以认为资本市场法对于衍生结合证券的基础资产范围没有任何限制,只要符合"合理性"和"适当性"标准即可。基础资产的扩大,使原来可以发行的股价挂钩证券(ELS)、信用挂钩证券以外(CLN)以外,也可以发行灾害挂钩证券(catastrophe bond, CAT bond)等新类型的挂钩证券。

(二)衍生产品

1. 衍生产品的定义

所谓衍生产品是指根据基础资产的价值而确定损益的金融产品。[②] 在资本市场法制定之前,场内衍生产品和场外衍生产品分别由不同的法律进行规制。对于场内衍生产品的交易作为"期货交易",适用期货交易法;而对于场外衍生产品则根据其具体类型适用银行法、旧证券交易法等,而且如果衍生产品的交易涉及外汇业务领域时,它同时也得受外汇交易法的调整。为了克服衍生产品相关立法的多元化、非体系化的问题,资本市场法引入了"衍生产品"的概念,对其进行统合规制。

资本市场法并没有直接定义金融衍生产品,而是定义了衍生产品的三种类型,即远期(forwards)[③]、期权(options)[④]、吊期

---

① 根据韩国资本市场法第三条第十款,基础资产是指具有下列情形之一的资产: 1. 金融投资商品;2. 通货(包括外国通货);3. 一般商品(包括农产品、畜产品、水产品、林业产品、矿产品、能源产品和以此作为原料制造或者加工的产品以及其他与此相似的物品);4. 信用风险(当事人或者第三方信用级别的变动、破产或者债务的再调整等原因而导致的信用变动);5. 其他能够以合理、适当的方法对价格、利率、指标和单位进行核算或者评估的属于自然、环境、经济现象等的风险。

② 参见〔韩〕任在渊《资本市场法》,博英社2016年版,第56页。

③ (第五条第一款第一项)约定在未来特定的时间转让根据基础资产或者基础资产的价格、利率、指标、单位或者以此为基础的指数等计算出的金钱等的合同。

④ (第五条第一款第二项)根据当事人一方的意思表示,为了能够促成依据基础资产或者基础资产的价格、利率、指标、单位或者以此为基础的指数等计算出的金钱等收受交易而签订的授权合同。

（swaps）①，同时作为兜底性条款，规定与前者相类似的、总统令规定的合约也属于衍生产品。衍生产品分为场内衍生产品和场外衍生产品。场内衍生产品是指，衍生产品市场中交易的衍生产品②或者海外衍生产品市场③中交易的衍生产品，以及按照金融投资商品市场的设立运营者所确定的标准和方法，在金融投资市场中交易的衍生产品（第五条第二款）。场外衍生产品是指"不是场内衍生产品的衍生产品"（第五条第三款）。

2. 衍生产品与证券的区分

韩国资本市场法将金融产品分为证券和衍生产品，意味着在资本市场法的视角下不可能出现不属于证券和衍生产品的新的第三类金融产品。即无论何种金融产品，依据资本市场法，要么归类于证券，要么归类于衍生产品。④ 资本市场法将"投资者取得金融投资产品时支付的金钱外，负担追加支付义务的"投资对象，排除于"证券"之外（第四条第一款）。因此，如果发生追加支付义务的金融产品则属于衍生产品。由此可见证券的概念注重"本金"之外的追加支付义务，而有些金融产品根本不存在"本金"，只是根据合同或者一定的事由，或基础资产的价值变化而发生追加的支付义务，比如"远期"或"吊期"等，这些金融产品也应该归类于衍生产品。但是随着金融技术的发展，也有一些产品同时具有证券和衍生产品性质，也就是复合金融产品。对此也有学者主张应该通过立法，设立独立的第三类金融投资商品。⑤

---

① （第五条第一款第三项）约定在将来的一定期间内，以事先确定好的价格，转让依据基础资产或者以基础资产的价格、利率、指标、单位或者以此为基础的指数等计算出金钱等的合同。

② 衍生产品市场是指"为场内衍生产品的交易而交易所所提供的市场。"（第九条第十四款）。

③ 海外衍生产品市场是指"与衍生产品市场相类似的市场，海外存在的市场和总统令确定的在海外的衍生产品交易的市场"（第五条第二款）。

④ 参见［韩］金建植、郑顺燮《资本市场法》，斗圣社 2010 年版，第 58 页。

⑤ 参见［韩］任正夏《资本市场法上金融投资产品概念的考察》，《法学研究》2013 年第 21 卷第 2 号。

四　结语

在我国金融服务法领域的统合规制、功能监管已经成为一种趋势，但是实现金融服务法的统合规制是一个漫长的过程，需要进行长期的研究和实践积累，而不能盲目搬照国外的立法。韩国于2007年颁布资本市场法以来也对法条进行了多次修改，对于"金融投资商品"的相关规定也做了几次修改，但是不可否认韩国"金融投资商品"的概念的引入具有非常重要的意义，而且对我国今后的立法具有一定的借鉴意义。

首先，金融投资商品的定义。金融投资商品的定义，没有采用以前的列举主义的定义方式，而是采用了概括性定义方式，其中"投资性"为金融投资商品的核心要素，确定了金融投资商品的属性，并与银行存款、保险等产品区别开来。我国目前也在完善金融服务方面的立法，但仍有很多金融产品以各种"信托产品"或"理财产品"的名义游离于法律规制之外。我国以后的统合规制立法，可以考虑借鉴韩国的金融投资商品，引入一个概括性的定义，为统合立法提供前提性的基础。

其次，证券概念的扩充。从上面的考察中可以得知，韩国将传统意义上的证券的概念进行了扩充，除了传统的债务证券、份额证券、收益证券、证券预托证券以外，又增加了投资合同证券和衍生结合证券两种。而反观我国的"证券"的概念，根据《证券法》的规定，"证券"包括股票、公司债券、政府债券、证券投资基金份额、证券衍生品种，以及"国务院认定的其他证券"，与韩国的证券概念相比较有如下的差异性。

第一，我国的"证券衍生品种"与韩国的衍生结合证券相对应。但是我国证券法对证券衍生品种没有做出明确的规定，因此其基础资产应该理解为没有特别限制，其范围相当广泛。另外，我国将证券衍生品种理解为包含存托凭证（DR）的一种概念,[①] 但是根据韩国资本市场法，存托凭证是证券的独立类型，并没有包含在证券衍生品种里。

第二，我国的证券投资基金依据《公司法》和《信托法》的规定，绝大多数为信托型证券投资基金，因此我国的证券投资基金份额与韩国的"受益证券"中的信托型集合投资计划的收益证券相对应。但是韩国的受益证券也包括了其他的信托投资的受益证券，可以涵盖我国的绝大多数理财产品，是一个比较宽泛的概念。

第三，衍生产品定义。韩国资本市场法，并没有直接定义衍生产品，而是定义了衍生产品的三种类型的合约即"远期""期权""吊期"；而且大大扩大了基础资产的范围，符合多样的衍生产品设计和发行的要求。我国法律尚未规定"衍生产品"，只是在中国银行业监督管理委员会颁布的《金融机构衍生产品交易业务管理暂行办法》（以下简称《办法》）首次对衍生产品进行了界定，衍生产品是一种金融合约，其价值取决于一种或多种基础资产或指数，合约的基本种类包括远期、期货、掉期（互换）和期权。衍生产品还包括具有远期、期货、掉期（互换）和期权中一种或多种特征的结构化金融工具（《办法》第三条）。而《办法》中对于"远期""期货""吊期""期权"并没有做出相应的规定，因此其概念界定仍然比较模糊。另外在《期货管理条例》《中国金融期货交易所交易规则》《全国银行间债券市场债券远期交易管理规定》中对"期货合约""期权合约""变相期货交易"等相关概念做出了规定，而且这些规定立法层次较低，而且也存在相互交叉或者立法空白的问题，有必要从法律层面上对衍生产品进行统一规范的定义，并对其进行统一的监管。

韩国作为大陆法系国家，对于金融服务法进行了统合规制，对

[①] 参见叶林《证券法》，中国人民大学出版社2014年版，第13页；冯果主编《证券法》，武汉大学出版社2014年版，第14页；范健《证券法》，法律出版社2010年版，第50页。

我国的立法及理论研究具有较大的借鉴意义，但同时我们也应该关注韩国立法中存在的不足和相关的修改动向，并注意甄别韩国立法中的概念与我国立法及学术界对于相关概念内涵确定上的差异性，以及相关立法背景、法律规定上的差异性，并以此为基础进行相关立法工作和理论研究。

韩国司法制度中的检察官体制概要[*]

庄 宇[**]

司法制度是指当法律保护的秩序被违反时，对违反秩序者进行制裁，对因该违序行为受到损害的相对方进行赔偿，从而维护法律秩序的制度。一般来说，狭义的司法制度是指有关对法律秩序违反行为具有判断能力的法院的构成、职能及运用的制度。广义的司法制度包括狭义的司法制度以及与其有密切联系的检察制度和辩护制度。目前，由于世界各国都是根据本国的特点和情况制定司法制度，因此各国司法制度之间在体系、构成和内容上可能有一些差距，但其维护法律秩序、保障社会秩序的司法制度的基本目的是一致的。韩国与中国的司法制度在体系上虽没有太大差别，但其构成和内容上却同中国有着相当多的不同特点。

韩国的司法制度分为法院、检察庭、辩护士三个职责领域，这些方面与中国基本是相同的。但是，论其权限还是与中国有很大的差异。这里，仅就韩国的检察制度作简要介绍。

一 韩国检察官体制概况

韩国实行三权分立制度，即立法府、行政府和法院三权分立，

---

[*] 本文发表于《吉林教育》2009 年第 13 期，收入本刊时略有修订。
[**] 庄宇，女，延边大学法学院讲师。

检察机关名为检察厅，隶属于行政府下设的法务部。在韩国，司法警察在法律上没有独立的立案权，也没有终结、中止侦查的权力。检察官可以决定立案，并全程参加案件的侦查；如果在管辖上检察机关和司法警察发生冲突，检察官可以指挥司法警察移送案件，合并侦查。在检察机关内部，检察官流动很快，一般二年、最多三年就要进行调换，这主要是考虑到韩国检察官的权力过大，为了更好地防止腐败的产生才设置了这种制度。同时，在最高检察院设置专门的监督机构，其权限限于每年对地方已判决案件进行监督。

二 韩国检察官的职权

具体而言，韩国检察官享有如下职权：

1. 刑事案件的侦查权。检察官有权对所有的犯罪进行侦查。

2. 刑事案件的起诉权和不起诉权。如果检察官认为不起诉的好处大于起诉的成本，即使在有充分的证据支持起诉的情况下，检察官也可以决定中止起诉。在此情况下，检察官应从刑事政策角度进行考虑。

3. 对司法警察官的指挥和监督权。

4. 指挥并监督法院作出的所有刑事裁定和判决的执行。

5. 对拘留所和嫌疑犯逮捕后的羁押地进行检查。一般情况下，一个月要进行两次检查。在检查过程中，如果发现逮捕和拘留违法或者违反正当的程序，检察官有权释放犯罪嫌疑人或者命令警察把案子送到检察官办公室。这一规定具有保护人权不受非法侵犯的作用。

6. 具有请求法官发布逮捕令、搜查令、扣押令和检查令的权力。在刑事侦查中，警察不能直接向法官提出这些请求。

7. 法律规定如果检察官有理由认为下列情况存在，可以在没有法官发布许可令的情况下直接拘留犯罪嫌疑人：

（1）犯罪人可能被判处死刑、无期徒刑或者三年以上有期徒刑；

（2）犯罪嫌疑人可能毁灭证据或者逃跑；

（3）情况紧急，不可能从地区法院法官那里获得许可令。

8. 在处置扣押物品中对警察的指挥权。警察在处置扣押物品时，必须得到检察官的许可。

9. 接受警察的报告。当犯罪发生时，如果这些犯罪涉及国家安全或者对社会来说关系重大，譬如外敌入侵、爆炸、谋杀等，司法警察应当立即向该地区的检察官报告调查情况。而且，司法警察有责任向检察官报告社会暴乱及其他重要事件（如政党、社会团体的重要活动）。依据这些报告，检察官可以采取适当的措施并指挥司法警察。

10. 充当公共利益的代理人。当政府作为一个民事案件的一方当事人或者政府在一个民事案件中存在利益时，检察官可以充当公共利益的代理人参与出庭。

三　刑事诉讼制度在韩国检察官体制中的体现

（一）刑事案件的侦查机构

刑事案件的侦查权归属于警察和检察官。韩国的警察隶属于韩国警察部，分为司法警察、情报部警察和特殊司法警察等。司法警察负责一般案件的侦查，情报部的警察负责侦查危害国家安全的案件，并负责对危害国家安全的情报的分析和收集工作。特殊司法警察负责特殊案件的侦查，如韩国的海关、税务管理机构都设有警察，负责税务案件的侦查。根据韩国宪法和韩国刑事诉讼法的规定，刑事案件的初始调查权和结论权赋予检察机关，只有检察官有权决定开始和结束刑事案件的侦查。法律之所以作如此规定，是为了赋予检察官职责，通过事先给予警察侦查指导，避免在侦查过程中出现侵犯人权的现象，确保警察的侦查活动遵照法律和正当的程序进行。然而，检察官不可能对所有案件的侦查进行指导。检察官指导警察侦查的案件都是检察官认为比较重要的或者严重关乎公民权利的案件，譬如需要对犯罪嫌疑人进行逮捕的案件等。在实际中，警察作为检察官的助手协助检察官工作，他们的调查虽应按照检察官的一般要求进行。但实际上，警察以及 34 个专门调查机构在绝大多数刑事案件（96%）中都进行了基础性调查。

根据韩国刑事诉讼法的规定，韩国检察官和警察之间的关系，不是合作关系而是隶属关系即：命令与服从的关系。因此，韩国警察和其他特殊侦查部门侦查案件必须在检察官的指导和监督下进行。韩国的司法警察必须遵守检察官发布的任何官方命令。如果某一司法警察没有遵守检察官的命令或者在履行职责中有不当行为，检察官可以通过检察长要求停止该警察的工作，也可以请该警察的上司撤换该警察。如果需要的话，为了确保检察官对司法警察的控制，检察官也可以要求警察部门或者其他执行调查的部门为检察官办公室配备一些警察或者官员。韩国的检察官在刑事案件侦查中享有至高无上的地位，以致被人们称为"刑事侦查的国王"或者"沙皇"。

（二）刑事案件中的侦查方法

刑事侦查方法分为强制的和非强制的两种。强制的侦查方法主要包括拘留、逮捕、搜查、扣押、安装窃听装置等。其中拘留和逮捕是两种重要的侦查方式。

非强制的侦查方法包括对犯罪嫌疑人的传唤、对有关犯罪现场的检查、对有关证人的询问等。在此侦查方法下，对犯罪嫌疑人、有关证人等不得采取强制措施，在讯问犯罪嫌疑人时，嫌疑人享有沉默权。

（三）刑事案件的起诉制度

检察官起诉被告人必须向法官递交起诉书，起诉不能通过口头或者电传的方式进行。在犯罪嫌疑人被羁押时，起诉书中必须附上有关的逮捕证、逮捕许可证等。在起诉的同时，不能附有可能误导法官的其他文件或者物品，如检验结论、专家意见等。

根据韩国法律规定，检察官对于刑事案件具有决定起诉与否的裁量权力。即使有充足的证据证明嫌疑人实施了犯罪行为，检察官也可以酌定不起诉。实行酌定起诉原则的目的是便于检察官在决定是否起诉犯罪嫌疑人时，能够考虑刑事政策的因素。然而，对于这种酌定起诉权，有的律师也提出了反对意见，他们认为酌定不起诉原则不能够有效地控制检察官的独断专行和可能导致起诉权受到政治压力的影响。

对于酌定不起诉应当考虑的因素，韩国刑法第五十一条有所列举，如嫌疑人的年龄、性格特点、行为方式、智力情况、环境、同被害人的关系、犯罪的方式和目的、犯罪导致的结果和情景等。但是法律不能穷尽所有的因素，其他一些因素由检察官掌握。对于决定不起诉的人，检察官应采取其他措施，以便预防该人再次犯罪。这些措施包括：勒令嫌疑人提交保证书，将嫌疑人交付给其亲属或者犯罪预防志愿者委员会看管、建议行政部门对行政官员作出纪律惩戒等。检察官对于决定不起诉的未成年人犯罪者可以挑选并交付给犯罪预防志愿者委员会的一人保护和引导。犯罪预防志愿者委员会的人员组成由该地区的检察长提名。这种保护的期限一般在6到12个月。在作出不起诉的决定并将未成年犯罪人交付给犯罪预防志愿者委员会进行保护和引导后，志愿者应至少每月一次向检察官汇报其对该未成年犯的教育和引导情况。

韩国司法制度中检察官体制的这种设置，是基于以下几方面的考虑：社会公共秩序的安定，是我们生活安稳和谐的基本条件。为此，社会设置一定的行为规则，并强制其成员遵守。国家为规范个人间的法律行为，制定必要的法律，并要求人们根据该法律作出一定的法律行为；又为社会秩序的稳定而制定最低限度的行为规范，并要求根据该行为规范进行社会生活。若对违背国家法律的行为放任，就无法维持社会的安定，因此国家必须让违反者承担一定的责任。这些就是检察机关最根本的职责。

我国冰雪资源法治保障问题研究[*]

——以吉林省为例

韩昌善[**]

摘要：随着现代社会和经济的不断发展，新时代人民群众对美好生活有了更大的向往。旅游成为了一种人民对美好生活向往的精神追求。同时，人们生活水平提高和消费观念的转变，冬季，出行冰雪旅游和喜好冰雪运动的人数呈逐年上升趋势。在这样的社会发展契机下，多年来，冰雪资源的开发与利用一直是中央和地方政府所关注的重点。在中央和地方政府政策的大力支持下我国冰雪产业发展迎来了飞速的发展。但是，冰雪资源产业迅速发展的背后却存在着一系列需要我们去认真解决的问题。从吉林省冰雪资源开发与利用的现状分析中可以看出，我省的冰雪资源的开发利用行政活动还存在着一些亟待解决的法律问题。本文从法律规范的视角阐明我国冰雪资源的法律地位，通过现代行政法理论与实践相结合的办法，分析研究当前吉林省冰雪资源法治保障问题，提出有效解决问题的针对性建议，为我国冰雪资源的有效利用提供法治保障。

关键词：冰雪资源的法律地位；现代行政法理论；冰雪资源法治保障

---

[*] 本论文是在2019年吉林省政府法制研究课题"吉林省冰雪资源法制保障问题研究"的研究报告基础上稍作修改完成的论文。

[**] 韩昌善，法学博士，延边大学法学院讲师，硕士研究生导师。

引　言

　　随着现代社会和经济的不断发展，新时代人民群众对美好生活有了更大的向往。旅游成为了一种人民对美好生活向往的精神追求。同时，人们生活水平提高和消费观念的转变，冬季，出行冰雪旅游和喜好冰雪运动的人数呈逐年上升趋势。在这样的社会发展契机下，多年来，冰雪资源的开发与利用一直是中央和地方政府所关注的重点。国务院及国务院相关各部委，从2014年开始至2016年先后制定了《国务院关于加快发展体育产业促进体育消费的若干意见》等中国冰雪资源开发与利用的政策共计6个；地方约23个省级政府，从2015年开始至2017年先后制定了冰雪开发相关政策23个。例如，吉林省在2016年9月制定的《关于做大做强冰雪产业的实施意见》等。①

　　从已制定的政策分析来看，我国政府是想通过出台各种政策大力扶持冰雪产业的开发与发展，实现一定的经济效益和文化效益。但是，从吉林省冰雪资源开发与利用的现状分析中可以看出，吉林省在冰雪资源开发利用的行政活动过程中还存在着一些法律问题。如，存在政府管理体制相对滞后、冰雪产业体系不完善、公众参与度不高等法律问题。

　　目前，在我国为有效解决冰雪资源开发与利用过程中存在的问题，很多学者是从社会、文化、经济、管理等角度对冰雪资源管理问题进行了大量的讨论与对策研究。但是，很少有法学专家从法学视角研究和讨论冰雪资源法治保障问题。因此，结合这样的实际，本课题的研究具有冰雪资源法治保障制度体系建构和社会经济发展的现实需求的双重意义。理论方面的研究意义主要体现在，从法律规范的视角阐明我国冰雪资源的法律地位，为下一步分析研究当前

---

① 中商产业研究院：《冰雪产业持续升温2018年全国各省市冰雪产业政策汇总》，http://www.askci.com/news/chanye/20180115/163242116069.shtml，2019年4月26日。

吉林省冰雪资源开发与利用过程中存在的法律问题奠定了较为坚实的理论基础。其次，将通过现代行政法理论与实践相结合的办法，运用我国现代行政法的基础理论——"平衡论"，结合吉林省社会和经济发展的实际情况，分析研究当前吉林省冰雪资源法治保障问题。同时，也会参考和借鉴中国和日本在自然资源法治保障问题研究中的最新学术成果，通过中日比较研究的办法，试图建构现代行政法的理论基础。现实需求方面的意义主要体现在，通过分析研究当前吉林省冰雪资源开发与利用存在的问题，并提出有关解决问题的针对性建议，为冰雪资源的有效利用提供法治保障。同时，为维护公民合法权益，推进社会主义民主法治建设，对经济稳定发展和社会和谐发展具有重要的意义。

一　我国冰雪资源概述

近几年，中央和地方政府一直关注和重视冰雪产业的发展，也出台了很多政策，激励冰雪产业的发展。那么我们应该如何去有效地开发和利用冰雪资源把吉林省的冰雪产业做大做强呢？论述这个问题之前，本章中笔者首先围绕冰雪资源去阐明其概念，即什么是冰雪资源；然后从法学视域下阐明冰雪资源又是位于什么样的法律地位等问题。

（一）冰雪资源的定义

冰雪资源是指形成于严寒气候条件的地区，具有复合型特征的资源。从总体上分析冰雪资源包括，地球表面上的积冰和积雪。冰雪是气温在0℃以下形成的固态水，冰雪的稳定性取决于环境温度，有长期性积冰积雪和季节性冰雪两种。地球表面每年被冰雪覆盖的总面积占地球表面积的23%，其中2/3覆盖地面，1/3覆盖海洋。地球上永久冰雪区面积约占陆地面积的11%。中国的冰雪面积为9×10^4平方千米，主要分布在西部高山冰川积累区。稳定季节冰雪面积为420×10^4平方千米，包括东北、内蒙古东部和北部、新疆北部和西部以及青藏高原区；不稳定积雪区南界位于北纬24°—25°。无积雪地区仅包括福建、广东、广西、云南四省南部，海南岛和台湾大部地区。冰雪是重要的淡水资源，也是干旱区水资源的重要来源，被称为"固体水库"。陆地上每年从降雪获得的淡水补给量约为 60000×10^8 立方米，约占陆地淡水年补给量的5%。中国年平均降雪补给量为 3451.8×10^8 立方米，冰雪资源的一半集中在西部和北部高山地区。阿尔泰山和天山地区、青藏高原内陆河流及北部外流河流域的冰雪融水补给占年径流量的50%以上。黑龙江流域、大兴安岭和长白山地区冰雪融水补给也占重要地位。此外，冰雪融水径流具有调节河川流量的作用，使水量不致过分集中于夏雨季节。在干旱区，高山终年冰雪区是固体水库，亦是一些河流的水源，并形成沿河的绿洲。冰雪资源在调节水资源、冷藏、冰雪考古、开展冰雪运动和冰雪旅游等方面都有重要意义。长期积冰和积雪的变化还是气候变化的指示物。[①]

冰雪资源带有很显著的季节性特征。因此，一般它的积攒时间每年只有3个月左右。每年冬季，在我国年积雪日数超过60日的地区有，青藏高原地区、东北地区、内蒙古地区、北疆和天山地区。[②] 吉林省位于东北地区中部，地处北纬 40°52′—46°18′，与位于欧洲中南部的阿尔卑斯山和北美洲落基山两大世界冰雪胜地同处于"冰雪黄金纬度带"，可以说拥有亚洲品质最好的冰雪资源。

（二）冰雪资源的法律地位

冰雪资源是一种属于季节性的自然资源，同时也是一种物质资源。它有着使用价值和经济价值。但是，从法学的角度可以视冰雪

[①] 中国科学院地理科学与资源研究所："什么是冰雪资源？"（摘自《中国资源科学百科全书》），http://www.igsnrr.cas.cn/kxcb/dlyzykpyd/zybk/qhzy/200610/t20061008_2155320.html，2019年4月26日。

[②] 金春姬：《延边地区冰雪旅游资源和游客特征研究——以滑雪场为例》，硕士学位论文，延边大学，2010年。

资源为公共资源。① 即，冰雪资源是归属于国家所有，全民所有的一种资源。其依据是《中华人民共和国宪法》（以下简称《宪法》）的相关规定。《宪法》第九条第一款规定，"矿藏、水流、森林、山岭、草原、荒地、滩涂等自然资源，都属于国家所有，即全民所有；由法律规定属于集体所有的森林和山岭、草原、荒地、滩涂除外"。从《宪法》第九条第一款规定可以分析出，矿藏、水流、森林、山岭、草原、荒地、滩涂这些自然资源，都属于国家所有。在这里需要注意的是，我国宪法并没有直接在第九条第一款的规定中规定冰雪资源的归属。但是，如上所述，冰雪资源是一种属于自然资源的季节性资源。因此，《宪法》第九条第一款规定的"矿藏、水流、森林、山岭、草原、荒地、滩涂等自然资源……"中等的范围应当也包括冰雪资源的。即，此款规定中的等的含义是等外等。所以，冰雪资源从法学视角是一种公共资源，它的所有权归于国家所有，即全民所有。但是，需要注意的是，国家或者行政主体对自然资源享有的仅仅是主权意义上的代表和代为管理的权利，真正的所有权主体应该为中华人民共和国全体公民。全体公民对我国自然资源的所有权是一种共同所有，全体公民对自然资源平等地、不分份额地共同享有所有权。在私法上自然资源所有权的实现的过程应当是全民所有。② 此外，参考日本对公物法的学术观点，基于日本公物法通则的存在形式，考虑到私法（如民法）的适用问题时，这种行政主体对自然资源的占有也有可能是基于公物管理权，而不是对自然资源的所有权所产生。③

---

① 公共资源是指自然生成或自然存在的资源，它能为人类提供生存、发展、享受的自然物质与自然条件，这些资源的所有权由全体社会成员共同享有，是人类社会经济发展共同所有的基础条件。

② 郭晓虹、麻昌华：《论自然资源国家所有的实质》，《南京社会科学》2019年第5期。

③ ［日］盐野宏：《行政法Ⅲ［第四版］——行政组织法》，有斐阁2012年版，第357—359页。

（三）本章小结

综上所述，笔者在本章中首先阐述了冰雪资源的概念及其特征，并从吉林省的地理位置对冰雪资源的优越天然条件进行了阐述。然后从法律规范的视角重点论述了我国冰雪资源的法律地位，为下一步研究分析我国冰雪资源开发与利用过程中存在的法律问题奠定了较为坚实的理论基础。

二　我国对冰雪资源开发与利用

在人民日益增长的美好生活需要和旅游消费成为大众化的现在，冰雪资源已不再是冷资源，已经开始成为了人民满足美好生活向往的热产业。人们通过对冰雪资源的经济利用，已经形成了一种产业文化。其所涉及的冰雪产业包括，旅游、体育运动、节庆等多个领域，能够为现代人们时尚生活追求和满足精神生活向往的一种新选项。伴随消费观念的转变，冰雪旅游逐渐进入寻常老百姓家。

根据中国旅游研究院发布的《中国冰雪旅游发展报告（2018）》数据显示，2017年至2018年冰雪季我国冰雪旅游人数累计达到了1.97亿人次，冰雪旅游收入约合人民币3300亿元。预计到2021年至2022年冰雪季，我国冰雪旅游人数将会达到3.4亿人次，冰雪旅游收入将可能会达到人民币6800亿元。

冰雪体育运动以滑雪为例，根据《2018中国滑雪产业白皮书》数据显示，2018年我国总滑雪人次再创新高，达2113万人次，同比增长14.4%。其中滑雪场滑雪人次达1970万人次，同比增长13%。滑雪场也较2017年增加39个达742个。

国家体育总局曾在2016年11月2日发布《冰雪运动发展规划（2016—2025年）》和《全国冰雪场地设施建设规划（2016—2022年）》。按照规划，全国冰雪产业总规模到2020年将达到6000亿元，到2025年将达到10000亿元。

另外，国家和地方的利好政策也正在推动着我国冰雪产业的快速发展。如 2014 年 10 月，国务院发布的《国务院关于加快发展体育产业促进体育消费的若干意见》；2016 年 5 月，国家体育总局发布的《体育发展"十三五"规划》；2019 年 6 月 4 日，工业和信息化部、教育部、科技部、文化和旅游部、市场监管总局、广电总局、体育总局、知识产权局、北京冬奥组委联合发布的《冰雪装备器材产业发展行动计划（2019—2022 年）》等。

（一）中国冰雪资源开发利用的现状与发展——以吉林省为例

自从 2002 年冰雪运动首次受到广泛关注之后，经过十几年的发展，中国冰雪产业已进入快速发展车道。根据《2018 中国冰雪产业白皮书》数据显示，中国冰雪产业包括冰雪旅游、冰雪赛事、冰雪运动培训、冰雪营销、冰雪装备五大板块。

中国冰雪产业经过十几年的发展，目前中国冰雪产业已进入快速发展车道，2022 年北京张家口冬奥会的举办将会推动冰雪产业发展的高峰期，其市场潜力巨大，将会迎来大众冰雪产业消费时代。[1] 然而，与西方众多冰雪产业发达国家相对比，我国的冰雪产业发展尚处于初步发展阶段。前面已经提到我国 2017 年至 2018 年冰雪季我国冰雪旅游人数累计达到了 1.97 亿人次，冰雪旅游收入约合人民币 3300 亿元，然而与我国 50.01 亿人次的庞大的潜在市场相比，发展空间还是很大的。[2]

近几年，吉林省大力贯彻落实习近平总书记"3 亿人参与冰雪运动"与"冰天雪地也是金山银山"的重要指示精神，吉林省紧抓 2022 年北京—张家口冬奥会机遇，正在将绿色发展贯穿建设发展的全过程，大力发展"白色经济"。冰雪产业已成为吉林省新兴经济支柱产业，目前发展趋势良好，呈现出多元化、精品化的发展

---

[1] 腾讯体育等：《2018 中国冰雪产业白皮书》，https://www.docin.com/p-2072448990.html，2019 年 6 月 29 日。
[2] 毛璐璐：《将冰雪资源变为经济优势——关于呼伦贝尔冬季旅游发展的建议》，《呼伦贝尔日报》2019 年 4 月 2 日第 2 版。

态势。多元化体现在目前冰雪产业包含项目众多，如冰雪运动、冰雪旅游、冰雪节庆活动、冰雪赛事等，呈现出异彩纷呈、多地开花的景象。

吉林省得天独厚的地域优势是支撑冰雪产业发展的强劲的推动力。地域优势体现在吉林省的地理位置。吉林省位于东北三省的中心位置，交通十分发达，四通八达，省内冰雪旅游景点众多。其次吉林省地处北纬43.87度，冬季天数长达120天左右，平均温度达到零下15至零下25度，雪量大，时间长。丰厚的冰雪资源为冰雪产业的发展提供了先天优势。还有就是，独特的文化底蕴也为冰雪产业的发展提供了原动力。吉林省居住着很多的少数民族，其中代表性的民族有朝鲜族、满族、蒙古族等，多民族的民族文化特色也为冰雪产业的发展提供着强有力的文化支撑。

通过这几年的努力，目前，吉林省从冰雪资源大省向冰雪产业经济强省迈出了很大一步，冬季到吉林省旅游成为全国老百姓的新消费观和追求精神食粮的生活新风尚。2018年吉林省政府工作报告指出，过去五年，吉林省的结构调整步伐加快，质量效益持续提升。冰雪产业发展势头强劲，"白雪换白银"初步显现。[①] 经过吉林省政府的多年付出和努力，冰雪产业在吉林省已成为新兴经济支柱产业之一。根据数据显示，2017年11月1日至2018年3月30日，吉林省冰雪季接待游客7263.89万人次，实现旅游收入1421.81亿元，占全省旅游平均总收入的36.85%。[②] 根据《2018—2019年雪季吉林省冰雪旅游调查报告》数据显示，2018年11月1日—2019年3月31日，全省接待游客8431.84万人次，同比增长16.08%；实现旅游收入1698.08亿元，同比增长19.43%。吉林冰雪旅游人均消费2013.89元，同比增长3.2%。吉

[①] 吉林省人民政府：《政府工作报告——2018年1月26日在吉林省第十三届人民代表大会第一次会议上》，http://www.jl.gov.cn/zw/xxgk/gzbg/szfgzbg/201802/t20180220_4364710.html，2019年5月6日。

[②] 罗珊珊等：《开发冰雪资源，打造热门产业——对京冀辽吉黑五省市冬季旅游市场的调查》，《人民日报》2019年1月23日第19版。

林冰雪旅游消费结构不断提升，交通费、餐饮费、住宿费、景区费等基本消费支出占比较大，为70.6%；娱乐、购物等支出占比22.5%。从消费模式看，超过60%的游客在出行之前会进行"线上决策"，75%的游客在旅游过程中使用过"线上支付"。80%的游客会将旅游体验进行"线上分享"。长春、吉林、延边分别占全省接待游客总人数的37.71%、26.09%和13.88%。长春市、吉林市、延边朝鲜族自治州分别获得"2018中国十佳冰雪旅游城市"；"红色之城，康养通化"通化结合本地实际特点，推出"七个一"冰雪旅游产品；松原"冬捕奇观"，向世界展现渔猎文化；白山推出八条精品旅游路线，"让游客遇上最美的冬天"。吉林省依托丰富的冰雪资源，持续创新"冰雪＋"的发展模式，"冰雪休闲度假、冰雪温泉养生、冰雪观光体验、冰雪民俗文化"四大冰雪产品体系已初步形成。长白山国际度假区、万科松花湖度假区、北大壶滑雪度假区获评2018冰雪旅游投资潜力区。2018年中国长春冰雪旅游节暨净月潭瓦萨国际滑雪节、第23届中国·吉林国际雾凇冰雪节、中国·查干湖第十六届冰雪渔猎文化旅游节强势入选2018十佳冰雪旅游节事活动。

（二）法律视域下中国冰雪资源开发利用过程存在的问题

虽然我国在冰雪产业发展方面有较为系统的政策引导和成功的经验，也已经进入快速发展的车道上，但由于只注重经济发展的原因，在冰雪资源法治保障方面还存在着一些问题。

1. 冰雪资源法治保障相关法律规范不健全

冰雪资源作为一种季节性的自然资源，长期以来和山林、土地、水资源等资源混淆在一起，在我国其管理一直面临管理难"瓶颈"。[1] 从我国现有的法律法规分析来看，没有任何一部法律直接规定冰雪资源的管理或者保护，缺少明确保障冰雪资源的法律依

---

[1] 刘颂、张博：《大众冰雪运动法律保障研究》，《冰雪运动》2017年第1期。

据。目前，我国相关自然资源的法律包括；《土地管理法》①《水法》②《森林法》③ 等。综上，虽然可以通过法律条款的扩大解释，找到冰雪资源的法律保护依据，但冰雪资源保护法律规范还是不健全。笔者在本文的第二章冰雪资源的法律地位中试图对冰雪资源的法律地位进行论述。其中，也指出，我国《宪法》第九条第一款虽然没有直接规定关于冰雪资源的任何相关规定，但也留有法律解释的空间。

目前，我国已制定实施了《环境保护法》。④ 吉林省也根据《环境保护法》的相关规定，结合吉林省的实际情况，制定实施了《吉林省环境保护条例》。⑤ 但是，从两部法制定的相关内容分析，也没有直接规定冰雪资源的法治保障条款。我国《环境保护法》第二条规定，"本法所称环境，是指影响人类生存和发展的各种天然的和经过人工改造的自然因素的总体，包括大气、水、海洋、土

---

① 1986年6月25日第六届全国人民代表大会常务委员会第十六次会议通过。根据1988年12月29日第七届全国人民代表大会常务委员会第五次会议《关于修改〈中华人民共和国土地管理法〉的决定》第一次修正，1998年8月29日第九届全国人民代表大会常务委员会第四次会议修订，根据2004年8月28日第十届全国人民代表大会常务委员会第十一次会议《关于修改〈中华人民共和国土地管理法〉的决定》第二次修正。

② 1988年1月21日第六届全国人民代表大会常务委员会第24次会议通过。2002年8月29日第九届全国人民代表大会常务委员会第二十九次会议修订通过。2009年8月27日第十一届全国人民代表大会常务委员会第十次会议《关于修改部分法律的决定》修正。2016年7月2日第十二届全国人民代表大会常务委员会第二十一次会议《关于修改〈中华人民共和国节约能源法〉等六部法律的决定》第二次修正。

③ 1984年9月20日第六届全国人民代表大会常务委员会第七次会议通过。根据1998年4月29日第九届全国人民代表大会常务委员会第二次会议《关于修改〈中华人民共和国森林法〉的决定》第一次修正。根据2009年8月27日中华人民共和国主席令第十八号第十一届全国人民代表大会常务委员会第十次会议《关于修改部分法律的决定》第二次修正。

④ 《中华人民共和国环境保护法》是为保护和改善环境，防治污染和其他公害，保障公众健康，推进生态文明建设，促进经济社会可持续发展制定的国家法律，由中华人民共和国第十二届全国人民代表大会常务委员会第八次会议于2014年4月24日修订通过，并在2015年1月1日起开始施行的。

⑤ 《吉林省环境保护条例》是为保护和改善生活环境与生态环境，防治污染和其他公害，保障人体健康，促进社会主义现代化建设的发展，根据《中华人民共和国环境保护法》和有关法律、法规的规定，结合吉林省的实际，于2004年6月18日，根据《吉林省人大常委会关于废止和修改部分地方性法规的决定》修正施行的。

地、矿藏、森林、草原、湿地、野生生物、自然遗迹、人文遗迹、自然保护区、风景名胜区、城市和乡村等"。同样,《吉林省环境保护条例》也参照《环境保护法》规定了类似的条款。综上所述,目前,我国缺少一部全国人大制定颁布的有关冰雪资源保护的法律。

2. 行政管理体制相对滞后

将冷资源变为热产业的过程涉及多个政府行政管理部门的管理及监督。但是,由于政府部门的管理体制相对滞后,部门之间缺乏协调统筹规划能力,同时存在管理权限重叠或者管理权限缺位现象。因此,难以起到有效的管理及监督作用。在产业准入方面,行政机关为了追求自身政绩,存在一些项目盲目上马现象。同时,对冰雪产业发展的复杂性、科学性、规律性认识和把握不足。[①] 例如,冬季冰雪体育运动项目中的滑雪场建设。由于滑雪场通常是建设在自然环境优美的原始森林地区,是在原有自然景观基础上人为建造的冬季体育运动设施。因此,滑雪场建成之后,会对自然生态环境造成不同程度的破坏。首先是对原生态自然景观的破坏。滑雪场建成之后,自然景观内会新增加很多建筑物,这种景观空间结构的变化不利于自然系统生态平衡的维护。然后是对滑雪场区域内的植被的破坏。滑雪场滑雪道等设施需要占有大量的土地,会对地表植被造成直接的破坏。同时,连锁反应式的对原有的肥沃土地造成了破坏。最后就是对水资源的破坏。滑雪场建设期间产生的建筑废水和滑雪场运营期间产生的生活污水和机动车产生的油污都会对滑雪场区域内的水资源造成破坏。[②]

此外,无论是政府还是企业,只看重冰雪产业发展所带来的经济利益,而忽略了整个社会、家庭、个人协调互助发展的科学规律。例如,冬季冰雪汽车运动产业发展过程中,设立在城市中心的

[①] 金承哲、刘树民:《新时代吉林省冰雪体育产业发展道路探索》,《吉林化工学院学报》2018年第10期。

[②] 费郁光:《黑龙江省滑雪场建设对环境的影响及可持续发展对策》,《第十一届全国冬季运动会科学大会论文集》,2008年,第200—201页。

户外赛车练习场地或者比赛场地也会产生汽车噪音，同时也有可能造成环境污染，对周边居民日常生活造成了一些实际的影响。严重时甚至可能危害公民的生命健康权。还有就是，被誉为"中国雪乡"的黑龙江省大海林重点国有林管理局双峰林场，因"雪大、雪厚"而闻名全国。根据相关报告数据显示，2014年雪乡年接待人数30万人次；2016年雪乡的旅游产业收入翻番为2.3个亿，直接带动当地餐饮收入3032万元、住宿收入3498万元、山货等购物收入5598万元，带动相关产业收入为5亿元；2017年旅游产值6.1亿元，收入超6700万元。红火后的"雪乡"开始出现"宰客"事件。2015年1月有网友曝光，当地一个"天价炕"住一夜价格达3200元。①

3. 公民"参与权"得不到保障

公众参与行政决策在20世纪之后的社会法治治理过程中已经显露出缺陷。这种缺陷表现于公众参与行政活动是间接的，即公民只行使事后监督，无法直接参与到行政决策过程中，对有效防止行政机关滥用权力起不到理想的监督作用。

政府将冰雪资源变为"热产业"的过程中，往往会为了追求经济效益而忽略行政权行使过程中公民"参与权"的保护，大搞"一言堂"，或者只限于行政机关内部领导小组会议或联席会议进行协商决定等。这样的公众参与方式必然导致冰雪产业项目无法得到理性科学的论证，项目盲目上马的现象时有发生。在前期研究中，笔者发现为有效解决冰雪资源开发与利用过程中存在的诸多问题，很多学者基本上都是从社会、文化、经济等角度对冰雪资源开发与利用中产生的问题进行大量的讨论与对策研究。其中，很多学者相继提出了提高公众参与的见解。如刘培华的《吉林省冰雪旅游产业发展模式研究》；刘抒博的《吉林省冰雪产业发展现状及对策研究》；于秋时、李煜的《文化产业视角下吉林省冰雪旅游创新发

---

① 新华社"新华视点"：《新华社调查"雪乡宰客"事件：导游揭秘宰客"三步走"》，http://wemedia.ifeng.com/45417877/wemedia.shtml，2019年7月6日。

展研究》等。但是，在这些论文中学者们所主张的公众参与只局限于"消费参与"。即，公众参与冰雪旅游或者冰雪体育运动，使我国庞大的潜在冰雪产业消费者们积极参与消费，带动经济的飞速增长。这些主张区别于法学理论中的公民"参与权"理论，或者"公私协同"理论。

鉴于上述问题，本文中笔者从法律视角所要阐述和论证的公众参与是，公众参与到行政决策过程中，约束行政机关合法、合理、正当地行使行政权，最终使得政府的行政决定更加科学化、民主化、规范化。同时，也是一种政府与私人协同合作模式的参与。政府有效利用私人手中的资源，更有效地开发和利用冰雪资源，为达成公共目的，创造公共福祉的一种积极的公众参与模式。

4. 公民"知情权"得不到保障

近几年，随着社会经济的不断发展，公民对地方经济发展及政府行政管理活动的关注度越来越高，冬季冰雪产业的发展亦是如此。由于国家在大力推进冰雪产业的发展，而且冰雪产业市场很庞大，公众也想迫不及待地参与到经济建设中来。然而，由于传统行政管理模式的作用下，政府为了追求快速的经济效益，在冰雪资源开发与利用过程中不时出现政府信息公开不及时、不充分等冰雪资源开发利用过程行政活动不透明的现象。

公民"知情权"作为公民的基本人权组成的一部分，有效保障公民"知情权"的目的在于，一方面可以使政府行政活动更加透明，另一方面可以有效保障公民的"参与权"，使公众参与到冰雪资源的开发与利用，发挥多方的最大力量，为冰雪产业发展和地方经济建设做出贡献。近些年，中央和地方政府也越来越重视环境保护问题，在大力发展经济的同时，兼顾环境治理和保护，绿色发展才是一条可持续发展的道路，只有保证自然环境不受到人为的破坏和污染，才符合新时代绿色发展的要求。

（三）本章小结

综上所述，在这样一种冰雪产业大好发展和利好政策推动的环境下，本章主要通过我国对冰雪资源开发利用的一些做法的分析，进一步从法律视角对近几年吉林省冰雪资源开发与利用过程中存在的一些问题进行了阐述。

三 完善和健全冰雪资源开发利用的法治保障的建议

（一）建立健全相关法律制度

法者，治国之重器，法是治国兴邦的重要手段。笔者认为，解决冰雪资源开发与利用过程中相关法律法规不健全问题，先要从立法层面建立健全相关法律制度，不能依赖于行政立法，要设计一套完整的上层法律制度。因为，行政法规的效力远远低于宪法和法律的效力。国家应当要尽早完善相关立法，建议修改和完善我国《宪法》中对冰雪资源的相关保护。《宪法》是国家的根本大法，是其他法律的"母法"，是依法治国、依法行政的执政基础。[①] 在宪法中能不能直接找得到冰雪资源法治保障的法律依据尤为重要。

综上所述，加快冰雪资源开发利用的宪法修订和完善工作、健全和完善冰雪资源的开发利用的相关法律、法规是从宪法和法律层面上保护冰雪资源的有效法治保障途径。同时，地方政府也要积极作为，根据吉林省的实际情况，结合相关法律依据，尽早修改和完善冰雪资源法治保障的相关法律制度。[②] 在修改和完善相关立法的时候，中央和地方应当要突出以人民为中心，依法维护行政活动中私人的合法权益，及时回应新时代我国老百姓迫切关心的问题，要努力让人民群众在每一次冰雪资源开发与利用行政活动、执法过程、行政纠纷案件中感受到法律的公正性和公平性，最终达到有效

---

① 我国《宪法》第五条第一款规定："中华人民共和国实行依法治国，建设社会主义法治国家"，还在其第三款规定，"一切法律、行政法规和地方性法规都不得同宪法相抵触"。

② 《中华人民共和国立法法》第七十二条规定："省、自治区、直辖市的人民代表大会及其常务委员会根据本行政区域的具体情况和实际需要，在不同宪法、法律、行政法规相抵触的前提下，可以制定地方性法规。"

破解冰雪资源开发与利用过程中遇到的发展"瓶颈"。同时,还要突出法治治理冰雪资源开发与利用的引领作用。要坚持以良法促进冰雪产业发展,坚持科学立法、[1] 民主立法、[2] 依法立法,尊重社会发展中的多元作用,凝聚各方共识,发挥法治对冰雪产业发展的引领作用。近期,党的十九届四中全会通过的《中共中央关于坚持和完善中国特色社会主义制度、推进国家治理体系和治理能力现代化若干重大问题的决定》中也明确强调,完善立法体制机制时,必须要坚持科学立法、民主立法、依法立法,完善党委领导、人大主导、政府依托、各方参与的立法工作格局,立改废释并举,不断提高立法质量和效率。同时,对于今后重点立法任务,必须要完善以宪法为核心的中国特色社会主义法律体系,加强重要领域立法,加快我国法域外适用的法律体系建设,以良法保障善治。[3]

(二) 完善行政管理职能

吉林省的冰雪资源开发与利用离不开政府的科学规划和政策支持。在冰雪产业的开发中,要根据当地自然环境、地理位置和民族特色等多方面因素,因地制宜地发展具有符合当地特色的冰雪产业,避免过度的开发对自然资源(包括冰雪资源)和生态环境的破坏。[4]

冰雪资源开发利用过程中,行政机关首先要做到充分了解和把握冰雪产业发展的复杂性、科学性、规律性。冰雪资源是一种属于自然资源,也属于公共资源的资源。因此,私人或者企业在行业准

---

[1] 参照《社会主义核心价值观研究丛书·法治篇》第9章第1节的话,科学立法原则要求立法时要尊重和体现客观规律。科学立法是依法治国、建设法治中国的前提和基础。科学立法对于提高立法质量完善我国特色社会主义法律体系,保障依法治国具有非常重要的意义。

[2] 民主立法原则应当体现"大家的事情应让大家做主同意"这一宪政原则。民主是人民当家作主的必然要求,也是法具有公平公正性的基本保障。

[3] 中国共产党新闻网:《中共中央关于坚持和完善中国特色社会主义制度、推进国家治理体系和治理能力现代化若干重大问题的决定》,http://cpc.people.com.cn/n1/2019/1105/c419242-31439391.html,2019年11月25日。

[4] 蒋抒博:《吉林省冰雪产业发展现状及对策研究》,《税务与经济》2019年第1期。

入的时候必须要获得政府特许经营许可。特许经营许可是指，本来是政府通过合同的形式将由国家管理的公共事务或者公共服务的权能委托给私人的一种行政许可行为。我国《行政许可法》第十二条第二项规定，"有限自然资源开发利用、公共资源配置以及直接关系公共利益的特定行业的市场准入等，需要赋予特定权利的事项"。还有在其第五十三条第一款规定，"实施本法第十二条第二项所列事项的行政许可的，行政机关应当通过招标、拍卖等公平竞争的方式作出决定。但是，法律、行政法规另有规定的，依照其规定"。

综上所述，行政机关在行政许可时要做到理清特许经营与私有化的关系，必须做到严格把关，绝不能允许没有相关资质和条件的私人或者企业进入到冰雪产业的开发中，要加快完善冰雪资源开发与利用过程中的行政管理职能。同时，要完善行政问责制度，以问责的形式有效防治行政机关不作为现象的发生。近年来，我国从中央到地方政府加强了问责力度，强化治庸问责，激励干部担当作为，形成了对慵懒散漫等懒政怠政行为严厉打击的监督检查机制。①

（三）建立健全公众参与制度

在我国，公众参与环境行政决策可以追溯到1991年亚洲开发银行提供赠款的环境影响评价培训项目。1996年5月修改颁布的《水污染防治法》首次明确规定公众参与环境影响评价。2008年全国已有民间环境保护组织3500余家，为公众参与提供了坚实的组织保障。在我国公众参与环境行政决策的实践极大地推动了环境行政决策的民主化。但是，随着社会经济不断发展，公众参与制度在参与范围、参与地位等方面还是存在着自身的局限性。② 此后，通过现有法律修改的方式在《环境影响评价法》和《环境保护法》中都规定了公众参与制度。笔者认为，这种规定是我国在法律层面

---

① 孔祥利：《以问责防治"为官不为"：现状特点与制度反思——基于39份省级层面的制度文本分析》，《中共中央党校（国家行政学院）学报》2018年第5期。

② 周一博：《理性对待公众参与环境行政决策》，《兰州财经大学学报》2018年第5期。

上保障公民"参与权"的一种制度顶层设计。

公民"参与权"是一种程序权利。有效保障公民"参与权",可以让公民直接参与到行政决策过程中。在这样的行政决策过程中,公民可以约束和监督行政权合法、合理、正当地行使,在行政机关违法行使权力的时候可以在法律规定范围内对其提出抗辩,为行政机关依法行使行政权提供一个反思的机制。[①]

纵观国内外公众参与行政决策过程,作为权利实现设立了一种叫听证的制度。在西方国家尽管听证的内容稍有不同,但都在《行政程序法》中规定了相关的听证制度。对比西方国家,我国虽然没有制定《行政程序法》的法律,但是在已制定的《行政处罚法》《行政许可法》《价格法》《行政法规制定程序条例》等法律中已经确立了听证制度。[②] 此后,当时的国家环境保护总局(已撤销)为了规范环境保护行政许可活动,保障和监督环境保护行政主管部门依法行政,提高环境保护行政许可的科学性、公正性、合理性和民主性,保护公民、法人和其他组织的合法权益,在2004年6月,根据我国《行政许可法》和《环境影响评价法》等有关法律的相关规定,制定了《环境保护行政许可听证暂行办法》。[③]

综上所述,冰雪资源法制保护作为环境保护的一环,有必要建立健全冰雪资源开发与利用行政决策的公众参与制度。在冰雪资源开发与利用过程中,拥有利害关系的公民被征求意见,提出可行性建议,是保障环境行政许可的科学性、民主性、规范性的有效途径。政府应当主动作为,积极调动公众参与环境行政许可的主动性。同时,公众参与冰雪资源开发利用行政决策过程是行使"参与权"和监督权的表现。这种参与可以起到防止政府权力滥用,维护自身合法权益的有效途径。同时,这种公民的参与也应该体现在立

[①] 姜明安:《行政法与行政诉讼法》(第六版),北京大学出版社2015年版,第328—329页。

[②] 姜明安:《行政法与行政诉讼法》(第六版),北京大学出版社2015年版,第329页。

[③] 参照《环境保护行政许可听证暂行办法》第一条。

法过程中。为有效杜绝立法机关"闭门造法"现象的出现有着积极的防范作用。

（四）完善政府信息公开制度

在21世纪高度信息化的新时代，人们的日常生活总是围绕着大量的信息经营。例如，气象信息、生活消费信息、招聘信息、医疗/福祉信息、教育信息、国际信息等各种各样的信息。但是，作为普通老百姓能力有限，获取信息的渠道不畅通，所以在日常生活中所需信息必须要从信息拥有者手里获取。

政府在行使公共管理职能中掌握着全社会主要的信息资源，特别是各级政府，作为社会信息资源的绝对和最大占有者，而恰恰政府掌握的这些信息资源直接关系人们的日常生活运转和社会经济发展状况。我国在2008年5月1日实施的《中华人民共和国政府信息公开条例》（以下简称政府信息公开条例），是最初在政府信息资源公开方面适用的行政立法。这个行政立法是我国公民向政府请求公开政府信息的法律依据，同时也是保障公民"知情权"的制度保障。根据《政府信息公开条例》第一条规定，"为了保障公民、法人和其他组织依法获取政府信息，提高政府工作的透明度，建设法治政府，充分发挥政府信息对人民群众生产、生活和经济社会活动的服务作用，制定本条例"。但在现实中，由于缺乏有效的管理和监督，政府掌握的大量信息资源得不到有效的利用，导致社会信息资源浪费，同时，影响着我国社会经济的发展。

我国《政府信息公开条例》第一条立法目的规定中，没有提及为了保障公民"知情权"制定本法。在其立法目的中没有写入"知情权"的理由可能是因为我国宪法相关规定中也没有直接提及保障公民"知情权"。虽然说宪法没有直接规定公民"知情权"的保护，但是也不可以直接否定从宪法规定中找不到保障公民"知情权"的法律依据。[①] 我国《宪法》第二条规定，"中华人民共和国

---

① 李广宇：《政府信息公开司法解释读本》，法律出版社2011年版，第6页。

的一切权力属于人民。人民行使国家权力的机关是全国人民代表大会和地方各级人民代表大会。人民依照法律规定,通过各种途径和形式,管理国家事务,管理经济和文化事业,管理社会事务"。这里,人民群众知晓政治信息是监督国家权力行使的一种参与。同时,还有就是向国家政治活动表达人民意愿为前提下,公民的"知情权"得到有效的保障的话,人民更能发挥管理国家事务,管理经济和文化事业,管理社会事务的权利。因此,像这样的公众参与或者表现的自由包含了公民的"知情权"。"知情权"作为某种权利手段的前提,其包含在宪法的基本人权规定中。因此,"知情权"的宪法依据在于确认宪法中已规定的公民基本人权的保障。[①] 2007年10月15日召开的中国共产党第十七届全国人民代表大会,也初次明确保障人民的"知情权"、"参与权"、表现自由权、监督权。学界也认为《政府信息公开条例》第一条"保障公民、法人和其他组织依法获取政府信息"的规定中可以解释出包含着公民"知情权"的保障。即,我国《政府信息公开条例》的立法目的中包含着保障公民"知情权"的相关规定。

综上所述,在冰雪资源开发与利用过程中应当完善政府信息公开制度。公民"知情权"作为公民的基本人权的一部分,有效保障公民"知情权"的目的在于,一方面可以使政府行政活动更加透明,另一方面可以有效保障公民的"参与权"和监督权。公众参与到冰雪资源的开发与利用行政决策过程中可有效发挥多方的最大力量。这样做会为吉林省冰雪资源法制保护提供强有力的制度保障,同时也会为吉林省冰雪产业发展和地方经济建设做出更大的贡献。

(五)完善公私协同机制

政府在公共事务管理领域,制定了一部行政法律,在其中设定了相关问题解决的行政法制度,也不能成为解决所有问题的"万能药"。行政法具有前瞻性、普遍性、公共决策等长处,但是还是受

---

① 纪建文:《知情权:从制度到社会控制》,法律出版社2012年版,第32页。

到了一定的限制。为了克服这样的限制，私法的介入成为了一种必要。同时，为了更好地发挥行政效率，作为行政法的"伴随者"，私法的介入更加突显出重要的意义。

面对复杂多变的社会发展，在我国社会转型时期，一种崭新的社会治理模式逐渐形成。即，一种借助私人财力、人力等力量实现社会公共利益的合作治理模式在我国兴起。公私协同模式广泛被推行。①

公私协同模式又称为 PPP 模式。PPP 模式最早起源于英国。强调政府与私人资本间以提供公共物品、满足公共需求为目的的合作关系。2014 年我国正式引入 PPP 概念。②

2015 年 5 月 22 日，国务院办公厅发布的《关于在公共服务领域推广政府和社会资本合作模式的指导意见》中将公私协同模式定义为，"在公共服务领域推广政府和社会资本合作模式，是转变政府职能、激发市场活力、打造经济新增长点的重要改革举措。围绕增加公共产品和公共服务供给，在能源、交通运输、水利、环境保护、农业、林业、科技、保障性安居工程、医疗、卫生、养老、教育、文化等公共服务领域，广泛采用政府和社会资本合作模式，对统筹做好稳增长、促改革、调结构、惠民生、防风险工作具有战略意义"的政府和私人合作模式。

公私协同模式的兴起，对公共事务管理的传统行政模式提出了挑战。与国家垄断公共事务管理模式下私人消极参与不同，合作协同模式下，私人是以主人公身份参与到公共事务管理，分担政府负担，传统的行政法理论已经不能满足现代社会发展需求，需要理论创新。

综上所述，吉林省政府在冰雪资源开发与利用过程中应当完善公私协同机制。公私协同模式引用到冰雪资源开发与利用过程中引入社会资本，不仅能够减轻地方政府财政资金不足的压力，而且还

---

① 章志远：《迈向公私合作型行政法》，《法学研究》2019 年第 2 期。
② 陈兰：《公私合作 PPP 模式协同推进科创园区建设研究》，硕士学位论文，浙江工业大学，2018 年。

能够分散风险，还可以以这种模式拓宽融资渠道，完善政府与社会资本合作建设的融资体系，从而带动地方经济良好发展。其次，作为一种新型合作模式，能够更好地组织和协调冰雪产业开发主体之间的关系，更好地发挥政府、市场、社会（私人）的优势，为吉林省冰雪资源保护提供坚定的理论基础。

（六）本章小结

综上所述，通过对吉林省冰雪资源开发利用的问题研究，从平衡政府和私人的法律地位视角提出了一些针对性的建议，期望吉林省政府及相关部门进一步建立和完善相关立法和制度，最终使吉林省冰雪资源开发和利用进一步法治化，为吉林省社会经济发展做出更大的贡献。

结　语

本文从法律视角，对我国在冰雪资源开发与利用过程中存在的问题进行了分析，并结合现代行政法理论基础和实践经验，提出了解决冰雪资源开发与利用过程中法律问题的一些建议。

现代社会发展与变革过程中，传统"法治国家"观念下的国家和私人之间的法律关系也发生着变化。建立在传统行政法理论之上的救济模式，即以事后司法权的救济为监督行政权的滥用和保护私人权益的传统模式遭遇到了历史变革的挑战，现代行政法学的发展需要直面这种挑战。[①] 在我国，罗豪才教授等人所主张的行政法"平衡论"，正好为我国冰雪资源开发与利用过程中实现公权力和私人权益的平衡提供了强有力的理论依据。作为现代行政法的行为模式，普遍的做法就是为了抑制行政的广泛的裁量权，预定了在行政决策过程中公民的参与。但是，如果这样的参与不充分的话，实质上不能够很好地保护公民个人的合法权益。同时，公民的参与不

[①] 章志远：《迈向公私合作型行政法》，《法学研究》2019年第2期。

充分的话，行政机关所做出的行政决定不能说是公平、公正的，所以这样的决定很有可能侵害到公民的合法权益。行政决策过程中保护公民的"参与权"不能过于形式，即在行政活动中适用行政程序应当采取真正民主的形式，而不是形式的民主。①

综上所述，行政主体与私人的平等法律关系不仅是通过保护实体法的参与权保障私人权益，而且也可以通过保护程序法的参与权得到权益保障，最终平衡双方的权益。在行政决策过程中，充分保障公民的"参与权"也是有效开发和利用冰雪资源的重要法治保障，是吉林省法治社会和经济社会良好发展的强有力后盾，对依法规范政府冰雪资源开发和利用行为、维护私人的合法权利、推进社会主义法治建设和民主建设以及经济稳定和谐发展都有着积极重要的意义。

---

① 姜明安：《法治的求索与呐喊》（评论卷），中国人民大学出版社2012年版，第310页。

司法改革背景下法官转任制度的可行性研究

金光锡[*]

内容提要：我国多数法官在家乡法院"终老"，极易产生与地方利益勾连的风险，且衍生激励动机缺乏、资源配置失衡等问题。东汉时期，我国确立官员任职回避制，经过历次朝代更迭，形成较完善的官员交流制度。中华人民共和国成立后，形成党政领导干部交流制度。有相同文化背景的韩国，多年来实行大规模法官转任活动。笔者认为，我国应实行法官转任制度，在交流范围、形式以及相关内容的设计上，借鉴党政领导干部交流以及韩国法官转任制度与实践经验，使制度价值与法官个体感受之间达到最佳平衡点。在司法体制改革的背景下，与其他改革措施相互融合，打造让人民群众在每一个司法案件中感受到公平正义的司法环境。

关键词：司法改革；法官转任；党政领导异地交流；韩国

引　言

法律是人类最伟大的发明。别的发明让人类学会驾驭自然，而法律的发明，则令人类学会如何驾驭自己。[①] 司法作为将这样的法

---

[*] 金光锡，法学硕士，吉林省延吉市法院院长。
[①] ［美］E. 博登海默：《法理学：法律哲学与法律方法》（中文版），中国政法大学出版社1999年版，第219页。

律适用于人类社会的专门活动，若没有调和各方利益且公平公正的体制机制，最伟大的发明注定黯然失色。如何规划司法体制机制，使之与一国国情相适应，实现司法价值最大化，便是司法改革的终极任务。党的十一届三中全会后，我国司法系统得以全面恢复重建，开始探索司法改革之路。党的十八届三中全会提出全面深化司法体制改革，党中央自上而下的改革，为司法改革注入强心剂。如今，司法人员分类管理、司法责任制、人财物省级统管等改革措施纷纷得以落实，"做成了想了很多年、讲了很多年但没有做成的改革"①。即便如此，因认识能力有限、配套机制缺位等原因，司法改革必然要经历一段漫长的过程。

2015年，笔者因公访问韩国时，初次了解法官转任制度后，对我国法官人事制度不断反思，对我国党政领导干部交流以及韩国法官转任制度进行研究。我国多数的法官处于在家乡法院"终老"模式，在巨大的人情社会，极易产生与地方利益勾连的风险，且衍生出激励动机缺乏、资源分配失衡等问题。这种局面，与时下大刀阔斧推进的司法体制改革形成较大的反差。笔者认为，我国应实行法官转任制度，在交流范围、形式等内容的设计上，借鉴我国党政领导干部交流以及韩国法官转任制度与实践经验，使制度价值和法官个体感受之间达到最佳平衡点。下面，谈谈关于在我国实行法官转任制度的粗浅想法，请多批评指正。

一　法官转任制度以及相关制度概述

（一）法官转任制度概述

法官转任制度，是指在法院系统内部，上下级法院之间、同级法院之间对法官的工作岗位进行调整的人事管理制度。其特点是，一个法官在保持其身份不变的前提下，到本辖区或跨区域交流到其

---

① 习近平：《在贵州贵阳举行的司法体制改革推进会上的讲话》，《南方都市报》2017年7月11日。

他法院从事审判工作。

1999年,最高人民法院《人民法院五年改革纲要》第三十五条①对法官交流和轮岗做过相关规定,开启法官转任制度的探索之路。因可操作性差、监督机制缺位等原因,仅有院长异地任职的做法得到落实。2006年8月6日,中共中央办公厅《党政领导干部交流工作规定》第二条、第四条及第六条,明文规定法院领导干部纳入交流范围。2007年,中央对全国部分省市法院院长、检察院检察长进行大规模异地交流活动,引起各界的广泛好评。2015年开始,最高人民法院相继在全国各地成立巡回法庭,巡回法庭的法官都是最高法院派出,具有超脱性,并且,法官每两年就轮换一次。②

截至目前,我国仅对部分法官(如院长、最高人民法院法官)实行转任活动,可以说,真正意义上的法官转任制度还没有形成。

(二)我国党政领导干部交流制度概述

我国尚未建立专门的法官转任制度,而党政领导干部交流已有70多年的实践积累,可以为我们研究法官转任制度提供依据。

如果追溯行政管理的历史,行政官员的交流活动(主要是异地交流活动),在中国源远流长。而从交流制度形成的机理来看,主要与地域回避制度相关联。官员的异地任职交流可以说是实行回避制度的产物。回避制度在中国由来已久,正式建立于东汉。③ 后来,经过历次朝代更迭,官员交流制度得以保存并逐步完善。

中华人民共和国成立后,这一中华文明遗产被保留并制度化。

---

① 进一步加强和完善法官交流和轮岗制度。——法官交流原则上在法院系统内异地进行或者在上下级法院之间进行。轮换岗位要以不影响法官专业化为前提,以不影响审判工作为原则。——对法院领导干部实行任职回避、交流制度。各地法院院长实行与长期生活的地区异地任职的办法;副院长实行分管工作轮换制;相近审判庭庭长岗位实行定期轮换。通过实行法官交流、轮岗制度,形成法官的良性互动和人员的合理配置。

② 贾亮:《"两年一轮换"筑牢防范司法腐败笼子》,《中国纪检监察报》2015年1月31日第004版。

③ 舒瑶芝:《法官异地交流制度之探讨》,《浙江工商大学学报》2009年第4期。

曾在1942年，中央军委就出台《关于干部交流的建议》。目前，各级党委组织部门开展交流活动的依据为2006年《党政领导干部交流工作规定》，其主要内容如下：

第一，交流对象及例外。交流的重点是县级以上地方党委、政府正职领导成员及其他领导成员，纪委、人民法院、人民检察院和党委、政府部分工作部门的正职领导成员。交流周期一般不得超过10年，任职回避交流按有关规定执行。

存在下列情形，不予交流：1. 离最高任职年龄不满5年的；2. 因健康原因不宜交流的；3. 涉嫌违纪违法接受审查尚无定论的；4. 其他原因不适合交流的。

第二，交流范围。地级干部一般在本省内交流，根据工作需要，也可跨省交流。县级干部一般在本地区内交流，根据工作需要，县（市、区、旗）委书记、县（市、区、旗）长可在本省范围内交流。

第三，组织实施。按照干部管理权限组织实施，上级党委（党组）及其组织（人事）部门也可直接组织实施。干部交流应突出重点，增强计划性、针对性，注意与领导班子换届调整相结合。领导班子一次性交流一般不超过班子成员的三分之一。

第四，交流工作纪律。任何地方和单位、干部必须服从执行干部交流的决定，必须严格执行干部交流程序，集体研究决定交流对象。任何人不得借干部交流对干部进行打击报复。无正当理由拒不服从组织安排的，就地免职或者降职使用。

第五，保障措施。坚持交流与培养使用相结合，有利于干部健康成长的政策措施，建立健全干部交流激励机制。干部调入、调出单位相互配合，帮助交流干部解除其后顾之忧。交流干部的配偶、子女随调随迁的，妥善安排其就业、就学。

据了解，笔者所在地区共有县级领导干部676人。干部交流时，考虑工作岗位需要以及民族、年龄、性别等结构，还要征求转入、转出县市意见等因素来协调确定。近五年来，异地交流领导干部共117人，年平均异地交流比例为3.3%。

（三）韩国法官转任制度概述

对于中国司法改革而言，我们既需要借鉴西方司法改革的经验，同时也要关注非西方国家，尤其是亚洲国家司法改革的经验。从某种意义上说，亚洲国家司法改革的经验对于中国司法改革具有更直接的参考价值。[1] 尤其是，对于法官转任制度而言，在西方国家几乎找不到成熟经验，恰恰只有东亚文化圈的韩国和日本，多年来坚持大规模法官转任活动。

2004年2月开始，韩国曾经实行地域法官制度（俗称乡判制），允许一些愿意在地方法院工作的法官，长期在地方工作。实行10年后，乡判制因"皇帝劳役"事件[2]而广受社会各界诟病，并被迫废止，恢复全国性转任制度。

韩国法官的转任，主要依据大法院《法官人事规则》，以谋划高效而稳定地履行职责，均衡地配备人力资源为宗旨。韩国法官转任制度的主要内容如下：

第一，转任规模及周期。据韩国大法院官网记载，截至2019年3月1日，包括大法院院长和大法官、司法研修院教授等全体法官人数为2918名。而每年到2月份，一千名左右的法官以二年至四年为周期，转任全国范围内其他法院任职。

第二，转任机构及规则。韩国法官人事权，统一由大法院行政

---

[1] 韩大元：《韩国司法改革及其启示》，《人民法院报》2002年1月21日。
[2] 韩国大洲集团前会长许宰皓涉嫌偷漏税508亿韩元，于2007年被提起诉讼，检方求刑5年监禁及1016亿韩元罚金。2008年，一审作出监禁3年、缓刑5年、罚金508亿韩元的判决。许宰皓提出上诉，二审于2010年作出判决，判处有期徒刑2年6个月、缓刑4年，并处罚金254亿韩元，同时"如果用劳役抵消罚金，可换算为日薪5亿韩元"。根据韩国换刑留置制度，不能缴纳罚金的罪犯，可以劳役方式折抵罚金，当时对一天劳役折抵多少罚金没有明确规定，导致日薪5亿韩元离谱的判决。据媒体报道，当时美国高尔夫"皇帝"伍兹日薪也不过2亿4000万韩元。因为判处"黄帝劳役"案件的审判长是全罗南道光州地区的典型"乡判"。先后就读于光州高中和首尔大学法学院，1985年起开始在光州地方法院工作，除了曾短期在顺天地方法院工作外，其余时间一直在光州。大洲集团正好也是扎根光州的企业。另外，一审、二审检察官也是全罗南道出身，因对判决结果没有行使抗诉权饱受质疑。

处掌管。每次进行人事调整时，要考虑法官考评成绩，从高分法官开始安排到其填报志愿地法院；对超过十年的法官要按衡平顺序调整，一般供职地方法院其衡平顺序高，在首尔供职其衡平顺序低。顺序在前的安排到首尔，顺序在后的则安排到地方。

第三，转任的例外。韩国《法官人事规则》规定，高等法院（韩国法院分地方法院、高等法院、大法院三级）法官、专门法官及元老法官，在没有特殊情况下，不得转任地方法院、家庭法院、行政法院或破产法院。法官到高等法院后，工作相对稳定，且高等法院脱离地方之间利益关系，基本不存在地方回避的必要性；专门法官是负责特定审判业务的法官，从具有15年以上丰富经验的法曹经历者中选任，主要审理小额诉讼案件和一般民事独任案件。元老法官是指法曹经历超过30年以上的法官（一般都是地方法院院长出身或高等法院庭长出身），被指定到一审法院审理案件。

第四，非专业化。韩国法院在进行转任时，对法官所从事的专业不予考虑。法官从事不同专业的审判工作，有助于丰富阅历和提高综合业务素质。

二　实行法官转任制度的利弊分析

经过收集整理中外专家学者、社会舆论对我国党政领导干部交流、韩国法官转任制度的评价，尽管两者所处的社会制度、环境等存在差异，其利弊却呈现异曲同工之妙，现归纳如下：

（一）优点

第一，促进司法公正。2002年12月，原最高人民法院院长肖扬也曾指出，我国司法体制存在"司法地方化""司法行政化"和"法官职业大众化"的弊端，其中"司法地方化"是问题之首。司法地方化的主要表现，就是司法人员与地方之间的利益勾连。因此，必须从制度上切断法官与地方之间的密切联系。

法官到新的工作岗位从事审判工作，就无须顾虑这样那样的

"人情网""关系网"等，远离地方干预和人情关系的羁绊，大胆开展工作。换言之，法官转任制度可以为法官创造一个相对稳定的、公正的司法环境，确保法官可以专研审判业务，有利于司法公正的促进。

第二，均衡资源配置。客观上，经济发展水平相对落后的地方，其司法资源相对薄弱，而经济发达地区司法资源则相对集中。各地方法院之间交流少，往往形成地域特色的办案模式或办案理念，不利于整体司法事业的发展。

在转任制度下，每个法院的法官处于循环流动状态，可以借此打破本地法官为主的局面，并可以共同学习、共同进步。在一个地区工作一定期限的，根据考核业绩选择到另外一个地区任职。这样可以有效解决年轻法官在艰苦或落后地区的消极情绪，更有利于边远地区司法资源的均衡配置。[①] 各地法院可以共享优质司法资源，公众也能够从中分享转任制度带来的"司法福利"。

第三，提高审判效率。通过转任制度，若干基层法院"小平台"整合为一个地区范围乃至全省范围的"大平台"，每个法官统一管理、统一考核，激励法官努力提高审判质效，在竞赛式办案场景下脱颖而出，凭借自身努力争取晋升机会。

激励机制，除了晋升激励外，还有动机激励。在其他条件不变或者变化不大的情况下（如行政级别不变），从一个政治或经济地位相对较低的区域流入到一个政治或经济地位相对较高的区域，仍然可以对流动的干部构成一定的激励，从而为矫正有限职位晋升所带来的激励失灵，以及延长干部职业生涯和精准鉴别干部能力等提供新的渠道。[②] 对晋升无望的法官来讲，这样的动机激励必不可少。

第四，提高法官素质。每个基层法院为数不多且基本固定的法官之间，难以形成相互促进、相互提高的工作氛围。常言道，"树挪死人挪活"。每一次更换工作环境，都能与身边优秀同事们学习

[①] 蒋惠岭：《司法人事制度配套改革的思考》，《中国城市报》2018年2月5日。
[②] 向杨：《改革开放以来省级领导干部空间流动的多维特征分析——以省委书记（省长）为考察对象》，《理论与改革》2019年第4期。

工作方法和作风，提升工作能力和素质。

每个"小平台"都有自己精彩的一面，也有短视的一面。只有把法官置于转任制度的"大熔炉"中，以先进带后进，以稳进带冒进，互相取长补短，法官从中得到锻炼和提升，才能为人民群众提供高质量的司法服务产品。

第五，降低廉政风险。翻开一些腐败案例，如原最高院副院长黄松有犯罪事实，大部分均与广东地区或广东籍人员有关。从立法角度设计合理的制度，使法官从地方利益勾连以及人情纠缠中解脱出来，是十分必要且迫切的事情。

习近平总书记指出："没有监督的权力必然导致腐败，这是一条铁律"。一方面，我们要不断加强法官职业道德建设，强化以公正廉洁，营造铁面无私、秉公司法为荣，以请托和以权谋私为耻的廉洁风气；另一方面，通过法官转任等系列制度建设，切断地缘、亲缘与审判工作之间的联系，为法官营造抵御廉政风险的工作环境，让法官得以专心研究审判业务，而这更具有现实意义和效果。

（二）缺点

任何事物，都有正反两面。法官转任制度，也同样不可能只有积极的一面。现有法官稳定的工作生活状态如被打破，若干问题会相伴而生。归纳如下：

第一，造成法官生活不稳定。实行转任制度后，会出现法官异地食宿、未成年子女教育或跟随家属就业等问题。如韩国过于频繁转任，会出现年轻法官未成年子女的教育等问题。如果法官生活不稳定，势必给审判工作带来消极影响。这种以法官个人及家庭的过度付出为代价，换取所谓的司法公正，需要我们认真思考制度本身所存在的价值及合理性问题。

第二，影响法官的专业化。目前，多数法官接受过正规法学教育，但仅靠这些远不能胜任专业化的审判。熟悉或精通一项审判专业，取得较高的专业化水平，往往需要三五年乃至10年时间的磨炼。过于频繁的、不区分专业对口的人事调动，必然削弱法官的专业化水平。最终，专业化水平不高的法官提供的司法服务，其质量必然要打折扣，其影响波及寻求司法服务的人民群众。

第三，增加迁移带来的成本。韩国法院对转任的法官需要支付一定费用，来补偿转任过程中产生的合理费用。如果将转任制度化，我们必须补贴法官相关合理费用。我们对全国12万余名法官进行转任，哪怕是分批进行，国家也需要支出相当大的费用。转任地区跨度越大，需要的费用则越多。

第四，短期内降低效率。在韩国，每年的转任季前后，会出现一波业务空白期，这已成为一种社会现象。面临调出的法官往往不积极履行职务，而调入法官熟悉案情则需要一段过程。从当事人角度，可能也会利用这种制度，人为操控案件走向，如民事案件当事人认为案件对自己不利时，会想尽办法拖延审限，以期新来的法官审理案件。在我国，党政领导干部交流时，也存在类似现象。对数量过多的法官，进行过于频繁的转任，反而成为降低司法效率的"元凶"。

（三）小结

通过上述分析，我们可以发现法官转任制度的优点，多涉及公正、效率、廉洁等司法固有价值，缺点则多涉及生活、专业化、费用等法官个体价值，显然属于不同的价值位阶。司法固有价值不允许有任何打折现象，但法官个体价值层面，则通过加强保障、补救、补贴等措施，最大限度地保障转任法官的合法权益。

我国正处于社会转型期，社会各领域矛盾和冲突越发尖锐，已经引起党和国家层面的高度重视。化解这些社会矛盾和社会冲突，不仅有赖于改革收益的合理分配，同时，还要依靠高效率的司法体系来公平地判决和调和社会冲突。在这个意义上说，推进和完善法官异地交流制度对于中国的市场建设和经济转型也将具有积极的推动作用。[①]

[①] 陈刚：《法官异地交流与司法效率——来自高院院长的经验证据》，《经济学》2012年第4期。

在我国实行法官转任制度，已然是大势所趋。那么，摆在我们面前的问题是，如何将转任制度带来的副作用，控制在立法者和法官都能接受的范围之内，将转任制度成功地嫁接到法官人事管理制度上。

三 实行法官转任制度的设计方案

如前所述，我国还没有成形的法官转任制度的经验可循。对此，作为法官转任制度和相关配套制度的部分内容，笔者提出以下几点建议：

第一，以地区内转任为原则，以相邻地区转任为补充。韩国国土面积仅约10万平方公里，转任制就让不少法官怨声载道。而我国国土面积大，在全国范围内或全省范围内（吉林省面积为18.74万平方公里）进行转任，给庞大的法官群体势必造成更大的混乱。因此，借鉴党政领导干部交流规定，以地区为单位转任较适宜。笔者所在的地区面积为4.33万平方公里，以首府城市为中心，其他7个县市都在一个小时的车程范围。这样的时间，因家庭情况（如未成年子女教育）需要通勤的法官均能够接受。

因特殊情况，不适合继续在地区内转任的法官，可以请示省法院转任到相邻的地区法院。

第二，转任要分次分批进行。考虑法官队伍实际情况，兼顾审判工作大局稳定，转任应考虑下列因素。

首先，以担任职务较长时间的法官为重点，一年转任一次，其数量要控制在10%以内。显然，异地交流党政领导干部3.3%比例过低，而韩国三分之一的比例又过高。目前，笔者所属地区员额法官实有241人，其中10%就是24人，不到10年（考虑排除转任情形）内全部交流一次。对于离最高任职年限不满5年、存在健康问题等法官，借鉴党政领导干部交流规定，可以排除在转任范围。

其次，对于初任法官，严格按照规定进行转任。其模式就是，基层法官的法官助理在从事法律工作5年后，具备法官任命条件的，转任到其他法院任职。中级法院以上的法官助理，严格按照法官法规定，到基层法院当初任法官。

最后，一些长期从事特定专业审判的法官，一般年龄都较大，可以考虑转任到其他法院，继续从事其原专业审判工作。

对于具有 15 年以上法曹经历的法官，转任法院超过 3 家基层法院以上的法官，则有机会被遴选到中级以上法院任法官。对此类法官，可以借鉴韩国高等法官相关制度，可以将其排除出转任行列。

第三，适当补贴费用。我国党政领导干部交流制度规定，帮助交流干部解决困难和问题，解除其后顾之忧，属于原则性规定，不具有可操作性。考虑到交流干部身份，都是副县级以上社会精英阶层，这些费用问题还未引起足够重视。

将法官转任制度化，就要充分保障法官因此产生的费用，减少转任对法官生活造成的负担和压力。笔者认为，可以考虑的费用包括搬迁费、交通费、房租费等，但其标准要严格把握。对此，国家应根据地区内和跨地区等不同标准，确定所需费用，每年列入各级法院预算，保障法官的合理需求。

第四，统一招录法官助理。目前，以各基层法院为单位，招录法官助理及其他工作人员，其地域指向非常明确，当地考生自然优先考虑其出生地，以方便工作和生活。打破目前以各地方基层法院为单位招录法官助理的格局，可以采取以中院或省院为单位招录法官助理，再根据生长地回避原则，合理分配给各级法院，这样就从根本上解决了考生以生长地为主报考法院的问题。

第五，转任周期以 5 年为宜。韩国法官的 2 年至 4 年转任周期过短，给法官的工作生活造成过重的负担；反之，法官可能和地方产生利益勾连，司法腐败的风险随之提高。初任法官应具备的法曹经历为 5 年，可以推定 30 岁开始开启法官生涯，不考虑若干年后退休延迟的因素，一般法官的法曹经历可以按照 30 年打算。参照目前党政领导干部的 5 年任期确定法官任期，法官工作生涯内需要转任 6 家法院，基本在一个地区转任即可。周期过短，则需要转任

10家法院或更多法院，跨地区转任现象就会成为常态，给法官造成负担不言而喻。

第六，统一购置周转房。法官要实行规模性的转任，其住宿都是必须解决的难题。目前，各个基层法院的外地人员比例已经逐渐增多，有条件的法院提供集体宿舍，没有条件的则由干警自行解决。对此，国家应加大从优待警力度，建立周转房使用管理制度，解决法官的生活问题，给法官制造相对封闭的空间，也能在一定程度上减少因法官与社会之间交往而引起的廉政风险。当然，对于有家属随同的，则允许自行解决，但国家按照统一标准提供补贴。

第七，成立法官人事管理部门。在中院成立法官管理委员会，专门管理法官助理及法官转任事项。根据招录法官助理的情况，以回避出生地或成长地为原则，将其分配到各基层法院。该部门还要承担法官助理和法官的年度考核，掌握工作表现和特点，以备进行转任时作为依据使用。每年，在转任工作开始时，优先征求法官个人希望供职的法院；至于转任法院的最终确定，一般韩国法院采取分数制，分数高的法官优先考虑其志愿地法院，我们也可以借鉴。

也可以考虑另外一种方式。因为任何一种人为设定的标准，都可能存在暗箱操作的问题。不少实践证明，最公平方式是没有人为标准，采取公开抓阄的方式确定转任法院。

第八，不区分审判专业。长期从事一项专业审判，使法官产生惰性，学习热情减退等问题。目前，年轻法官的法学教育程度较高，能够适应不同专业的审判，有利于提升各项业务能力。广大基层法院员额法官数量有限，走专业化审判道路不太现实。法院的专业类型相对单一，不像医院那样分类繁多（如笔者所在地区的某三甲医院科室达40多个），相比之下，法官适应和处理各专业审判的难度并不大。通过有针对性地加强法官培训力度，可以消除非专业化转任带来的影响。

第九，组织转任时间。每年年末，各家法院都会集中精力审结当年案件。第二年1月份，每名法官手中未结案件不多，此时开始组织转任应是最佳时机。

第十，防止业务交接期效率降低的措施。在每年转任活动前，实施部门提前要有规划，并通知相关法院和法官。接到通知后，转出法院就开始适当调整该法官的收案数，保证该法官尽量将手中案件审结完毕。到该法官转出时，剩余未结案件则要制作案件交接单，详细列明每一个案件的办案过程，保障接案法官在最短时间内熟悉案情，尽快进入审理模式。这样，通过提前通知、调整收案等措施，尽量消除"转任季"效率降低的影响。

结　　语

司法改革的新时代已经来临。这是党中央审时度势的决策，是历史的选择，也是人民的选择。法官转任制度，应尽快纳入司法改革的规划。当然，在司法价值和法官个体发展相矛盾时，也有一些不和谐音符（如近期部分地区尝试对副职领导进行交流时，个别人员辞去领导职务，规避交流规定）。但我们有理由相信，具备职业操守，立志审判事业的大部分法官，服从大局，让出一些既得权利，主动加入转任行列。前提是，需要合理的制度保障。对此，我国广大的党政领导干部和韩国同行们已经作出示范。法官转任制度，固然不能也不会解决所有的社会公正与效率问题，但可以肯定，能够引领我们朝着法官队伍正规化、专业化、职业化道路迈出坚实一步，与当前司法改革的众多实践相互融合，共同打造让人民群众在每一个司法案件中感受到公平正义的司法环境。

罪犯判实刑后收监执行难问题及对策研究

陈 帅[*]

一 引言

近几年，在社会上悄然流窜着这样一群人，他们已犯罪但未被收监执行，他们公然在社会上出现，参与群众的日常生产生活，在人前他们与合法公民毫无区别，但是他们背后贴的却是一张张刑事判决书！他们就是看守所、监狱拒收的特殊罪犯，他们有的身患疾病、有的处在哺乳期或者怀孕状态、有的抗拒收监故意吞咽异物、有的甚至是接到判决书后恶意逃避监禁。法院的刑事裁决作出后，被很多人忽视的就是刑法执行环节。

目前，法院判处实刑后不能收监的罪犯人数逐年增多，造成特殊罪犯这一群体，这背后的原因有立法不够完善、收监制度不够健全、部门间协调配合不够、硬件设施和专业人员配备不足、"执行中心主义"、公检法司各机关"监管缺失"、社会负面舆论等多方面原因，这些都导致刑法执行的困难。本文结合吉林、重庆部分地区法院数据，分析当前面临的问题，剖析问题的原因，并给出相应解决对策，希望一些不成熟的建议能够推动实务中"收监难"问题的解决，保障法律执行的严肃性，确保法律适用的平等性。

---

[*] 陈帅，吉林省安图县法院法官。

（一）问题的提出

罪犯的收监执行"既涉及到整个司法活动目的最终落实，又是对侦查、起诉、审判各个环节运作质量的总体评价和有力监督"。罪犯的收监执行是侦查、起诉、审判后的最终程序，从结构上看侦查、起诉、审判是为了惩处犯罪的前序程序，只有罪犯真的被收监执行，才起到惩处犯罪的意义，罪犯收监执行是整个刑事诉讼程序的最终落脚点。在调研中，通过对群众发放调查信息单，调查群众在刑事诉讼程序公检法各环节最关心的问题，如"犯罪事实发生后公安立案""案件移送检察院""公诉人提审被告人""检察院提起公诉""法院开庭审理""法院宣判结果"等项，最终统计后得到如下结论：因群众对检察环节了解较少，更多关注公安立案和法院审判，其中对法院审判结果"法院宣判结果""罪犯服刑效果"一项关注的人数最多，可见群众一般的思维方式是罪犯做了何事、犯了何罪、最终怎样。[①] 在这个调查结果背后，可以看到人民群众普遍认为法院对被告人宣判后，被告人一定会服刑，社会大众的关注点往往都是判处刑罚而不是交付执行。但实际上只有交付执行，才能让这个判决具有意义，让罪犯受到应得的处罚，让群众真正满意。现实中存在很多法院刑事判决书因各种原因无法执行的情形，很多罪犯因为种种原因而逍遥法外，我们用了很多司法资源，最终的刑事判决书却等同一纸空文。

（二）选题的背景和意义

《厦门完成清理全市法院历年审前未羁押判实刑未能交付执行的罪犯31人》《昌乐县检察院监督收监危险驾驶犯23人》。通过以上两篇报道，可以看到收监难在全国各地法院或多或少都存在。近年来，被法院判处实刑后因看守所拒收的特殊罪犯数量越来越多，这些特殊罪犯在社会上缺乏管理、肆意流动，导致隐患众多，容易

[①] 陈兴良：《法治的言说》，法律出版社2004年版。

滋生再犯罪危险,影响司法权威,一纸空文的背后有诸多原因,因此,应通过问题剖析原因。对罪犯的交付执行,应是法院在判处罪犯后将生效判决及执行文书交给公安机关,公安机关等执行机关收到上述文书后,通过强制力将罪犯送交执行,交由执行机关(分情形交付看守所、监狱)的司法活动。在当前倡导"以审判为中心"的主题时,审判最后的成果《刑事判决书》却得不到有效执行,口号多,呼声大,但实质问题没有解决。送看这个问题,不应该树立"执行中心主义",看守所、监狱因各种原因拒收,根本上是怕患病罪犯出现生命危险影响自身工作,实际就是担心患病罪犯给自己添麻烦、惹祸端,从而肆意对相关规定扩大解释,导致很多应收罪犯未能收监,揭露其深层次原因,应从刑法执行的理念建设、执行场所完善等多方面提出有效措施,保障刑罚执行程序的实施,确保刑罚的执行效果。因此,研究罪犯收监执行问题,破解收监难,具有树立司法权威、减少未投改罪犯再次危害社会,降低社会风险,提升社会正气的意义。

(三) 研究方法和思路

本文采用以下研究方法:

数据分析及调查法。结合笔者所在 Y 市 A 县人民法院、D 市人民法院、H 市人民法院数据及措施,结合调研过的重庆 J 区法院、重庆 C 区人民法院、S 市人民法院的数据及措施,通过调研各地数据和法官对罪犯判处实刑不能收监的观点,以实务为出发点,结合理论及现行法律法规提出解决对策。依据上述地区数据比较、分析,从而形成客观的数据,因未能全部覆盖我国所有法院,数据仅供参考。

文献综述法。通过对以往人民法院报、实务类、理论类书籍、期刊的收集,整理出与本文主题相关的文字,通过查询其他院校论文,借鉴近年来新型理论,通过搜集外国对罪犯的处罚制度,确定文献综述法所涉及文献。

个案研究法。通过吉林地区部分案件,研究不能收监的问题原因，着重分析不能收监这一过程反映出的问题，为构建刑法执行程序提供现实依据。

二 罪犯判实刑后收监执行制度的现状与问题

（一）罪犯判实刑后收监执行制度的现状

受各种因素影响，全国未收监人数逐年增多。下面例举 A 县 2017 年至 2019 年未收监人数数据统计情况。2017 年至 2019 年，A 县人民法院共受理刑事案件 673 件，其中罪犯被判处实刑后未能收监的 24 件、取保候审期间违反规定撤销缓刑后未能收监的 1 件，共计 25 件，占比 3.71%。罪犯不能收监的原因为高血压 16 件、心脑血管疾病 4 件、恶性肿瘤类 4 件、骨伤 1 件。通过对罪犯病情鉴定后，对不符合监外执行条件的交付执行 3 件、对符合暂予监外执行的变更强制措施 4 件。罪犯年龄分布为：30—40 周岁 5 人、40—50 周岁 10 人、50—60 周岁 8 人、60—70 周岁 2 人。罪犯所犯罪名为：犯危险驾驶罪 13 人、诈骗罪 2 人、非法占用农用地罪 3 人、其他罪名 7 人。（详见表 1）

表 1　　　　A 县 2017 年至 2019 年未收监人数统计

序号	姓名	罪名	刑期	疾病	住所地
1	朱某某	盗窃罪	拘役一个月	高血压	龙井市龙门街某某小区
2	郭某某	危险驾驶罪	拘役三个月	皮肤病、高血压	长白山管理委员会池北区
3	王某某	危险驾驶罪	拘役二个月	高血压	安图县松江镇某某村
4	马某某	危险驾驶罪撤销缓刑	有期徒刑三年	高血压	安图县松江镇某某村
5	寇某某	非法占用农用地罪	有期徒刑七个月	高血压、心脏病、肺炎	安图县新合乡
6	金某某	非法占用农用地罪	有期徒刑九个月	高血压、股骨头	安图县永庆乡

续表

序号	姓名	罪名	刑期	疾病	住所地
7	程某某	危险驾驶罪	拘役二个月	高血压	安图县二道白河镇某某家园
8	董某某	危险驾驶罪	拘役三个月	高血压	安图县松江镇某某村
9	白某某	危险驾驶罪	拘役四个月	高血压	安图县松江镇
10	苏某某	危险驾驶罪	拘役四个月	高血压	安图县松江镇白山社区十七组
11	王某某	危险驾驶罪	拘役四个月	高血压	安图县明月镇
12	张某	拒不执行判决、裁定罪	有期徒刑八个月	高血压	安图县松江镇某某村
13	刘某某	危险驾驶罪	拘役三个月	高血压	安图县松江镇
14	孙某	危险驾驶罪	拘役四个月	高血压	安图县两江镇
15	王某	危险驾驶罪	拘役四个月	皮肤病	敦化市大石头林场
16 17	夏某某	危险驾驶罪	拘役三个月	人未找到	吉林省安图县二道白河镇某某村
18	王某	妨害公务罪	拘役五个月	心脏病	安图县二道白河镇
19	朱某某	危险驾驶罪	拘役二个月	高血压	安图县二道白河镇
20	陈某某	诈骗罪	有期徒刑五年	心脏病	安图县明月镇
21	叶某	诈骗罪	有期徒刑二年	肝癌	湖南省
22	张某	诈骗罪	有期徒刑二年	肺癌	安图县二道白河镇
23	李某	盗窃罪	拘役四个月	高血压	安图县明月镇
24	张某某	故意伤害	有期徒刑一年	心脏病	安图县明月镇
25	张某	利用邪教组织破坏法律实施罪	有期徒刑二年	高血压	安图县二道白河镇

通过对上述数据分析，可以看到 A 县地区未收监罪犯多数为

40—60周岁的人，危险驾驶罪居多，罪犯多患有高血压疾病。并且可以看到罪犯被判处实刑后未能收监的占比3.71%，但这要排除判缓刑的部分，通过数据统计2017年至2019年A县人民法院判处缓刑的占比全部罪犯总数67%，判处实刑的占全部罪犯总数的33%（图1），再来看这3.71%意味着十分之一的实刑罪犯未能收监，虽然这只是个别法院个别期间的数据，但也能反映出面临的问题，因此，我们有必要加强对罪犯判处实刑后收监难问题的研究。

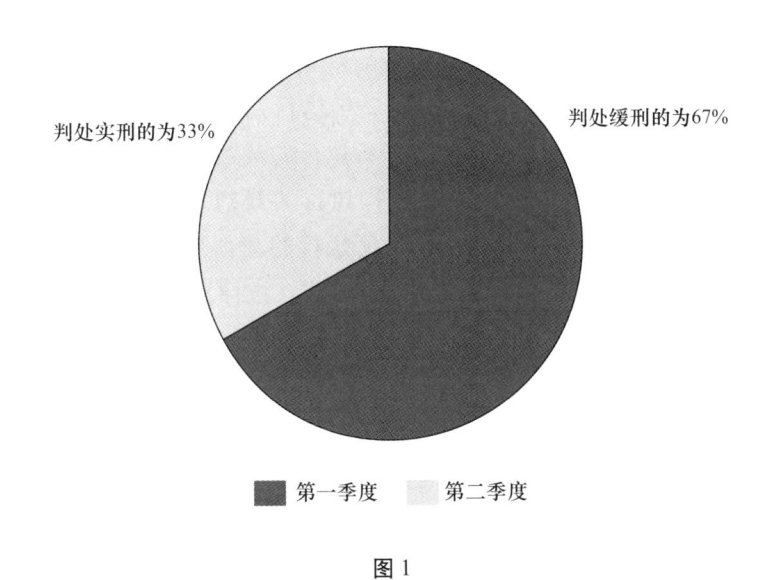

图1

收监难问题的形成，主要就是因为现在未收监人数呈逐年增长趋势，通过笔者对吉林地区7家法院、重庆地区2家法院的未收监人数及原因了解，发现各地均反映现在看守所拒收现象严重，但是各地区做法并不一致，问题的种类也不同：有的地区是看守所不给出具《罪犯不予收押证明》，甚至在法院要求出具拒收证明时，以不能乱开证明的原因拒绝出具，导致后续的罪犯病情鉴定无法进行，从而导致罪犯判处实刑后无法收监的数量增多；还有一些是因为存在高血压不能收监，这里不排除恶意通过药物短暂升高血压的情况；也存在一些法院在收监罪犯时，罪犯自残或者吞咽异物的情况，导致不能收监的情况时有发生，未收监的罪犯人数逐年增多。

（二）收监执行立法及制度方面存在的问题
1. 收监主体的相关问题

刑法交付执行，即罪犯收监工作，法律对"谁来收监""谁来协调"等问题没有明确细致的规定。依据《中华人民共和国刑事诉讼法》相关规定，我们可以总结各执行主体的执行方式和范围如下：法院所执行的裁判是针对判处无罪、免除刑罚、罚金、没收财产、死刑立即执行判决；监狱执行的裁判是有期徒刑（剩余刑期3个月以上）、无期徒刑、死刑缓期2年执行判决；公安机关执行的裁判是拘役、剥夺政治权利；看守所执行的裁判是有期徒刑（剩余刑期3个月以下的）；社区矫正机构执行的裁判是管制、缓刑、假释、暂予监外执行；未成年犯管教所执行的裁判是未成年判决。但是没有明确以下问题：一是"谁来收监"。法律法规没有明确判决生效后，法院与公安关于收监的问题，实际中存在争议，笔者了解到少数法院如某区法院的做法是刑事判决书生效后，法院将刑事判决书、生效证明、收监相关材料移送给当地公安，罪犯由公安机关负责传唤并收监；多数法院如笔者所在地区法院的做法是刑事判决书生效后，法院准备所有的关于收监材料，然后通过法警将罪犯送交看守所或者监狱，但该做法缺乏依据，一方面法警队的职责里没有明确该职责，另一方面没有找到明确的法律法规。二是"谁来协调"。笔者当地法院已多次就罪犯收押问题请示当地政法委，政法委也组织过公检法联席会议，但是没有取得进展，一方面是公安机关按照惯性工作思维，认为法院将历来由自身送看罪犯的工作欲交给公安表示不满，法院认为按照法律法规的规定应是公安机关执行，看守所认为不符合收监条件一概不收，存在互相推诿；另一方面，法律法规没有明确到底由谁协调，权利主体模糊，再加上没有明确收监各环节的细节，导致无法协调。

2. 制度的相关问题

制度上的问题是规范不明确，相关立法不完善，缺乏关于收监的详细实施细则,是造成罪犯判处实刑后无法收监的根本原因。对患病罪犯如何处理,各部门没有明确权责,导致无法正常开展收监工作。①

(1) 相关权力监督不到位

相关权力监督不到位,主要体现在缺乏有效监督,由谁监督,谁来负责,尚不明确。相关监督制度尚待完善,实施细则有待出台,权责还需明确。目前,有很多学者研究相关权力监督制度,多数观点主张检察院行使检察权,对法院移送执行的进度、看守所拒收情况进行监督。

(2) 缺乏有效协调机制

罪犯收监问题,目前仍缺乏有效协调机制。一是公检法司（监狱管理部门）的联席会议较少,笔者查询了近三年的新闻,连云港市、伊春市、相城有明确的新闻,但是没有看到有省级的联席,沟通协调多是市、县当地政法委协调,缺乏协调机制,没有真正地建章立制成为常态化。同比扫黑除恶专项斗争的开展情况,可见只是相关部门重视程度不够,而不是缺乏协调基础。

(3) 重复犯的问题

立法及制度方面没有评价重复犯。重复犯,也就是罪犯被判处刑罚后因各种原因未能收监,在社会上再次犯罪的罪犯。看守所、监狱因"不符合收监条件"拒收罪犯,导致社会上未收监罪犯数量增多,罪犯明确自身不能收监的原因后,自然而然产生犯罪了也没事的观点。罪犯一旦存在该观点,就容易无视犯罪成本,出现恶意犯罪的情形,或者被他人教唆、利用成为作案主体。重复犯增加的再犯罪风险,对社会具有严重的潜在危害性。重复犯具有以下危害：一是重复犯具有对社会的恶意性。罪犯因不能收监,导致再次犯罪时故意犯意更为明显、张扬,甚至不惧怕公安机关的抓捕,相对故意犯罪来说,用恶意犯罪更为贴切。某地孙某聚众斗殴后,已被判处有期徒刑三年,但是因一些原因未能收监,孙某知道自己不

---

① 曾宪文、王利明：《刑事诉讼法》,中国人民大学出版社2012年版。

会被收监后，又再次故意犯罪，在社会上造成了恶劣影响。重复犯具有对司法权威的破坏性。罪犯收监执行是整个刑事诉讼程序的最终落脚点，而重复犯的产生，就是对司法权威的破坏，让社会大众缺乏对司法机关的信任，严重影响了司法公信，无法体现出司法公正。二是重复犯具有损害被害人的合法权益。罪犯受到惩戒，并通过执行程序赔偿被害人是法律设定的模式，但是重复犯的再次犯罪，使被害人期待的赔偿变成泡影，正常的利益诉求难以满足，被害人在公权力无法救济时，只能寄希望于私权利，不利于社会稳定。

（三）刑法交付执行中各机关存在的问题

1. 法院方面

目前，全国基本上由法院对罪犯做病情鉴定，通过病情鉴定的鉴定结论，对罪犯分别采取变更强制措施或继续送看。罪犯病情鉴定程序一般是由罪犯提出申请并提交病情诊断证明，法院准备刑事判决书、生效证明、介绍信、罪犯病情诊断或住院病志、看守所拒收证明、罪犯身份证复印件等材料，联系指定医院预约专家对罪犯进行病情检查。这其中有以下几个问题：一是法院内由哪个部门负责罪犯病情鉴定没有明确规定，有的地方法院以刑庭为主、有的以法警队或者立案庭为主；二是看守所拒绝出具拒收证明时，医院亦不同意对罪犯病情诊断，医院的理由是要看书面的拒收证明，而对医院拒绝病情诊断无相关复议途径和规定；三是病情诊断要看医院时间，笔者亲身经历某起案子罪犯陈某犯诈骗罪，身患严重心脑血管疾病，笔者多次到当地医院预约病情诊断，都以专家开会、出差等理由延期，最后导致整个鉴定程序走完已将近1年，罪犯陈某在收到相关鉴定材料后不久死亡；四是医院病情诊断依据的罪犯病情诊断证明，不是简单门诊确诊信息，当地医院明确要求是以医生亲笔签字并加盖所在医院院章的证明材料或者住院病志才能作为依据，前者医生一般情况不给出具，后者很多罪犯因家庭困难，无经济能力住院，导致病情诊断难以拿到。通过笔者亲身经历的多次罪犯暂予监外执行鉴定程序,一般案件鉴定周期要在6个月左右。

2. 检察院方面

检察院还未能完善监督程序。目前罪犯移送收监执行的主体多元化,检察院没有及时对各环节进行监督,导致监督看守所或监狱无合理理由、无正当事实拒收的情况屡屡发生,看守所人员玩忽职守或滥用职权的违法犯罪行为时有发生。

3. 看守所方面

(1)"执行中心主义"的问题

看守所方面仍以"执行中心主义"为自身工作理念,缺乏大局观。"执行中心主义"是造成罪犯判处实刑后无法收监的直接原因。在推动"以审判为中心"制度改革时,没有协调好看守所、监狱,"以审判为中心"更多围绕控辩实质,保障刑事诉讼程序公平正义,从而使刑事判决书经得起历史检验,但是刑事判决书的判决结果如何真正具有意义,还是得落脚收监问题。"执行中心主义"使看守所、监狱以自身为中心,优先考虑个人得失,缺乏整体大局意识,对人民法院判决区别对待,是问题的根本原因。[①]

(2)硬件不够完善

罪犯无法收监,很多时候系因罪犯患有重病或传染病、艾滋病,或处于肺结核等病传染期,看守所或监狱一般缺乏独立收纳该类型罪犯的监区,全国省市目前有收治中心的为极少数,且缺乏相应医护人员及药品。目前看守所或监狱的医护人员是按照传统模式建立的,人员编制较少,无法应对此类特殊罪犯。这是导致无法收监的客观原因。

(3)负责人担当不够

对罪犯的收监工作,大多数部门负责人持有的是保守态度,认为多做多错,没有树立一盘棋的思想,没有意识到罪犯无法收监会对社会造成的恶劣影响,更多是怕自己任期出事影响自身前程,因

---

① 虞映洁:《德国老年受刑人在监相关问题之探讨》,《国立中正大学法学集刊》,2008年。

为负责人缺乏担当，导致下面的人畏首畏尾，笔者亲身经历一起例子：2019年罪犯张某因危险驾驶罪被法院判处拘役两个月，在对罪犯收监时，罪犯对看守所说自己患有心脏病，看守所马上拒收该罪犯，法院当天对罪犯进行心脏彩超和心电图彩超，显示一切正常后再次送看守所，看守所接待人员请示领导后认为罪犯虽然检查数据正常，但是不能排除存在风险，故不予收监，且拒绝出具拒收证明。上述例子可能存在一定片面性，但是不排除在收监过程中时有发生的事实。

（四）社会舆论缺乏正面引导

笔者曾当面询问看守所负责人，为什么担心患病罪犯收监问题。负责人回复的内容是，担心一旦出现意外死亡，会对自身工作造成影响，严重的会开除处理，看守所也会面临赔偿家属经济损失的恶劣后果。笔者找到近几年新闻，发现确实存在个别看守所赔偿罪犯家属的新闻。究其原因，是相关制度不明确，个别报道不翔实。在当前信息网络年代，树立正确的舆论引导更为重要。对已羁押的正常死亡罪犯，在看守所已尽到应尽责任、采取相关措施后不应追责，不能让用心干事的干警寒心。社会舆论也缺乏正确引导，不应片面、偏激报道此种情况。

三 罪犯判实刑后收监执行制度的完善建议

（一）完善相关立法

建议修改《刑事诉讼法》《看守所条例》《监狱法》有关收监执行罪犯的规定。通过现有法律法规来看，没有明确罪犯由谁收监、收监标准、相关程序不够翔实，因此，应该尽快修改相关法律法规，明确收监责任主体、过程、期限，并对罪犯收监标准明确，对不符合收监条件的由谁负责监管、病情鉴定、再次送看等问题作出明确规定。看守所所依据的法律法规是1991年颁布的《看守所条例》，《刑事诉讼法》近年来已经修改，应该主要针对《看守所条例》进行修改，并制定配套的实施细则。应该对罪犯只要不是患有严重风险死亡的罪犯予以收监，收监后由监狱或看守所负责病情鉴定，对于不符合收押的，经过鉴定后由法院变更相应程序。对重复犯问题建议完善相关立法，使各部门理清职责，工作有抓手，可以妥善解决重复犯问题。

应该明确罪犯收监及收监过程中产生的监外执行、保外就医鉴定应由公安机关负责，出台相关法律，对该部分建章立制，理由如下：从立法本意来看，人民法院作为审判机关，相关执行工作均由公安机关负责，且根据《中华人民共和国刑事诉讼法》第二百六十四条"罪犯被交付执行刑罚的时候，应当由交付执行的人民法院在判决生效后十日以内将有关的法律文书送达公安机关、监狱或者其他执行机关。""对被判处死刑缓期二年执行、无期徒刑、有期徒刑的罪犯，由公安机关依法将该罪犯送交监狱执行刑罚。在被交付执行刑罚前，剩余刑期在三个月以下的，由看守所代为执行。对被判处拘役的罪犯，由公安机关执行。"通过上述内容，可明确以下内容：1. 法律条文中称"罪犯"，根据相关法律原则，表示所执行的法律文书系已生效，被告人身份转换为罪犯身份，法院作为审判机关，已作出相应判决，公安作为执行机关，应承担相应收监执行工作；2. 罪犯的收监执行机关应由公安机关、监狱和其他执行机关负责，"公安机关依法将该罪犯送交监狱执行刑罚"，该"送交"包括移送和交付两个行为，是否可理解为送交过程中一切鉴定事宜应由公安机关负责；3. 无明确规定应由法院负责罪犯的收监；4. 该条文明确了法院判决后应该采取的措施为："在生效后十日以内向执行机关送达有关的法律文书。"因罪犯的收监执行机关有公安机关、监狱和其他执行机关，根据《中华人民共和国刑事诉讼法》第二百六十五条"对被判处有期徒刑或者拘役的罪犯，有下列情形之一的，可以暂予监外执行：（一）有严重疾病需要保外就医的；（二）怀孕或者正在哺乳自己婴儿的妇女；（三）生活不能自理，适用暂予监外执行不致危害社会的。对被判处无期徒刑的罪犯，有前款第二项规定情形的，可以暂予监外执行。对适用保外就医可能有社会危险性的罪犯，或者自伤自残的罪犯，不得保外就医。对罪犯确有严重疾病，必须保外就医的，由省级人民政府指定的医院诊断并开具证明文件。在交付执行前，暂予监外执行由交付执行的人民法院决定；在交付执行后，暂予监外执行由监狱或者看守所提出书面意见，报省级以上监狱管理机关或者设区的市一级以上公安机关批准。"《中华人民共和国刑事诉讼法解释》第四百二十九条"被判处死刑缓期执行、无期徒刑、有期徒刑、拘役的罪犯，交付执行时在押的，第一审人民法院应当在判决、裁定生效后十日内，将判决书、裁定书、起诉书副本、自诉状复印件、执行通知书、结案登记表送达看守所，由公安机关将罪犯交付执行。罪犯需要收押执行刑罚，而判决、裁定生效前未被羁押的，人民法院应当根据生效的判决书、裁定书将罪犯送交看守所羁押，并依照前款的规定办理执行手续。"罪犯收监工作模式应为：法院自判决生效十日后将相关法律文书送达公安机关、监狱或其他执行机关。如送达公安机关则由公安机关负责收监罪犯的具体工作，而此工作应包括罪犯无法收监需要的病情诊断和监外执行、保外就医的鉴定，如果鉴定后不符合监外执行、保外就医的情形，则由公安机关直接对接监狱对被告人收监；如果符合监外执行、保外就医的情形，根据法律规定由人民法院作出监外执行或保外就医决定（刑更字）。

（二）各机关配合方面

1. 法院方面

需要出台配套的实施细则，明确法院在罪犯收监程序中的位置，找准自身定位。各地法院应统计现有未收监人数，制定收监实施方案，通过与地方政法委沟通协调，妥善化解收监难问题。① 法院要及时移送罪犯的收监执行工作，应出台相应制度，防止过分迟延导致罪犯在社会上流动，增加逃避责任和再次犯罪的风险。法院应立足

---

① ［意］杜里奥·帕多瓦尼：《意大利刑法学原理》，陈忠林译，法律出版社1998年版。

自身工作，将审判为中心制度落到实处，不应以罪犯患有疾病就判处缓刑，更应该通过协调机制将罪犯判处适当的刑罚并予以收监。

2. 检察院方面

检察院要完善监督程序，加大监督力度。目前罪犯移送收监执行的主体多元化，在没有出台新法的情况下，要履行自己职责，加大监督力度，从法院判处刑罚后未收监罪犯的数量有所了解，介入收监程序，督促法院及时移送公安执行，监督看守所或监狱无合理理由、无正当事实拒收的情况，对不予收押的要严格监督相应部门出具《不予收押证明》。对部门负责人及收监相关人员加大反腐、渎职、玩忽职守的程序监督，防止权力滥用，从而保障整体程序健康运行。

3. 看守所及监狱方面

2020年新冠肺炎疫情对我国影响很大，山东、湖北有两所监狱已有大量确诊病例，这与监狱人员相对集中有关，也反映出监狱管理还存在的问题，其中看守所及监狱在完善相关制度时，要明确收监标准，建立特殊监区或收治中心，做好对特殊罪犯的隔离，并且要加强配备医护人员数量，增加医用设备和药品的储备。同时，提高自身责任意识，要充分认识到罪犯判处实刑后不能收监对整个社会、人民生命和财产的危害性，对罪犯患有疾病，但所犯罪行是故意犯罪、有人身和财产严重危害性的要能收尽收。[1] 同时要对符合监外执行的罪犯，及时移送社区矫正机关，目前社区矫正机关与监狱联系较少，要加强监狱与社区矫正机关的衔接配合。要加强专项经费的投入，配备专业人员，打牢物质基础，让特殊罪犯的收监不是纸上谈兵。

4. 协调模式建立

要建立健全罪犯收监执行的程序，建章立制，就要明确各部门的职责，建立各部门仿照成立类似扫黑除恶专项斗争领导小组，政法委要加强协调公检法司，明确收监标准和程序性，建立长效机

---

[1] 陈冠宇：《罪犯收监难问题研究》，法律出版社2004年版。

制。各机关应该明确责任,提高政治站位,充分认识到罪犯收监执行对社会的意义,避免无正当理由拒收的罪犯在社会上流窜的情况再次发生。应建立收治中心,或指定个别看守所专门负责患有疾病罪犯的监禁,重庆某地区就是通过政法委协调,指定一看守所专门对此类罪犯进行收监,取得了较好的社会效果。

(三)建立正能量的舆论导向

"辽宁省抚顺市刘某某在抚顺市第一看守所非正常死亡,家属通过法律途径获得国家赔偿。"类似此种新闻在互联网上还有很多,笔者认为要对舆论导向进行监管。目前,看守所拒收罪犯的一个重要原因就是怕罪犯在看守所死亡,导致一些轻症,如患有高血压但合并靶器官未受损的罪犯也拒收,甚至出现过罪犯自称心脏病导致看守所不敢收监的情况。针对这种情形,新闻媒体应该严格把控新闻内容,对内容不真实,无法辨别真伪的,要严格把控,同时树立正确的引导方向,不造谣、不激化矛盾,并且利用新闻媒体对群众进行相关普法教育,避免无理访的发生。

(四)尝试探索新模式

现代刑罚执行理念认为"罪犯虽然触犯了刑律,理应在监狱内服刑接受刑罚,但是罪犯仍是作为社会中基本成员,他们的各项权利同样应值得保护。"我们可以借鉴国外在面临特殊罪犯的收监羁押难题及保障罪犯基本权利矛盾而采取的经验做法。德国对于罪犯因患病或其他原因不能收监采取的模式是变通执行,德国监狱法第56条规定"行刑机关负有义务需照顾受刑人的身体与心理健康",并且针对老年人犯罪的案件,对老年罪犯针对老年人的特点,采取区别对待,不与年轻罪犯关押在一个监区,单独设立独立的老年人监所。该监所建筑设计理念偏向照顾老年的需求,监所内设置健康中心和特殊牢房。德国的特殊监所制度,即保障惩罚犯罪,同时兼顾特殊群体的特点,降低了老年罪犯服刑期间风险。意大利同德国一样,针对特殊罪犯采取特别措施。《意大利刑法》中规定因犯罪而被判处监禁刑的罪犯中，如有正在怀孕或者哺乳自己婴儿女性罪犯；家中有小于五岁孩子，且系唯一监护人；罪犯患有严重疾病；60周岁以上无行为能力或者限制行为能力的罪犯。对于符合上述条件的罪犯，可不用在监狱服刑，改为在罪犯住所地或者医院服刑。国内也有类似规定，不过需要经过病情或妊娠鉴定，方可暂予监外执行。要充分借鉴其他国家的模式、吸收国内个别地区的实践经验，结合本地区特点，制定特色的收治中心或者特殊监区，并尝试探索利用区块链、结合天网与人脸识别技术构建新的服刑模式，限制罪犯出行，变向羁押达到传统的羁押效果，从而体现司法权威，降低行刑成本，达到既能体现人权保障又能充分惩罚犯罪的目的，通过打击特殊罪犯现象，保障法律执行的严肃性，确保法律适用的平等性。

四 结语

目前，无论是立法还是司法实务，重点都是注重侦查、起诉、审理等大的司法程序，对审理后的收监执行、社区矫正相对关注较少，相关法律法规和实施细则均较少，而从犯罪惩罚的意义来说，更应重视最后收监环节，只有对判处实刑的罪犯均能妥善处置，使其能够受到应有的惩罚，才能体现法律公正性，才能体现真正的公平与正义，才会让群众获得真正的幸福感。因此，应加强刑罚执行的研究，完善相关立法，各部门制定有效的措施和细则，保障刑罚执行的顺利进行。